Internationale Bibliothek

Band 29

Georg Plechanow

Beiträge zur Geschichte des Materialismus

Verlag J. H. W. Dietz Nachf. GmbH
Berlin · Bonn-Bad Godesberg

Nachdruck der 1921 erschienenen 3. Auflage

4. Auflage 1975
ISBN 3-8012-1029-4
© 1975 bei Verlag J. H. W. Dietz Nachf. GmbH
Berlin · Bonn-Bad Godesberg
53 Bonn-Bad Godesberg 1, Kölner Straße 149
Alle Rechte vorbehalten
Nachdruck — auch auszugsweise — nur mit Genehmigung
des Verlags
Druck: Bläschke & Ducke GmbH, Darmstadt
Printed in Germany 1975

Beiträge zur Geschichte des Materialismus

Von
Georg Plechanow

★

Holbach ★ Helvetius ★ Marx

Dritte Auflage

Stuttgart
Verlag von J. H. W. Dietz Nachf. G.m.b.H.
1921

Alle Rechte vorbehalten.

Druck von J. H. W. Dietz Nachf. G.m.b.H. in Stuttgart.

In der letzten Zeit ist die Nachfrage nach dem im Buchhandel vergriffenen Werke Plechanows: Beiträge zur Geschichte des Materialismus (Holbach—Helvetius—Marx) eine sehr starke gewesen, so daß der Verlag sich entschlossen hat, es unverändert nach der vom Verfasser durchgesehenen zweiten Auflage aufs neue herauszugeben.

Plechanow ist während der russischen Revolution im Dienste seines Vaterlandes gestorben, ja man kann wohl sagen gefallen. Möge sein Werk ihm zum rühmenden Gedächtnis noch recht viele Leser finden.

Die Verlagsbuchhandlung.

Vorwort.

Durch die drei Studien, welche ich der Kritik des deutschen Lesers unterbreite, möchte ich zum Verständnis und zur Erklärung der materialistischen Geschichtsauffassung von Karl Marx beitragen, welche eine der größten Errungenschaften des theoretischen Denkens des neunzehnten Jahrhunderts darstellt.

Ich bin mir sehr wohl bewußt, daß mein Beitrag ein sehr bescheidener ist. Wollte man den vollen Wert und die ganze Tragweite der genannten Geschichtsauffassung klar nachweisen, so müßte man eine vollständige Geschichte des Materialismus schreiben. Da es mir unmöglich ist, dies zu tun, mußte ich mich darauf beschränken, durch besondere Monographien den französischen Materialismus des achtzehnten Jahrhunderts mit dem modernen Materialismus zu vergleichen.

Von den Vertretern des französischen Materialismus wählte ich Holbach und Helvetius, die meines Erachtens in vielfacher Hinsicht höchst bedeutende Denker sind und bis auf unsere Tage noch nicht genügend gewürdigt wurden.

Man hat Helvetius oft widerlegt und verleumdet, aber man hat sich nicht die Mühe gegeben, ihn zu verstehen. Bei der Darstellung und Kritik seiner Werke arbeitete ich, um den Ausdruck zu gebrauchen, auf jungfräulichem Boden. Als Fingerzeige konnten mir nur wenige flüchtige Bemerkungen dienen, die ich in Hegels und Marx' Werken fand. Nicht mir steht das Urteil darüber zu, ob ich das richtig nutzte, was ich von diesen beiden großen Meistern auf dem Gebiet der Philosophie überkommen habe.

Holbach, der als Logiker weniger kühn, als Denker weniger revolutionär war als Helvetius, galt schon zu seiner Zeit für weniger „shocking" als der Verfasser des

Buches „Vom Geiste". Er erschreckte nicht so sehr wie dieser, man beurteilte ihn günstiger und war gerechter gegen ihn. Trotzdem ist auch er nur halb verstanden worden.

Eine materialistische Philosophie muß, wie jedes moderne philosophische System, eine Erklärung für zwei Klassen von Tatsachen geben: für die der Natur auf der einen Seite, für die der geschichtlichen Entwicklung der Menschheit auf der anderen Seite. Die materialistischen Philosophen des achtzehnten Jahrhunderts, wenigstens jene unter ihnen, welche an Locke anknüpften, besaßen ebensogut ihre Philosophie der Geschichte wie ihre Naturphilosophie. Will man sich davon überzeugen, so braucht man nur ihre Werke mit etwas Aufmerksamkeit zu lesen. Die unbestreitbare Aufgabe der Historiker der Philosophie wäre es also gewesen, die historischen Ideen der französischen Materialisten ebenso darzulegen und zu kritisieren, wie sie ihre Naturauffassung darlegten und kritisierten. Diese Aufgabe ist nicht gelöst worden. Wenn zum Beispiel ein Geschichtschreiber der Philosophie von Holbach spricht, so kommt für ihn gewöhnlich nur dessen „Système de la Nature" in Betracht, und was er aus diesem Werk in den Kreis seiner Erörterungen zieht, bezieht sich nur auf die Naturphilosophie und die Moral. Er beachtet nicht Holbachs historische Anschauungen, die sich in seinem „System der Natur" und anderen Werken in reichster Fülle verstreut finden. Es ist daher nicht erstaunlich, daß das große Publikum von diesen Ideen auch nicht eine blasse Ahnung hat, und daß das Bild, welches es sich von Holbach macht, ein durchaus unvollständiges und falsches ist. Wenn man außerdem noch in Betracht zieht, daß die Ethik der französischen Materialisten fast stets falsch interpretiert wurde, so wird man zugeben, daß in der Geschichte des französischen Materialismus des achtzehnten Jahrhunderts sehr viel zu verbessern ist.

Dabei muß man festhalten, daß jenes sonderbare Verfahren, welches wir soeben charakterisierten, sich nicht bloß in den allgemeinen Geschichten der Philosophie findet, sondern auch in den Spezialgeschichten über den Materialismus — die allerdings bis jetzt sehr wenig zahlreich sind —, wie zum Beispiel in dem für klassisch geltenden deutschen Werk von F. A. Lange sowie in dem Buch des Franzosen Jules Soury.

Was Marx anbelangt, so genügt der Hinweis, daß weder die Historiker der Philosophie im allgemeinen noch die des Materialismus im besonderen auch nur geruhen, seine materialistische Geschichtsauffassung zu erwähnen.

Wenn ein Stab in einer Richtung gebogen wurde, so muß man ihn, um ihn wieder gerade zu bekommen, in der entgegengesetzten Richtung biegen. In den vorliegenden „Beiträgen" war ich gezwungen, das gleiche zu tun. Ich mußte vor allem die historischen Ideen der in Frage kommenden Denker darlegen.

Vom Standpunkt der Schule aus, der anzugehören ich mir zur Ehre anrechne, „ist das Ideelle nichts anderes als das im Menschenkopf umgesetzte und übersetzte Materielle". Wer von diesem Standpunkt aus die Geschichte der Ideen behandeln will, muß sich bemühen, zu erklären, wie und in welcher Weise die Ideen der oder jener Epoche durch deren soziale Zustände, das heißt in letzter Instanz durch ihre wirtschaftlichen Verhältnisse, erzeugt werden. Diese Erklärung zu geben, ist eine gewaltige und großartige Aufgabe, deren Lösung das Aussehen der Geschichte der Ideologien vollständig erneuern wird. Ich habe es nicht vermieden, in den vorliegenden Studien an diese Aufgabe heranzutreten. Allein ich war außerstande, ihr die gebührende Aufmerksamkeit zu widmen, und zwar aus einem sehr einfachen Grunde: ehe man das Warum der Entwicklung der Ideen erörtert, muß man zuerst über das Wie dieser Entwicklung im klaren sein. Auf den Gegenstand der vorliegenden Beiträge angewendet, besagt dies nichts anderes, als daß man erst erklären kann, **warum die materialistische Philosophie sich so entwickelt hat**, wie wir sie bei Holbach und Helvetius im achtzehnten und bei Marx im neunzehnten Jahrhundert finden, wenn man genau gezeigt hat, **was diese Philosophie in Wirklichkeit war**, die man so oft mißverstanden und sogar vollständig entstellt hat. **Ehe man baut, muß man den Boden freilegen.**

Noch ein Wort. Vielleicht findet man, daß ich nicht eingehend genug von der Erkenntnistheorie der hier betrachteten Denker gehandelt habe. Darauf muß ich erwidern, daß ich nichts unterließ, um ihre Anschauungen über diesen Punkt genau wiederzugeben. Da ich aber nicht zu den Anhängern der erkenntnistheoretischen Scholastik zähle, die gegenwärtig so in der Mode ist, so lag es nicht in meiner Absicht, eine durchaus sekundäre Frage ausführlich zu behandeln.

Genf, Neujahr 1896.   **G. Plechanow.**

Holbach

Wir wollen von einem Materialisten handeln. Was ist aber der Materialismus?

Befragen wir den größten der zeitgenössischen Materialisten.

„Die große Grundfrage aller, speziell der neueren Philosophie ist die nach dem Verhältnis von Denken und Sein," sagt Friedrich Engels in seinem vortrefflichen Büchlein: Ludwig Feuerbach und der Ausgang der klassischen deutschen Philosophie, Stuttgart 1888. „In voller Schärfe konnte sie erst gestellt werden, ihre ganze Bedeutung konnte sie erst erlangen, als die europäische Menschheit aus dem langen Winterschlaf des christlichen Mittelalters erwachte. Die Frage nach der Stellung des Denkens zum Sein, die übrigens auch in der Scholastik des Mittelalters ihre große Rolle gespielt, die Frage: Was ist das Ursprüngliche, der Geist oder die Natur? — diese Frage spitzte sich, der Kirche gegenüber, dahin zu: Hat Gott die Welt erschaffen, oder ist die Welt von Ewigkeit da? Je nachdem diese Frage so oder so beantwortet wurde, spalteten sich die Philosophen in zwei große Lager. Diejenigen, die die Ursprünglichkeit des Geistes gegenüber der Natur behaupteten, also in letzter Instanz eine Weltschöpfung irgendeiner Art annahmen..., bildeten das Lager des Idealismus. Die anderen, die die Natur als das Ursprüngliche ansahen, gehörten zu den verschiedenen Schulen des Materialismus."

Holbach würde sehr gerne diese Definition des Materialismus anerkannt haben. Er selbst sagte nichts anderes. Das, was wir das psychische Leben des Tieres nennen, war für ihn nur ein natürliches Phänomen, und man brauchte nach ihm nicht aus der Natur herauszugehen, um die Lösung der Probleme, die sie uns stellt, zu suchen.¹ Das ist sehr einfach und weit von den dogmatischen Behauptungen entfernt, die man so häufig und so unbegründet den Materialisten zuschreibt. Allerdings sah Holbach in der Natur nur die Materie oder die M a t e r i e n und die Bewegung oder die B e w e g u n g e n.² Und hier glauben die Kritiker, wie Damiron zum Beispiel, unseren Materialisten fangen zu können. Sie unterschieben ihm ihren Begriff der Materie, und indem sie von diesem Begriff ausgehen, beweisen sie siegreich, daß die Materie nicht genügt, alle Phänomene der Natur zu erklären.³ Das Spiel ist leicht, aber abgeschmackt. Kritiker dieses Kalibers begreifen nicht oder stellen sich, als ob sie nicht begriffen, daß man von der Materie einen anderen Begriff als den ihren haben könne. „Wenn wir unter Natur", sagt Holbach, „einen Haufen toter, eigenschaftsloser, rein passiver Stoffe verstehen, werden wir ohne Zweifel gezwungen sein, das Prinzip der Bewegungen außerhalb dieser Natur zu suchen; wenn wir

---

[1] Vergl. „Le bon sens puisé dans la Nature, suivi du testament du curé Meslier". A Paris, l'an I de la République, I, S. 175.

[2] „Die Natur in der weitesten Bedeutung ist das große All, das aus der Vereinigung der verschiedenen Materien, ihrer verschiedenen Verbindungen und Bewegungen, die wir im Universum sehen, hervorgeht." Système de la Nature ou des Loix du Monde Physique et du Monde Moral, Londres 1781, I, S. 3. Holbach erkannte noch die vier Elemente der Alten an: Luft, Feuer, Erde, Wasser.

[3] So kann nach Damiron die Materie nicht die Fähigkeit zu denken haben. Weshalb? „Weil die Materie nicht denkt, nicht erkennt, nicht handelt." (Mémoires pour servir à l'histoire de la Philosophie au XVIII. Siècle, Paris 1858, S. 409.) Eine bewundernswerte Logik! Übrigens sündigten Voltaire und Rousseau in ihrem Kampfe gegen die Materialisten an demselben Punkte. So versicherte Voltaire, daß „jede Materie, welche tätig ist, uns ein immaterielles Wesen zeigt, das auf sie wirkt". Für Rousseau ist die Materie „tot"; er hat niemals „ein lebendes Molekül begreifen können".

aber unter der Natur das verstehen, was sie wirklich ist, ein Ganzes, dessen verschiedene Teile verschiedene Eigenschaften haben, die dann diesen Eigenschaften entsprechend tätig sind, die in fortwährender Aktion und Reaktion aufeinander sind, die Gewicht haben, die nach einem gemeinsamen Zentrum gravitieren, während andere sich entfernen, um sich nach der Peripherie zu bewegen, die sich anziehen und abstoßen, die sich vereinigen und sich trennen, und die durch ihre fortgesetzten Zusammenstöße und Wiedervereinigung alle Körper, die wir sehen, erzeugen und zersetzen, dann zwingt uns nichts, zu übernatürlichen Kräften zurückzugehen, um uns von der Bildung und der Phänomene, die wir sehen, Rechenschaft zu geben."[1]

Schon Locke räumte ein, daß die Materie mit der Fähigkeit zu denken begabt sein könne. Für Holbach ist es die wahrscheinlichste Annahme „selbst in der Hypothese der Theologie, das heißt wenn man einen allmächtigen Beweger der Materie voraussetzt".[2] Holbachs Schluß ist sehr einfach und in der Tat sehr überzeugend: „Da der Mensch, welcher Materie ist und Ideen nur von der Materie hat, die Fähigkeit zu denken besitzt, so kann die Materie denken oder ist einer eigentümlichen Modifikation fähig, die wir Gedanke nennen."[3] Wovon hängt diese Modifikation ab? Hier schlägt Holbach zwei Hypothesen vor, die ihm gleich wahrscheinlich erscheinen. Man kann annehmen, daß die Sensibilität der Materie „das Resultat einer dem Tier eigentümlichen Anordnung, Verbindung ist, so daß eine tote empfindungslose Materie tot zu sein aufhört und empfindungsfähig wird, wenn sie sich ‚a n i m a l i s i e r t‘, das heißt wenn sie sich mit einem Tier vereinigt und identifiziert". Sehen wir nicht alle Tage, daß die Milch, das

---

[1] Système de la Nature, I, S. 21. Wir zitieren nach der Ausgabe von 1781.
[2] Le bon sens, I, S. 176.
[3] Système de la Nature, I, S. 81, Anmerkung 26.

Brot und der Wein sich in die Substanz eines Menschen verwandeln, der ein sensibles Wesen ist? Diese toten Materien werden also sensibel, indem sie sich mit einem sensiblen Wesen vereinigen. Die andere Hypothese ist die, welche Diderot in seinem bemerkenswerten „Gespräch zwischen d'Alembert und Diderot" auseinandergesetzt hatte. „Einige Philosophen glauben, daß die Sensibilität eine universale Eigenschaft der Materie ist; in diesem Falle ist es unnütz, nach dem Ursprung dieser Eigenschaft, welche wir durch ihre Wirkungen kennen, zu suchen. Wenn man diese Hypothese annimmt, so wird man in ähnlicher Weise, wie man in der Natur zwei Arten von Bewegung unterscheidet, die eine unter dem Namen lebendige Kraft, die andere unter dem Namen tote Kraft bekannt, zwei Arten von Sensibilität unterscheiden, die eine tätig oder lebendig, die andere untätig oder tot, und dann wird die Animalisation einer Substanz nur die Aufhebung der Hemmnisse sein, die sie hindern, tätig und sensibel zu werden." Wie dem auch immer sei und welche Hypothese über die Sensibilität man auch annimmt, „ein immaterielles Wesen, ähnlich dem, für das man die menschliche Seele hält, kann nicht das Subjekt derselben sein".[1]

Der Leser wird vielleicht behaupten, daß weder die eine noch die andere Hypothese sich durch ausreichende Klarheit auszeichnet. Wir wissen es wohl, und Holbach wußte es so gut wie wir. Diese Eigenschaft der Materie, die wir Sensibilität nennen, ist ein sehr schwer zu lösendes Rätsel. „Aber", sagt Holbach, „die einfachsten Bewegungen unserer

---

[1] Système de la Nature, I, S. 90/91. Auch Lamettrie hält die beiden Hypothesen für fast gleich wahrscheinlich. Lange schreibt ihm ganz mit Unrecht eine abweichende Meinung zu; um sich davon zu überzeugen, genügt es, Kapitel 6 des „Traité de l'âme" zu lesen. Lamettrie glaubt sogar, daß „alle Philosophen aller Jahrhunderte" (natürlich mit Ausnahme der Kartesianer) in der Materie die „Fähigkeit zu empfinden" anerkannt haben. Vergl. Oeuvres, Amsterdam 1764, I, S. 97 bis 100.

Körper sind für jeden, der über sie nachdenkt, ebenso schwer zu lösende Rätsel."[1]

In einer Unterhaltung mit Lessing sagte Jacobi: „Spinoza ist mir gut genug, aber doch ein schlechtes Heil, das wir in seinem Namen finden!" Lessing antwortete: „Ja! Wenn Sie wollen!... Und doch... wissen Sie etwas Besseres?"[2]

Die Materialisten können in gleicher Weise auf alle Vorwürfe ihrer Gegner antworten: „Wissen Sie etwas Besseres?" Wo soll man dies Bessere suchen? Im subjektiven Idealismus Berkeleys? Im absoluten Idealismus Hegels? Im Agnostizismus oder Neokantianismus unserer Tage?

„Der Materialismus", versichert Lange, „nimmt hartnäckig die Welt des Sinnenscheins für die Welt der wirklichen Dinge."[3]

Dies ist gelegentlich der Argumentation Holbachs gegen Berkeley geschrieben. Es erweckt den Anschein, als ob Holbach verschiedene, sehr leicht zu wissende Dinge nicht gewußt hätte. Unser Philosoph möge für sich selbst antworten:

„Wir kennen das Wesen keines Dinges, wenn man unter dem Wort Wesen das versteht, was seine eigentümliche Natur ausmacht; wir kennen die Materie nur durch die Wahrnehmungen, Empfindungen und die Ideen, welche sie uns gibt; danach beurteilen wir sie wohl oder übel der besonderen Anlage unserer Organe entsprechend."[4]

„Wir kennen weder das Wesen noch die wahre Natur der Materie, obwohl wir imstande sind, einige ihrer Eigenschaften und Qualitäten nach der Art, wie sie auf uns wirkt, zu erkennen."[5]

„Für uns ist die Materie das, was unsere Sinne in irgendeiner Weise affiziert; und die Eigenschaften, welche wir den verschiedenen Materien zuschreiben, sind in den

---

[1] Le bon sens, I, S. 17. [2] Jacobis Werke, IV, S. 54.
[3] Geschichte des Materialismus, 2. Auflage, Iserlohn 1873, I, S. 378.
[4] Système de la Nature, II, S. 91/92. [5] Ebenda, S. 116.

verschiedenen Eindrücken oder den Veränderungen, welche sie in uns erzeugen, begründet."[1]

Das ist seltsam, nicht wahr? Hier erscheint uns unser alter guter Holbach als ein Erkenntnistheoretiker unserer Tage. Wie hat nur Lange in ihm seinen philosophischen Genossen nicht erkennen können?

Lange sah alle philosophischen Systeme in Kant, wie Malebranche alle Dinge in Gott sah. Er hat sich nicht vorstellen können, daß es auch vor der Veröffentlichung der „Kritik der reinen Vernunft" Leute, und noch dazu unter den Materialisten, hat geben können, welche bestimmte Wahrheiten wußten, die im Grunde genommen sehr mager und gänzlich unfruchtbar sind, ihm aber als die größten Entdeckungen der modernen Philosophie erschienen. Er las Holbach mit vorgefaßter Meinung.

Das ist aber noch nicht alles. Zwischen Holbach und Lange herrscht ein gewaltiger Unterschied. Für Lange, wie für alle Kantianer, war das „Ding an sich" gänzlich unerkennbar. Für Holbach, wie für alle Materialisten, war unsere Vernunft, das heißt unsere Wissenschaft, sehr wohl imstande, **wenigstens bestimmte Eigenschaften** des „Dinges an sich" zu entdecken. Und darin täuschte sich der Autor des „Systems der Natur" nicht.

Stellen wir folgende Überlegung an. Wir konstruieren eine Eisenbahn. In der Sprache der Kantianer heißt dies, wir lassen gewisse P h ä n o m e n e entstehen. Was ist aber nun ein Phänomen? Es ist das Produkt einer Wirkung des „Dinges an sich" auf uns. Wenn wir also unsere Eisenbahn konstruieren, zwingen wir das „Ding an sich", in einer v o n uns gewollten Weise a u f uns zu wirken. Aber was gibt uns das Mittel, auf das „Ding an sich" in dieser Weise einzuwirken? Die Kenntnis seiner Eigenschaften, und nichts anderes als diese Kenntnis.

---

[1] Système de la Nature, I, S. 28.

Und es ist sehr günstig für uns, daß wir hinreichend genaue Bekanntschaft mit dem „Ding an sich" machen können. Im entgegengesetzten Falle würden wir hier auf Erden nicht existieren können und aller Wahrscheinlichkeit nach das Vergnügen, die Metaphysik zu kultivieren, entbehren müssen.

Die Kantianer hängen sehr fest an der Unerkennbarkeit des „Dinges an sich". Nach ihnen gibt diese Unerkennbarkeit L a m p e und allen guten Philistern ein unangreifbares Recht, ihren mehr oder weniger „poetischen" oder „idealen" Gott zu haben. Holbach folgerte anders.

„Man wiederholt uns", sagte er, „ohne Aufhören, daß unsere Sinne uns nur die S c h a l e der Dinge zeigen, daß unsere beschränkten Geister einen Gott nicht begreifen können; zugegeben, aber unsere Sinne zeigen uns nicht einmal die S c h a l e der Gottheit.... Beschaffen, wie wir sind, existiert ein Ding, von dem wir keine Idee haben, überhaupt nicht für uns." [1]

Die unbestritten schwache Seite des französischen Materialismus des achtzehnten Jahrhunderts, wie überhaupt jedes Materialismus vor Marx, besteht in der fast vollständigen Abwesenheit jeder Idee von Evolution. Wohl hatten Leute, wie Diderot, manchmal geniale Ausblicke,

---

[1] Système de la Nature, II, S. 109 bis 113. Feuerbach sagte dasselbe. Überhaupt hat seine Kritik der Religion viel Analoges mit der Holbachs. Was die Verwandlung des „Dinges an sich" in Gott angeht, so ist es nicht der Bemerkung unwert, daß die Kirchenväter ihren Gott geradeso definierten wie die Kantianer ihr „Ding an sich". So fällt auch nach A u g u s t i n u s Gott unter keine der Kategorien: „ut sic intelligamus Deum, si possumus, quantum possumus, sine qualitate bonum, sine quantitate magnum, sine indigentia creatorem, sine situ praesidentem, sine loco ubique totum, sine tempore sempiternum" usw. Vergl. Fr. Überwegs Grundriß der Geschichte der Philosophie, Berlin 1881, II, S. 102/03. Wir verweisen den Leser, der alle Widersprüche im „Ding an sich" kennenlernen will, auf Hegel.

welche den bedeutendsten unserer modernen Evolutionisten
Ehre gemacht haben würden; aber diese Ausblicke standen
ohne Zusammenhang mit dem Wesen ihrer Lehre, sie
waren nur Ausnahmen und bestätigten als Ausnahmen
nur die Regel. Natur, Moral oder Geschichte — die „Philosophen" traten in gleicher Weise mit demselben Mangel
an dialektischer Methode, von demselben metaphysischen
Standpunkt an sie heran. Es ist interessant, zu sehen, wie
sich Holbach abmüht, eine plausible Hypothese für den Ursprung unseres Planeten und unserer Gattung zu finden.
Die jetzt definitiv durch die evolutionistische Naturwissenschaft gelösten Probleme erschienen dem Philosophen des
achtzehnten Jahrhunderts unlösbar.[1]

Die Erde ist nicht immer das gewesen, was sie heute ist.
Sie bildete sich also allmählich in einem langen Evolu-
tionsprozeß? — Nein. Die Sache hätte sich in folgender
Weise abspielen k ö n n e n. „Vielleicht ist die Erde eine in
der Zeit von einem himmlischen Körper losgelöste Masse,
vielleicht ist sie ein Resultat (!) der Flecken und Krusten,
welche die Astronomen auf der Sonnenscheibe beobachten,
welche sich von da in unserem Planetensystem haben zer-
streuen können; vielleicht ist diese Kugel ein erloschener
Komet, der einst einen anderen Platz in den Regionen des
Raumes einnahm." [2]

Der primitive Mensch unterschied sich vielleicht mehr
vom jetzigen Menschen, als der Vierfüßler vom Insekt.
Man kann den Menschen wie alles, was auf unserer Erdkugel und allen anderen Himmelskörpern existiert, als in
beständiger Veränderung begriffen auffassen. „Man kann

---

[1] Seltsam! Diderot bewundert die Moral Heraklits.
Über dessen Dialektik aber sagt er nichts oder, wenn man lieber
will, nur einige bedeutungslose Worte gelegentlich der Besprechung seiner Physik. Oeuvres de Diderot, Paris 1818, II,
S. 625/26 (Encyclopédie).

[2] Système de la Nature, I, S. 70/71.

ohne Widerspruch glauben, daß die Arten ohne Aufhören variieren."[1] Das klingt ganz evolutionistisch. Man darf aber nicht vergessen, daß Holbach diese Hypothese plausibel erscheint, unter Voraussetzung von „**Veränderungen in der Stellung unserer Erdkugel**". Wer diese Voraussetzung nicht zugeben will, kann den Menschen als ein „**plötzliches Produkt der Natur**" ansehen. Holbach hält durchaus nicht an der Hypothese von der Evolution der Arten fest. „Wenn man aber alle vorhergehenden Vermutungen abweisen und behaupten würde, daß die Natur durch eine bestimmte Anzahl unveränderlicher und allgemeiner Gesetze wirkt; wenn man glauben würde, daß der Mensch, der Vierfüßler, der Fisch, das Insekt, die Pflanze usw. von aller Ewigkeit an das sind und ewig das bleiben, was sie sind; wenn man behaupten würde, daß von aller Ewigkeit her die Sterne am Firmament geleuchtet hätten (eine ‚bestimmte Anzahl unveränderlicher und allgemeiner Gesetze' schlösse demnach jede Entwicklung aus! G. P.); wenn man sagen würde, daß man nicht mehr fragen muß, weshalb der Mensch so ist, wie er ist, noch weshalb die Natur so ist, wie wir sie sehen, noch weshalb die Welt existiert, so würden wir dagegen nichts einzuwenden haben. Welches System man auch annimmt, es wird vielleicht gleich gut die Schwierigkeiten, in denen man steckt, beantworten.... Es ist dem Menschen nicht gegeben, alles zu wissen; es ist ihm nicht gegeben, seinen Ursprung zu erkennen, und es ist ihm nicht gegeben, in das Wesen der Dinge einzudringen, noch zu den ersten Prinzipien aufzusteigen."[2]

---

[1] Système de la Nature, I, S. 73.
[2] Ebenda, S. 75. Unter die Probleme, deren Lösung dem Menschen nicht gewährt ist, rechnet Holbach auch die Frage: „Ist das Tier vor dem Ei oder ist das Ei vor dem Tier dagewesen?" Eine Warnung für Gelehrte, welche über die unüberschreitbaren Grenzen der Wissenschaft sich zu verbreiten lieben!

Alles das erscheint uns heutzutage fast unglaublich.
Aber man darf die Geschichte der Naturwissenschaft nicht
vergessen. Man muß sich erinnern, daß lange nach der
Veröffentlichung des „Système de la Nature" der große
Gelehrte Cuvier leidenschaftlich jeden Gedanken von Evo-
lution in dieser Wissenschaft bekämpfte.

Kommen wir zur Moral Holbachs.

In einer seiner Komödien läßt Palissot, ein jetzt gänzlich vergessener Autor, der aber im vorigen Jahrhundert
bedeutendes Aufsehen gemacht hat, eine seiner Personen
(Valerius) sagen:

>Du globe ou nous vivons despote universel,
>Il n'est qu'un seul ressort, l'intérêt personnel.[1]

Eine andere Person (Carondas) antwortet ihm:

>J'avais quelque regret à tromper Cydalise;
>Mais je vois clairement que la chose est permise.[2]

Auf diese Weise suchte Palissot die Ideen der Philosophen an den Schandpfahl zu stellen. „**Es handelt
sich darum, glücklich zu sein, einerlei wie**" —
dieser Aphorismus des Valerius drückte seiner Ansicht
nach die Moral dieser Leute aus. Palissot war nur ein
„**elender Skribent**". Aber gibt es unter der großen
Zahl von Leuten, die über die Geschichte der Philosophie
geschrieben haben, viele, welche uns ein anderes Urteil
über die materialistische Ethik des achtzehnten Jahrhunderts verkünden? Mit nur sehr wenigen Ausnahmen galt
im ganzen Verlauf unseres Jahrhunderts diese Ethik als
shocking, als eine Lehre, die eines ehrbaren Gelehrten, eines sich selbst achtenden Philosophen nicht würdig
sei, und Menschen wie Lamettrie, Holbach und Helvetius
galten für gefährliche Sophisten, welche nur den Sinnen-

---

[1] Die einzige Triebfeder des Erdballs, auf dem wir als Allein=
herrscher leben, ist das persönliche Interesse.

[2] Nur mit Bedauern betrog ich Cydalise; aber ich sehe klar,
die Sache ist gestattet.

genuß und den Egoismus predigten.[1] Und doch hat keiner
dieser Schriftsteller etwas Ähnliches gepredigt. Es genügt,
ihre Bücher mit nur geringer Aufmerksamkeit zu lesen,
um sich davon vollständig zu überzeugen. — „Gutes tun,
zum Glücke der Nebenmenschen beitragen, ihnen Hilfe
leisten, das ist tugendhaft. Die Tugend kann nur das sein,
was zur Nützlichkeit, zum Glücke, zur Sicherheit der Gesellschaft beiträgt."

„Die erste der sozialen Tugenden ist die M e n s c h l i c h -
k e i t. Sie ist der Inbegriff aller anderen. In ihrer größten Ausdehnung genommen, ist sie das Gefühl, welches
allen Wesen unserer Gattung Rechte auf unser Herz gibt.
In einer ausgebildeten Sensibilität begründet, befähigt
sie uns, ihnen alles das Gute zu erweisen, zu dem unsere
Fähigkeiten uns tauglich machen. Ihre Wirkungen sind
die Liebe, das Wohltun, die Freigebigkeit, die Nachsicht,
die Mildtätigkeit gegen unsere Nächsten."[2]

Woher kommt aber die Anklage, obschon sie so wenig
begründet ist, und wie hat sie fast überall und bei fast
allen Glauben finden können?

In erster Linie muß man die U n w i s s e n h e i t dafür
verantwortlich machen. Man spricht viel von den französischen Materialisten, aber man liest sie nicht. Es ist daher
nicht wunderbar, daß das einmal eingewurzelte Vorurteil
bis heute zu existieren fortfährt.

---

[1] „Die Sophisten der materialistischen Sittenlehre sind de Lamettrie und Helvetius" (Hettner, Literaturgeschichte des achtzehnten Jahrhunderts, Braunschweig 1881, II, S. 388). „Das
Verhängnisvolle am Materialismus ist, daß er gerade den nied-
rigsten Trieben des Menschen, dem Gemeinen, aus dem dieser
gemacht ist, Vorschub, Nahrung und Anreiz gewährt." Fritz
Schultze, Die Grundgedanken des Materialismus und die Kritik
derselben, Leipzig 1887, S. 50.

[2] La politique naturelle ou discours sur
les vrais principes du gouvernement. Par un
ancien magistrat (Holbach), 1773, S. 45/46.

Dies Vorurteil selbst hat zwei gleich reichlich fließende Quellen gehabt.

Die materialistische Philosophie des achtzehnten Jahrhunderts war eine revolutionäre Philosophie. Sie war nur ein ideologischer Ausdruck des Kampfes der revolutionären Bourgeoisie gegen den Klerus, den Adel und die absolute Monarchie. Selbstverständlich konnte die Bourgeoisie in ihrem Kampfe gegen ein veraltetes Regiment nicht eine von der Vergangenheit überkommene und gerade das verabscheute Regiment heiligende Weltanschauung respektieren. „Andere Zeiten, andere Verhältnisse, eine andere Philosophie," wie Diderot sehr gut in einem Artikel über Hobbes in der Enzyklopädie sagt. Die Philosophen der guten alten Zeit, welche in Frieden mit der Kirche zu leben suchten, hatten nichts gegen eine Moral, die sich auf eine angeblich geoffenbarte Religion gründete. Die Philosophen der neuen Zeit wollten eine von jeder Allianz mit dem „A b e r g l a u b e n" befreite Moral haben. „Nichts ist unvorteilhafter für die menschliche Moral," sagt Holbach, „als sie mit der göttlichen Moral zu kombinieren. Dadurch, daß man eine vernünftige, auf Vernunft und Erfahrung basierte Moral mit einer mysteriösen, der Vernunft feindlichen, auf Einbildung und Autorität gegründeten Religion verbindet, verwirrt man nur die erstere, schwächt und zerstört sie sogar."[1]

Diese Trennung der Moral von der Religion konnte nicht nach dem Geschmack eines jeden sein, und in ihr fand man schon einen Grund, die Ethik der Materialisten zu

---

[1] Système social ou principes naturels de la morale et de la politique. Avec un examen de l'influence du gouvernement sur les moeurs. Par l'Auteur du Système de la Nature, Londres 1773, I, S. 36. Man vergleiche damit die Vorrede der „M o r a l e u n i v e r s e l l e" desselben Autors: „Wir werden hier nicht von der religiösen Moral handeln, die die Rechte der Vernunft nicht anerkennt, da sie es zu ihrer Aufgabe macht, die Menschen auf übernatürlichen Wegen zu führen."

verschreien. Das ist aber noch nicht alles. Die „religiöse Moral" predigte die Unterwerfung, die Tötung des Fleisches, die Vernichtung der Leidenschaften. Sie versprach allen denen, die hier unten leiden, im zukünftigen Leben eine Belohnung. Die neue Moral rehabilitierte das Fleisch, setzte die Leidenschaften in ihre Rechte[1] wieder ein und machte die Gesellschaft für das Unglück ihrer Mitglieder verantwortlich.[2] Sie wollte, wie es auch Heine wollte, „hier auf Erden schon das Himmelreich errichten". Das war ihre revolutionäre Seite, aber auch ihr Unrecht in den Augen der Parteigänger der damals existierenden Gesellschaftsordnung.

Grimm erzählt in seiner „Literarischen Korrespondenz", daß nach der Veröffentlichung des Buches von Helvetius „De l'Esprit" in Paris ein

---

[1] „Die Leidenschaften sind die wahren Gegengewichte der Leidenschaften; suchen wir nicht, sie zu zerstören, sondern sie zu leiten; geben wir denjenigen, die der Gesellschaft schädlich, ein Gegengewicht durch die, welche ihr nützlich sind. Die Vernunft, die Frucht der Erfahrung, ist nur die Kunst, diejenigen Leidenschaften zu wählen, auf welche wir unseres eigenen Glückes wegen hören sollten." Système de la Nature, I, S. 304.

[2] „Man sage uns nicht, daß keine Regierung alle ihre Untertanen glücklich machen kann; ohne Zweifel kann sie nicht die Phantasien einiger faulenzender Bürger befriedigen, die sich nur in Einbildungen zu ergehen wissen, um ihre Langeweile zu töten; aber sie kann und soll sich damit beschäftigen, die reellen Bedürfnisse der Menge zu befriedigen. Eine Gesellschaft genießt all das Glück, dessen sie fähig ist, sobald die große Mehrheit ihrer Mitglieder genährt, gekleidet und gehaust ist, mit einem Wort, ohne übermäßige Arbeit die Bedürfnisse befriedigen kann, welche ihnen die Natur als notwendige gegeben hat.... Durch eine Reihe menschlicher Torheiten sind ganze Nationen gezwungen, zu arbeiten, zu schwitzen, die Erde mit ihren Tränen zu bewässern, um den Luxus, die Phantasien, die Verderbtheit einer kleinen Zahl unsinniger, nutzloser Menschen zu unterhalten, deren Glück unmöglich geworden ist, da ihre verirrte Einbildung keine Grenzen kennt." Ebenda, S. 298.

Scherzgedicht zirkulierte, welches den Schrecken der „ehrbaren Leute" ausdrückte:

>Bewundert alle diesen Autor hier,
>Der „Vom Geiste" betitelte
>Ein Buch, das nur Materie war.

Ja, die ganze materialistische Moral war nur „**Materie**" für alle, welche sie nicht begriffen, wie für alle, welche sie zwar sehr wohl begriffen, aber es vorzogen, „**heimlich Wein zu trinken und öffentlich Wasser zu predigen**".

Das genügt, um zu erklären, wie und weshalb die materialistische Moral bis auf den heutigen Tag allen Philistern aller „zivilisierten" Nationen die Haare zu Berge stehen läßt.

Aber unter den Gegnern der materialistischen Moral gab es auch Leute wie Voltaire und Rousseau. Sind dies auch Philister?

Was Rousseau angeht, so war er bei dieser Gelegenheit durchaus kein solcher; aber man muß zugeben, daß der „Patriarch von Ferney" ein gut Stück Philistertum in die Debatte brachte.

Der Mensch bringt bei seinem Eintritt in die Welt nur die Fähigkeit zu **empfinden** mit sich; aus der Empfindungsfähigkeit entwickeln sich alle sogenannten **intellektuellen** Fähigkeiten. Von den Eindrücken oder Sensationen, welche der Mensch von den Gegenständen, die ihn treffen, empfängt, gefallen ihm die einen, die anderen bereiten ihm Schmerz. Die einen billigt er, er wünscht, daß sie andauern oder sich in ihm erneuern, die anderen mißbilligt er und vermeidet sie, soweit er kann. Mit anderen Worten, er liebt die einen und die Gegenstände, welche die Ursache davon sind, er haßt die anderen und was sie hervorbringt. Da nun der Mensch in einer Gesellschaft lebt, so ist er von Wesen umgeben, die ihm ähnlich und sensibel sind wie er. Alle diese Wesen suchen die Lust und fürchten den Schmerz. Sie nennen alles, was ihnen die erstere verschafft, g u t; sie nennen alles, was ihnen den letzteren verursacht, s c h l e c h t. Sie nennen T u - g e n d alles, was ihnen konstant nützlich ist, sie nennen L a s t e r alles im Charakter ihrer Nebenmenschen, was ihnen schädlich ist. Ein Mensch, der seinen Nächsten Gutes tut, ist g u t; ein Mensch, der ihnen schadet, ist b ö s e. Daraus folgt erstens, daß der Mensch nicht des Beistandes der Götter bedarf, um die T u g e n d und das L a s t e r zu unterscheiden; zweitens, auf daß die Menschen tugendhaft seien, muß die Ausübung der Tugend ihnen Lust bereiten, muß sie ihnen a n g e n e h m sein. Wenn das Laster den Menschen glücklich macht, muß der Mensch das Laster lieben. Der Mensch ist nur böse, weil er ein Interesse daran hat, es zu sein. Die Lasterhaften und Bösen sind nur deshalb so gewöhnlich auf der Erde, weil es keine Regierung gibt, welche sie in der Gerechtigkeit, Ehrbarkeit und Wohltätigkeit Vorteile finden läßt; im Gegenteil, überall drängen die mächtigsten Interessen sie zur Ungerechtigkeit, zur Bosheit, zum Verbrechen. „E s i s t a l s o n i c h t d i e N a t u r, w e l c h e b ö s e M e n s c h e n m a c h t, e s s i n d u n s e r e I n s t i t u t i o n e n, w e l c h e s i e d a z u b e - s t i m m e n."[1]

Dies ist die formelle Seite der materialistischen Moral. Wir haben sie fast mit Holbachs eigenen Worten wiedergegeben. Den Gedanken fehlt es öfters an Klarheit. So ist es zum Beispiel eine Tautologie, zu sagen: W e n n d a s L a s t e r d e n M e n s c h e n g l ü c k l i c h m a c h t, m u ß e r d a s L a s t e r l i e b e n; da das Laster den Menschen glücklich macht, so l i e b t d e r M e n s c h b e r e i t s das Laster. Dieser Mangel an Genauigkeit führt bei Holbach öfters zu ärgerlichen Konsequenzen. So sagt er das eine Mal, daß „d a s I n t e r e s s e d e r e i n z i g e B e w e g g r u n d

---

[1] Système de la Nature, I, S. 306.

menschlicher Handlungen ist". Ein andermal definiert er das Wort Interesse in folgender Weise: „Man nennt Interesse den Gegenstand, von dem ein Mensch jedesmal nach seinem Temperament und seinen ihm eigentümlichen Ideen sein Wohlsein abhängig macht; man sieht daraus, daß das Interesse niemals etwas anderes ist als das, was ein jeder von uns als zu seinem Glück notwendig ansieht."[1] Die Definition ist so weit, daß man nicht mehr erkennen kann, worin sich die materialistische Moral von der religiösen unterscheidet:[2] ein Anhänger der letzteren könnte sagen, daß seine Gegner nur eine neue Terminologie erfunden haben, daß sie es vorziehen, die Handlungen, die man früher uneigennützige genannt hat, eigennützige zu nennen. Wie dem aber auch sei, man kann leicht verstehen, was Holbach mit den Worten sagen will: Wenn das Laster den Menschen glücklich macht, muß er das Laster lieben. Er macht die Gesellschaft für die Laster ihrer Mitglieder verantwortlich.[3]

Voltaire donnert gegen Holbach, als ob er den Menschen riete, lasterhaft zu werden, wenn sie dabei ihre Rechnung fänden. Das erinnert an den Abbé de Lignac, der auf die Frage: ist man verpflichtet, das Interesse seiner Nation zu lieben? den Anhänger der neuen Moral antworten läßt: soweit man dabei seine Rechnung findet. Aber Voltaire wußte davon mehr als de Lignac; er kannte seinen Locke sehr gut und konnte sich der Einsicht nicht verschließen, daß die materialistische Moral nur das Werk des englischen Philosophen fortsetzte. Er selbst hat in

---

[1] Système de la Nature, I, S. 268.
[2] Sie ist nicht nur zu weit, sie ist auch eine Tautologie, da sie nichts weiter ausdrückt, als daß der Mensch nur das wünscht, was er wünscht, wie Turgot bei der Besprechung der Moral des Helvetius bemerkt hat.
[3] In korrumpierten Gesellschaften muß man sich korrumpieren, um glücklich zu sein. Système de la Nature, II, S. 237.

seinem „Traité de métaphysique" über die Moral viel kühnere Dinge gesagt, als Holbach je getan. Aber dem Patriarchen begann angst zu werden; er fürchtete, daß das zu Atheisten und utilitarischen Moralisten gewordene Volk zu übermütig würde. „Alles in allem", schrieb er an Madame Necker (26. September 1770), „war das Jahrhundert der Phädra und des Misanthrop mehr wert." Ohne Zweifel! Das Volk war damals besser gezügelt. Und das Komischste von allem: Voltaire stellt der Moral Holbachs das folgende Räsonnement entgegen: „Die Gesellschaft kann nicht ohne die Ideen des Gerechten und Ungerechten bestehen; er (Gott) hat uns den Weg gewiesen, wie sie zu erwerben sind.... So ist also das Wohl der Gesellschaft für alle Menschen, von Peking bis Island, als die unbewegliche Regel der Tugend festgestellt." Welche Enthüllung für den atheistischen Philosophen!

Rousseau schloß anders. Er glaubte, daß die utilitarische Moral die tugendhaftesten Handlungen der Menschen nicht erklären könne. „Was heißt es, zum Tode gehen in seinem Interesse?" frug er. Und er fügte hinzu, daß das eine scheußliche Philosophie sei, die durch tugendhafte Handlungen in Verlegenheit komme, aus der sie sich nur dadurch ziehen könne, daß sie niedrige Absichten und tugendlose Motive für das tugendhafte Handeln erfinde, „die gezwungen sei, Sokrates herabzusetzen und Regulus zu verleumden". Um uns von der Tragweite dieses Einwurfes Rechenschaft zu geben, müssen wir folgende Überlegung anstellen.

In ihrem Kampf gegen die „religiöse Moral" versuchten die Materialisten vor allem zu beweisen, daß auch ohne den Beistand des Himmels die Menschen imstande wären, zu wissen, was „Tugend" ist. „Bedurfte es einer übermenschlichen Offenbarung für die Menschen," ruft Holbach aus, „um sie zu lehren, daß die Gerechtigkeit für

den Bestand der Gesellschaft notwendig sei, daß die Un=
gerechtigkeit nur Feinde zusammenbringt, die bereit sind,
einander zu schaden? Mußte ein Gott sprechen, um ihnen
zu zeigen, daß gesellschaftlich vereinigte Wesen gegensei=
tiger Liebe und Hilfeleistung bedürfen? War Hilfe von
oben nötig, um zu entdecken, daß die Rache ein Übel ist
und eine Verletzung der Gesetze des Landes, die, wenn
gerecht, es als ihre Aufgabe betrachten, den Bürgern Ge=
nugtuung zu verschaffen? ... Begreift nicht jeder Mensch,
dem an seiner Erhaltung liegt, daß die Laster, die Aus=
schweifung, die Wollust seine Lebensdauer in Gefahr
bringen? Hat endlich nicht die Erfahrung jedem denken=
den Wesen bewiesen, daß das Verbrechen ein Gegenstand
des Hasses seiner Nebenmenschen (das heißt der Neben=
menschen des Verbrechers. G. P.) ist, daß das Laster auch
denen, die damit behaftet sind, schädlich ist, daß die Tugend
Achtung und Liebe denen, welche sie pflegen, erwirbt?
Wofern nur die Menschen ein wenig über das, was sie
sind, über ihre wahren Interessen, die Aufgabe der Ge=
sellschaft nachdenken, werden sie einsehen, was sie einander
schuldig sind.... Die Vernunft genügt, um uns
unsere Pflichten gegen unsere Gattungs=
genossen zu lehren."[1]

Da also die Vernunft genügt, uns unsere Pflichten zu
lehren, so bedarf es dazu der Vermittlung der „Philo=
sophie". Sie muß zeigen, daß die Tugend in unserem
wohlverstandenen Selbstinteresse liegt. Sie muß beweisen,
daß die berühmtesten Heroen der Menschheit nicht anders
gehandelt haben würden, wenn sie nur ihr eigenes Glück

---

[1] Le christianisme dévoilé ou examen des
principes et des effets de la religion chré=
tienne, à Londres 1757, S. 126 bis 128. Man bezeichnete
dies Buch als „das schrecklichste, das je irgendwo auf der Erde
erschienen sei". In Wirklichkeit erschien es nicht in London,
sondern in Nancy.

im Auge gehabt hätten. So entwickelt sich eine psycho=
logische Analyse, die in der Tat oft S o k r a t e s h e r a b =
z u s e t z e n u n d R e g u l u s z u v e r l e u m d e n scheint.
Der Einwurf Rousseaus war also nicht ohne Begründung.
Der „Bürger von Genf" vergaß nur, daß der „verleum=
dete" Sokrates nur zu oft den den Materialisten vorge=
worfenen Fehler selbst beging.¹

In Griechenland, in Frankreich, in Deutschland oder
in Rußland (Tschernischewsky und seine Schüler), überall
haben die Aufklärer denselben Fehler gemacht. Sie woll=
ten b e w e i s e n, was nicht bewiesen werden kann, son=
dern nur durch das soziale Leben gelehrt wird.² Die mo=

---

¹ „Und doch, wenn man Freunde mit den übrigen Besitz=
tümern (sic!) vergleicht, würde ein rechtschaffener Freund nicht
bei weitem vorzüglicher erscheinen? Denn welches Pferd, welches
Stiergespann ist so nützlich wie ein wackerer Freund, welcher
Sklave so willig und so treu, oder welch anderes Besitztum in
jeder Hinsicht so wertvoll?" (Xenophon, Erinnerungen an So=
krates, V, 5. Kapitel.) Die französischen Materialisten haben
niemals etwas „Zynischeres" gesagt. Hat sich Sokrates selbst
verleumdet?

² Im achtzehnten Jahrhundert war das übrigens Zeitge=
schmack. Die Anhänger der „religiösen Moral" gaben darin den
Materialisten nichts nach. Sie „bewiesen" bisweilen auf eine
drollige Art und Weise. Hier ein merkwürdiges Beispiel dafür.
Helvetius erzählt, daß man im Jahre 1750 in Rouen auf Ver=
anlassung der Jesuiten ein Ballett gab, „dessen Aufgabe es war,
zu beweisen, daß das Vergnügen die Jugend zu wahren Tugen=
den heranbildet, nämlich, erster Auftritt: zu den bürgerlichen,
zweiter Auftritt: zu den kriegerischen, dritter Auftritt: zu den
speziell religiösen Tugenden. Sie hatten in diesem Ballett diese
Wahrheit durch Tänze (!) bewiesen. Die personifizierte Religion
hatte darin einen Pas de deux mit dem Vergnügen, und um
das Vergnügen pikanter zu machen, sagten damals die Janse=
nisten, hatten es die Jesuiten in kurze Hosen gesteckt." Helvetius
wundert sich gar nicht über diese seltsame Art und Weise, die
Wahrheit zu „beweisen". Er wirft den Jesuiten nur ihre In=
konsequenz vor. „Wenn nach ihnen das Vergnügen alles über
den Menschen vermag, was vermag nicht das Interesse über ihn?

ralische Entwicklung der Menschheit folgt Schritt für Schritt der ökonomischen Notwendigkeit; sie paßt sich treu den reellen Bedürfnissen der Gesellschaft an. In diesem Sinne kann und muß man sagen, daß das Interesse die Basis der Moral ist. Aber der historische Prozeß dieser Anpassung vollzieht sich hinter dem Rücken des Menschen, unabhängig von dem Willen und der Vernunft der Individuen. Die von dem Interesse diktierte Linie des Verhaltens erscheint als die Vorschrift der "Götter", des "angeborenen Gewissens", der "Vernunft" oder der "Natur". Und was ist dies Interesse, das den Individuen diese oder jene Linie des Verhaltens diktiert? Ist es ihr persönliches Interesse? Ja, in einer Unzahl von Fällen. Soweit aber die Individuen der Stimme ihrer persönlichen Interessen gehorchen, handelt es sich nicht mehr um jene "tugendhaften" Handlungen, die wir zu erklären haben. Bei diesen Handlungen ist es das Interesse des **Ganzen**, das **soziale Interesse**, welches sie vorschreibt. Die Dialektik der historischen Bewegung bewirkt nicht nur, daß "**Vernunft Unsinn, Wohltat Plage**" wird, sondern auch, daß die **eigennützigen** Interessen einer Gesellschaft oder einer Klasse sich häufig in den Herzen der Individuen in Bewegungen voll **Uneigennützigkeit** und **Heroismus** umsetzen. Das Geheimnis dieser Umwandlung liegt in dem Einfluß des sozialen Milieus. Die französischen Materialisten wußten diesen Einfluß wohl zu schätzen. Sie wiederholten ohne Aufhören, daß die Erziehung alles bewirkt, daß man nicht als das, was man ist, geboren wird, sondern es erst wird. Und doch betrachteten und stellten sie sehr oft diesen Prozeß des **moralischen Werdens** als eine Reihe von Überlegungen dar, welche sich jeden Augenblick in dem Kopfe eines jeden Individuums wiederholen und sich

Geht nicht jedes Interesse in uns auf das Streben nach Vergnügen zurück?" (De l'Homme, I, 2. Abschnitt, 16. Kapitel.)

direkt den Umständen gemäß modifizieren, welche Bezug auf das persönliche Interesse des zum Handeln Veranlaßten haben. Von diesem Gesichtspunkt aus umriß sich die Aufgabe eines Moralisten, wie wir gesehen haben, von selbst. Man mußte die Überlegung der Individuen vor Irrtümern bewahren, ihnen die moralische „Wahrheit" zeigen. Was heißt es aber in diesem Falle, eine moralische Wahrheit zeigen? Es bedeutet zeigen, auf welcher Seite sich das bestverstandene persönliche Interesse befindet, es bedeutet diese oder jene Anlage des Herzens preisen, welche diese oder jene lobenswerte Handlung nach sich zieht. Auf diese Weise entstand jene psychologische Analyse, gegen die sich Rousseau auflehnte. Auf diese Weise entstanden jene endlosen Lobgesänge auf die Tugend, welche Grimm „K a p u z i n a d e n" nannte. Die Kapuzinaden charakterisierten besonders die einen, die falsche Analyse der Motive der Handlungen die anderen unter den französischen Materialisten des achtzehnten Jahrhunderts. Aber die Abwesenheit der dialektischen Methode springt in den W e r k e n a l l e r in die Augen und rächt sich in gleicher Weise a n a l l e n.

In seiner Polemik gegen die materialistische Moral appellierte Rousseau oft an das G e w i s s e n, den „göttlichen Instinkt", „das angeborene Gefühl" usw. Es wäre nichts leichter für die Materialisten gewesen, als dieses Gefühl für eine Frucht der Erziehung und der Gewohnheit zu erklären. Sie zogen es aber vielmehr vor, es ihrerseits als eine Reihe von Überlegungen zu beschreiben, welche das wohlverstandene persönliche Interesse zur Basis haben. Nach Holbach kann man das „Gewissen" definieren als die „Kenntnis der Wirkungen, welche unsere Handlungen auf unsere Nebenmenschen und durch Rückwirkung auch auf uns selbst ausüben". „Der Gewissensbiß ist die Furcht, welche in uns der Gedanke erzeugt, daß unsere Handlungen imstande sind, uns den Haß oder den Groll unserer Nächsten zuzuziehen." [1] Es ist klar, daß sich Rousseau nicht bei einer solchen „Definition" beruhigen konnte. Aber es ist ebenso klar, daß die Materialisten seinen Gesichtspunkt nicht zulassen konnten. Ein einziges „angeborenes Gefühl" hätte ihre Philosophie von Grund aus umgestürzt. Heutzutage weiß der dialektische Materialismus sehr wohl den Teil der Wahrheit herauszuarbeiten, der sich in den Behauptungen des einen und denen der anderen findet.

Also aus der „Vernunft" entspringen alle moralischen Gesetze. Worauf stützt sich aber die Vernunft, um die Gesetze zu finden? Auf die N a t u r , antwortet Holbach ohne Zögern. „Der Mensch ist ein sensibles, intelligentes, vernünftiges Wesen." Die Vernunft braucht nicht mehr zu wissen, um uns mit einer „u n i v e r s e l l e n Moral" zu beglücken.

Die Psychologie dieses Appells an die „Natur" ist leicht zu erraten. Übrigens erklärt sie Holbach selbst. „Um uns Pflichten aufzuerlegen," sagt er, „um uns Gesetze vorzuschreiben, die uns verpflichten, bedarf es ohne Zweifel einer Autorität, welche das Recht hat, uns zu befehlen." Man befand sich aber im Kriege mit allen traditionellen Autoritäten. Um sich aus dieser Verlegenheit zu ziehen, wandte man sich an die Natur. „Wird man dies Recht der Notwendigkeit bestreiten? Wird man die Rechtstitel der Natur angreifen, welche souverän alles Existierende beherrscht?" Das war damals sehr „natürlich". Aber man muß dabei wohl bemerken, daß Holbach, wie die meisten seiner Zeitgenossen, nur die Natur des „M e n s c h e n" im Auge hatte, die ganz etwas anderes ist als die Natur, mit der wir um unsere Existenz ringen.

Montesquieu war überzeugt, daß den verschiedenen Klimaten „verschiedenartige Gesetze" entsprächen. Er er-

---

[1] Système social, I, S. 56; vergl. auch „La Morale universelle", I, S. 4/5.

klärte diese wechselseitige Beziehung in durchaus ungenügender Weise, und die materialistischen Philosophen wiesen dies ohne große Mühe nach. „Kann man behaupten," frug Holbach, „daß die Sonne, welche die einst auf ihre Freiheit so eifersüchtigen Griechen und Römer erwärmte, nicht mehr dieselben Strahlen auf ihre entarteten Nachkommen herabsendet?"[1] Aber der Grund des Montesquieuschen Gedankenganges war nicht gänzlich falsch. Wir wissen heutzutage, welche Bedeutung das geographische Milieu für die Geschichte der Menschheit gehabt hat. Und wenn sich Montesquieu geirrt hat, so bedeutet das durchaus nicht, daß diejenigen, welche ihn in dieser Frage bekämpften, eine richtigere Auffassung von dem hatten, was Hegel später „die geographische Grundlage der Weltgeschichte" nannte. Sie hatten k e i n e n Begriff davon, weder einen richtigen noch einen falschen. Die menschliche Natur diente ihnen als Schlüssel, mit dem sie alle Türen in der Moral, in der Politik, in der Geschichte öffnen zu können glaubten. Es ist heutzutage oft schwierig, sich genaue Rechenschaft von diesem den Schriftstellern des achtzehnten Jahrhunderts so vertrauten Gesichtspunkt zu geben.

„Die Entwicklung der Künste", sagt S u a r d, „ist denselben Stufungen unterworfen, welche man in der Entwicklung der menschlichen Gattung bemerkt." Man ergreift

[1] Politique naturelle, II, S. 10; Système social, III, S. 6 bis 8. Seinerseits wurde auch Voltaire nicht müde, diese Meinung Montesquieus zu bekämpfen, der übrigens nichts Neues über dies Thema gesagt hat; er hat nur die Ansichten einiger griechischen und römischen Schriftsteller wiederholt. Um gerecht zu sein, fügen wir hinzu, daß Holbach häufig von dem Einfluß des Klimas in einer viel oberflächlicheren Weise spricht als Montesquieu. „Es gehört zum Wesen bestimmter Klimate," sagt er in dem „Système de la Nature", „Menschen hervorzubringen, die so organisiert und modifiziert sind, daß sie für ihre Gattung entweder sehr nützlich oder schädlich werden." (!)

gierig diese Idee; man glaubt, daß der Autor von den verborgenen Ursachen der menschlichen Entwicklung sprechen will, welche, ohne von dem Wollen der Menschen abzuhängen, ihrem Geiste und ihrer Bildung („lumières") diese oder jene Richtung geben. Man bildet sich ein, mit Suard den circulus vitiosus zu verlassen, in dem die Geschichtsphilosophie des achtzehnten Jahrhunderts sich eingeschlossen fand. Man ist zu vorschnell; man täuscht sich außerordentlich. Die Ursachen, denen die Entwicklung der „Künste" unterworfen ist, hängen nur von der Natur — „des Menschen" ab. „In seiner Kindheit hat der Mensch nur Sinne, Einbildung und Gedächtnis; er will nur unterhalten werden und braucht dazu nur Lieder und Fabeln. Es folgt das Alter der Leidenschaften, und die Seele will bewegt und erschüttert werden; der Geist entwickelt sich dann, und die Vernunft gewinnt an Stärke: diese beiden Fähigkeiten verlangen ihrerseits geübt zu werden, und ihre Tätigkeit richtet sich auf alles, was die Neugierde, den Geschmack, das Gefühl, die Bedürfnisse des Menschen interessiert."[1]

Alle Naturforscher geben jetzt zu, daß die sukzessiven Formen, durch welche der individuelle Organismus von der Eizelle bis zu seiner vollständigen Entwicklung sich bewegt, eine Wiederholung der Veränderungen sind, durch welche die Formen der Vorfahren der betreffenden Gattung, zu der dieser Organismus gehört, hindurchgegangen sind. Die **embryogenische** Entwicklung ist ein summarischer Abriß der **genealogischen** Entwicklung. In gleicher Weise könnten die einander folgenden Formen, durch welche der Geist eines Menschen von seiner zartesten Kindheit an bis zu seiner völligen Entwicklung hindurchgeht, als ein summarischer Abriß der langen und lang-

---

[1] Du progrès des lettres et de la philosophie dans le dix-huitième siècle in „Mélange de Littérature", Paris, An III, S. 383.

samen Veränderungen betrachtet werden, durch welche in der Geschichte die Vorfahren dieses Menschen passiert sind. Wir glauben, daß man sehr interessante Untersuchungen über diesen Gegenstand anstellen kann.[1] Was würde man aber von einem Naturforscher sagen, der in der embryogenischen Geschichte des individuellen Organismus den zureichenden Grund für die Veränderungen der Gattung finden würde? Dies ist aber gerade die Denkweise Suards und mit ihm aller der „Philosophen" des achtzehnten Jahrhunderts, die eine dunkle Ahnung von der Gesetzmäßigkeit der Entwicklung der Menschheit hatten.

Grimm stimmt hier ganz mit Suard überein. „Welches Volk", so fragt er, „ist nicht anfänglich Poet gewesen, um als Philosoph zu enden?"[2] Nur Helvetius begriff, daß diese Tatsache andere und tiefere Gründe haben könnte, als Suard dachte. Aber wir haben noch nicht mit Helvetius zu tun.

Der Mensch ist ein sensibles, intelligentes und vernünftiges Wesen. So ist er beschaffen, wird er sein und ist er trotz aller seiner Irrtümer gewesen. In diesem Sinne ist die menschliche Natur unveränderlich. Was gibt es nun Erstaunliches darin, daß die moralischen und politischen Gesetze, weil diktiert von dieser Natur, ihrerseits allgemein gültig, unveränderlich und unwandelbar sein werden? Diese Gesetze sind noch nicht verkündet worden, und man muß zugeben, daß „nichts gewöhnlicher ist, als zu sehen, wie die zivilen Gesetze in Widerspruch mit denen der Natur sind". Aber diese verdorbenen zivilen Gesetze verdanken wir entweder „der Verkehrtheit der Sitten oder den Irrtümern der Gesellschaften oder der Tyrannei, welche die Natur zur Nachgiebigkeit unter ihre Autorität

---

[1] Selbstverständlich wird man dabei stets aufs genaueste den ungeheuren Einfluß der Anpassung an das soziale Milieu auf die geistige und moralische Entwicklung der Individuen in Betracht zu ziehen haben.

[2] Correspondance littéraire. Août 1774.

zwingt".[1] Laßt die Natur sprechen, und ihr werdet die Wahrheit ein für allemal erfahren. Die Irrtümer sind zahllos, die Wahrheit ist nur eine. „Es gibt keine Moral für die Ungeheuer oder die Unsinnigen; die universelle Moral ist nur für vernünftige und wohlorganisierte Wesen gemacht; in diesen verändert sich die Natur nicht; es braucht nur gute Beobachtung, um daraus die unveränderlichen Regeln abzuleiten, welchen sie folgen müssen."[2]

Wie soll man nun danach erklären, daß derselbe Holbach die folgenden Zeilen hat schreiben können: „Die Gesellschaften, wie alle Naturkörper, unterliegen Umbildungen, Veränderungen, Revolutionen; sie bilden sich, wachsen und lösen sich auf, wie alle Wesen. Dieselben Gesetze können nicht in verschiedenen Zuständen für sie passen: nützlich zur einen Zeit, werden sie zu einer anderen nutzlos und schädlich."

Die Sache ist sehr einfach. Aus dieser ganzen Überlegung zieht Holbach nur den einen Schluß: die altgewordenen und veralteten Gesetze (er hat dabei die des damaligen Frankreichs im Auge) müssen abgeschafft werden. Das Alter eines Gesetzes spricht eher **gegen** als **für** dasselbe. Das Beispiel unserer Vorfahren beweist nichts zu seinen Gunsten. Holbach hätte dies auf einem abstrakten

---

[1] Politique naturelle, I, S. 37/38.
[2] Condorcet behauptet, bei der Bekämpfung der in diesem Punkte ganz entgegengesetzten Ansichten Voltaires („le Philosophe ignorant"; der Patriarch ändert häufig seine Ansichten), daß die Ideen der Gerechtigkeit und des Rechts „sich mit Notwendigkeit auf dieselbe Art und Weise in allen sensiblen Wesen" bilden, welche fähig sind, Ideen zu erwerben. „Sie werden also gleichförmig sein." Es ist allerdings wahr, daß die Menschen „sich öfters ändern". Aber jedes richtig schließende Wesen wird zu denselben Ideen in der Moral wie in der Geometrie gelangen. Sie sind die notwendige Folge dieser tatsächlichen Wahrheit: „Die Menschen sind sensible und intelligente Wesen." (In einer Anmerkung zum „Philosophe ignorant", der Kehlschen Ausgabe der Werke Voltaires.)

Wege, nur durch Zurückgreifen auf die „Vernunft" beweisen können. Aber er nimmt Rücksicht auf die Vorurteile seiner Leser und nimmt die Miene an, sich auf einen historischen Standpunkt zu stellen. Dasselbe gilt für die Geschichte der Religionen. Die „Philosophen" beschäftigten sich viel damit. In welcher Absicht? Um zu beweisen, daß die christliche Religion, die angeblich geoffenbarte, den profanen Religionen ganz außerordentlich gleicht. Das war ein dem verhaßten Christentum versetzter Stoß. Hatte er den Stoß einmal versetzt, kümmerte sich kein „Philosoph" mehr um das Studium der vergleichenden Religionsgeschichte. Es war eine revolutionäre Zeit, und alle „Wahrheiten", welche die Philosophen verkündigten (und diese „Wahrheiten" widersprachen einander sehr oft), hatten ein unmittelbar praktisches Ziel.

Bemerken wir hier, daß die „menschliche Natur" öfter die materialistischen Philosophen weiter führte, als sie selbst erwarteten. „Man hat zu großen Mißbrauch mit der Unterscheidung getrieben, die man so oft zwischen dem p h y s i s c h e n und m o r a l i s c h e n Menschen gemacht hat." Der Mensch ist ein rein physisches Wesen. Der moralische Mensch ist nur dasselbe unter einem bestimmten Gesichtspunkt betrachtete physische Wesen, das heißt betrachtet in bezug auf einige seiner durch seine Organisation bedingten Handlungsweisen. Daher „s i n d a l l e I r r t ü m e r d e s M e n s c h e n p h y s i s c h e I r r t ü m e r".[1] Der Medizin, oder besser gesagt der Physiologie, fällt also die Aufgabe zu, uns den Schlüssel zum menschlichen Herzen zu liefern. Dieselbe Wissenschaft muß uns auch die historischen Wechsel der Menschheit erklären. „In einer Natur, in der alles verbunden ist, in der alles handelt und reagiert, in der alles sich bewegt und ändert, sich zusammensetzt und zerlegt, sich bildet und zugrunde geht, gibt es kein Atom, das

---

[1] Système de la Nature, I, S. 5.

nicht eine wichtige und notwendige Rolle spielt, gibt es kein unmerkbares Molekül, das nicht, in die geeignete Umgebung gebracht, wunderbare Wirkungen erzeugt.... Zu viel Schärfe in der Galle eines Fanatikers, zu heißes Blut im Herzen eines Eroberers, eine lästige Verdauungsstörung im Magen eines Monarchen, eine Phantasie (ist auch dies ein Molekül? G. P.), die durch den Geist einer Frau geht, sind hinreichende Ursachen, um Kriege zu veranlassen, Millionen von Menschen zur Schlachtbank zu schicken, Mauern umzustürzen, Städte in Asche zu verwandeln... um Verödung und Unglück während einer langen Reihe von Jahrhunderten auf der Oberfläche unseres Erdballs fortzupflanzen."[1]

Man kennt den berühmten Aphorismus von dem Sandkorn, das in die Blase Cromwells gelangte und so die Gestalt der Welt veränderte. Dieser Aphorismus enthält nicht mehr und nicht weniger als die Reflexionen Holbachs über die „Atome" und „Moleküle" als Ursachen historischer Ereignisse. Nur daß der, dem wir den Aphorismus verdanken, ein frommer Mensch war: es war nach ihm Gott, der dies verhängnisvolle Körnchen in den Körper des Protektors eindringen ließ. Holbach wollte nichts mehr von Gott wissen. Gegen das übrige hatte er nichts einzuwenden.

Es ist ein „Körnchen" Wahrheit in solchen Aphorismen. Aber diese Wahrheit verhält sich zur ganzen Wahrheit wie ein „Körnchen" oder ein Molekül zur gesamten im Universum vorhandenen Materie. Infinitesimal, wie sie ist, bringt uns diese Wahrheit nicht einen Schritt in unserem Studium der sozialen Phänomene weiter. Und wenn wir in der Geschichtswissenschaft nichts anderes zu tun hätten, als auf die Ankunft des von Laplace geträumten Genies zu warten, das mit Hilfe der Molekularmechanik uns alle

---

[1] Système de la Nature, I, S. 214.

Geheimnisse der Vergangenheit, Gegenwart und Zukunft des Menschengeschlechts enthüllen wird, so könnten wir noch lange und sehr ruhig schlafen: denn dies wunderbare Genie wird nicht so bald kommen.

„Wenn wir die Elemente kennten, welche die Basis des Temperaments eines Menschen oder der großen Mehrzahl der Individuen bilden, aus denen ein Volk zusammengesetzt ist, so wüßten wir mit Hilfe der Erfahrung auch die für sie notwendigen Gesetze, die ihnen nützlichen Einrichtungen."[1] Was würde aber in diesem Falle aus der „universellen Moral" und der „naturgemäßen Politik"? Holbach sagt darüber nichts, kommentiert aber mit um so größerem Eifer alle die moralischen, politischen und sozialen Gesetze, die mit Notwendigkeit aus der Natur des als ein sensibles usw. Wesen betrachteten Menschen sich ableiten.

Es war sehr „natürlich", daß die Mutter Natur zu Holbachs Zeit in der Politik wie in der Moral es gerade mit den Gesetzen hielt, deren die französische Bourgeoisie in dem Augenblick bedurfte, als sie dabei war, „alles" zu werden.

Es existiert ein stillschweigender Vertrag, ein sozialer Pakt zwischen der Gesellschaft und ihren Mitgliedern. Dieser Vertrag erneuert sich jeden Augenblick und hat eine wechselseitige Garantie der Rechte der Bürger zum Zweck. Von diesen Rechten sind die Freiheit, das Eigentum, die Sicherheit die geheiligtesten. Mehr als das! „Die Freiheit, das Eigentum, die Sicherheit sind die einzigen Bande, welche die Menschen an das Land, das

---

[1] Système de la Nature, I, S. 106. Mr. Jules Soury sagt sehr naiv hierzu: „Diese Idee des Baron v. Holbach ist teilweise zur Tatsache geworden (!), gleichwohl scheint die Moralstatistik viel mehr als die Physiologie dazu bestimmt zu sein, der Physik der Sitten die größten Dienste zu erweisen." Bréviaire de l'histoire du Matérialisme, Paris 1881, S. 653.

sie bewohnen, fesseln. Es gibt kein Vaterland, wenn diese Vorteile verschwunden sind."[1] Das Eigentum ist die Seele dieser geheiligten Trias. Die Sicherheit und die Freiheit sind in der Gesellschaft notwendig. „Es ist aber für den Menschen unmöglich, sich zu erhalten oder seine Existenz zu einer glücklichen zu machen, wenn er nicht die Vorteile genießt, welche er sich mit seinen Sorgen und seiner Persönlichkeit (!) erworben hat. Daher geben die Gesetze der Natur einem jeden Menschen ein Recht, welches man das Eigentum nennt." Die Gesellschaft kann den Menschen nicht seines Eigentums berauben, „**da sie geschaffen wurde, um es zu sichern**". Also ist das Eigentum der Zweck, die Freiheit und Sicherheit sind die Mittel. Da dem so ist, betrachten wir dies erlauchte Recht etwas näher.

Woher kommt es? Es hat zur Basis eine notwendige Beziehung, die zwischen dem Menschen und dem Produkt seiner Arbeit entsteht. So wird also ein Feld in gewisser Weise ein Teil dessen, der es bearbeitet, weil sein Wille, seine Arme, seine Kräfte, kurz „**ihm eigentümliche, individuelle, seiner Person anhängende Eigenschaften**" das Feld zu dem, was es ist, gemacht haben. „Dies von seinem Schweiß bewässerte Feld identifiziert sich sozusagen mit ihm; die Früchte, die es hervorbringt, gehören ihm ebenso wie seine Glieder und Fähigkeiten, weil diese Früchte ohne seine Arbeit entweder nicht existieren würden oder wenigstens nicht so existieren würden, wie sie es jetzt tun."[2]

---

[1] Politique naturelle, I, S. 13/14, 38, 125. „Daher ist die Hauptabsicht der Menschen bei ihrer Vereinigung in ein Staatswesen und bei ihrer Unterordnung unter eine Regierung **die Sicherung ihres Eigentums**, für die im Naturzustand viel fehlt." Locke, Of government, 9. Kapitel: Of the ends of political society and government.

[2] Politique naturelle, I, S. 39.

So stellt sich also das bürgerliche Eigentum Holbach unter der Form eines Arbeitsprodukts des Eigentümers selbst dar. Das hindert ihn durchaus nicht, die Kaufleute und Fabrikanten hochzuschätzen, diese „Wohltäter, die der ganzen Gesellschaft Beschäftigung und Leben geben, während sie sich bereichern".[1] Doch scheint er eine richtige, wenn auch nicht ganz klare Auffassung von dem Ursprung der Reichtümer der „Manufakturisten" zu haben. „**Während der Arbeiter**", sagt er, „**sich durch seine Arbeit erhält, trägt er ohne Aufhören zu dem Vermögen derer, die ihn beschäftigen, bei**." Dies Vermögen ist also nicht allein durch den Manufakturisten „eigentümliche", „**individuelle**" („welche **unzählige Mengen** von Arbeitern aller Art ... setzen nicht die Manufakturen in Bewegung!"),[2] ihrer Person „**anhängende** Eigenschaften" erzeugt? Ohne Zweifel nein! Aber was macht's! Die Manufakturisten und Kaufleute sind sehr nützlich. Und muß nicht die erkenntliche Gesellschaft die, welche ihr nützlich dienen, durch Reichtümer und Ehren belohnen? Das Unglück besteht nicht in der unbestreitbaren Tatsache, daß der „Handwerker" zu dem Vermögen der „Manufakturisten" beiträgt. Es besteht darin, daß, dank den „gotischen und barbarischen Vorurteilen", der Manufakturist und der Kaufmann nicht so geehrt sind, wie sie es verdienen. „Der friedliche Händler scheint ein verächtliches Wesen in den Augen des stupiden Kriegers, der nicht sieht, daß dieser Mensch, den er verachtet, ihn **kleidet**, ihn **ernährt**, seinem Heer den Unterhalt verschafft!" (Sic!)[3]

Für das feudale Eigentum hat Holbach eine andere Sprache. Die Eigentümer dieser Art, „die Reichen und Großen", behandelt er als „zu häufig unnütze oder schädliche Mitglieder der Gesellschaft", und er wird nicht müde, sie anzugreifen. Sie sind es, welche „**die Früchte der**

---
[1] Morale universelle, II, S. 249. [2] Ebenda. [3] Ebenda, S. 240.

Arbeit ihrer Nebenmenschen" bedrohen, die Freiheit ihrer Mitbürger vernichten; ihre Personen insultieren. „Und auf diese Weise wird das Eigentum ohne Aufhören verletzt."[1]

Wir wissen, daß die Gesellschaft geschaffen wurde, um das Eigentum zu sichern. Aber nur das bürgerliche Eigentum hat der stillschweigende soziale Vertrag im Auge und muß es im Auge haben. Dem feudalen Eigentum schuldet die Gesellschaft nur eines: volle und ganze Vernichtung. Holbach ist für die Abschaffung der Privilegien des Adels, der Dienstbarkeiten, der Zinse, der Fronden, der Bannrechte usw.[2] „Wenn Adlige, denen der Souverän schädliche Rechte entziehen wollte, sich auf die geheiligten Rechte des Eigentums berufen wollten, würde er ihnen antworten, daß das Eigentum nur das Recht ist, mit Gerechtigkeit zu besitzen; daß das, was dem nationalen Glücke feindlich ist, niemals gerecht sein kann; daß das, was dem Eigentum des Ackerbauers schadet, niemals als ein Recht angesehen werden kann, sondern nur eine Usurpation, eine Verletzung seines Rechtes ist, dessen Aufrechterhaltung für die Nation nützlicher ist als die der Ansprüche einer kleinen Zahl von Seigneurs, welche, wenig zufrieden damit, selbst nichts zu tun, sich den sowohl für sie selbst wie für die Gesellschaft wichtigsten Arbeiten entgegenstellen."[3]

Die Adligen „tun nichts", sie haben keine der Gesellschaft nützliche Funktion zu erfüllen, das verdammt sie in den Augen unseres Philosophen. Einst waren die Adligen verpflichtet, auf eigene Rechnung Krieg zu führen. Damals genossen sie auf einen gerechten Rechtstitel hin

---

[1] Politique naturelle, I, S. 42.

[2] Selbstverständlich macht er keine Ausnahme zugunsten der Zünfte und anderer ähnlicher „Privilegien", noch zugunsten der „Reichtümer der Diener der Religion".

[3] L'Ethocratie ou le gouvernement fondé sur la morale, Amsterdam 1776, S. 50/51.

gewisse Befreiungen. Aber auf welchen Rechtstitel hin können sie dieselben in einer Gesellschaft genießen, wo die Armee im Solde des Fürsten steht und der Adlige nicht mehr zum Dienste verpflichtet ist?[1]

Die Zeit ist jetzt gekommen, in der das Proletariat die Rechte der Kapitalisten auf derselben Wage wiegt, deren sich vor mehr als einem Jahrhundert die Repräsentanten der Bourgeoisie bedienten, um die Privilegien des Adels zu wägen.

Man muß nicht glauben, daß der Antagonismus zwischen Bourgeoisie und Adel sich in dem Kopfe Holbachs als ein Antagonismus zwischen dem Grundeigentum und den verschiedenen Arten des städtischen Eigentums reflektierte. Ganz und gar nicht! Holbach hat keine Vorliebe für das mobile Eigentum. Im Gegenteil! Auch für ihn ist das wahre Eigentum, das Eigentum par excellence, das Grundeigentum. „**Der Besitz des Landes konstituiert den wahren Bürger,**" sagt er. Der Zustand des Ackerbaus ist das charakteristische Zeichen der ökonomischen Situation eines Landes im allgemeinen. Der „Arme" ist in erster Linie der „Ackerbauer"; die „Armen" beschützen heißt soviel, als die durch die „Großen", das heißt den Adel, unterdrückten Landleute schützen. Holbach geht so weit, mit den Physiokraten zu sagen, daß auf den Grund und Boden direkt oder indirekt alle Steuern zurückfallen, wie alles Gute oder Schlechte, was einer Nation zustößt. „Für die Verteidigung des Besitzes eines Landes ist der Krieg bestimmt; für die Zirkulation der Güter, welche die Erde produziert, ist der Handel notwendig; die Jurisprudenz hat ihren Nutzen darin, daß sie den Besitzern ihren Grund und Boden sichert."[2] Die Erde ist die Quelle aller Reichtümer einer Nation, und gerade deshalb muß sie so schnell wie möglich von dem feudalen Joch, das

[1] L'Ethocratie, S. 52.
[2] Politique naturelle, I, S. 179.

sie erdrückt, befreit werden; ein Argument mehr für die revolutionären Tendenzen der Bourgeoisie.

Für einen Menschen von dem Wesen Holbachs konnte die „Gleichheit" nichts Verführerisches haben. Sie war für ihn vielmehr eine sehr schädliche Schimäre. Die Menschen haben nicht alle dieselbe Organisation; sie waren stets hinsichtlich ihrer physischen, moralischen und intellektuellen Kraft ungleich. „Der an Körper und Geist schwache Mensch wurde stets gezwungen, die Überlegenheit der Stärkeren, der Begabteren anzuerkennen. Der Arbeitsamere mußte ein ausgedehnteres Stück Land bebauen und es fruchtbarer machen als der, welcher von der Natur einen schwächeren Körper erhalten hat. So hat es also von Anfang an Ungleichheit im Eigentum und in den Besitzungen gegeben."[1]

Der Abbé Mably konnte gegen ähnliche Argumente ruhig einwerfen, daß sie in offenbarem Widerspruch zu dem Ausgangspunkt der neueren politischen Philosophie ständen: der absoluten Gleichheit der Rechte aller Menschen, der schwachen wie der starken.[2] Die Stunde der „Gleichheit" hatte noch nicht geschlagen, und Mably hat selbst zugeben müssen, „daß keine menschliche Kraft den Versuch machen könne, die Gleichheit wiederherzustellen, ohne noch größere Unordnungen als die, welche man vermeiden will, hervorzurufen".[3] Die objektive Logik der so-

---

[1] Politique naturelle, I, S. 20.

[2] „Wenn meine physischen oder moralischen Eigenschaften mir kein Recht auf einen weniger als ich mit den Gütern der Natur ausgestatteten Menschen geben; wenn ich nichts von ihm fordern kann, was er nicht auch von mir fordern kann, so lehrt mich, bitte, auf welchen Grund hin ich den Anspruch machen kann, daß unsere Verhältnisse ungleich seien.... Man muß mir zeigen, auf welchen Titel ich meine Überlegenheit gründen kann." Doutes proposés aux philosophes économistes sur l'ordre naturel et essentiel des sociétés politiques. A la Haye 1768, S. 21.

[3] Ebenda, S. 15.

zialen Evolution schlug sich auf die Seite der Theoretiker der Bourgeoisie.

Holbach war ein Theoretiker der Bourgeoisie bis ins Mark seiner Knochen, bis zum Pedantismus. Er donnert gegen „den Papst und die Bischöfe, welche die Feste anordnen und das Volk zum Müßiggang zwingen". Er beweist, daß der Fortschritt des Handels und der Industrie mit der Moral einer Religion unverträglich ist, „deren Gründer den Fluch gegen die Reichen ausspricht und sie vom Himmelreich ausschließt". Er seinerseits schleudert den Fluch gegen die „unzählige Menge von Priestern, Klosterbrüdern, Mönchen und Nonnen, die keine anderen Funktionen haben, als ihre trägen Hände zum Himmel zu heben und Tag und Nacht zu beten". Er lehnt sich gegen die katholischen Fasten auf, da „die Mächte, welche von den Römisch-Katholischen als Häretiker betrachtet werden, fast die einzigen sind, welche aus dem Fleischfasten Profit ziehen; die Engländer verkaufen ihnen Stockfisch und die Holländer Heringe".[1] Dies alles ist nur „natürlich". Wenn aber Holbach, wie Voltaire und viele andere, bei jeder Gelegenheit auf die Geschichte von den 2000 Schweinen, welche von den Teufeln im Einverständnis mit Jesu ertränkt wurden, zurückkommt, und wenn er dem mythischen Gründer des Christentums seine geringe Achtung vor dem Privateigentum vorwirft, wenn er denselben Vorwurf den Aposteln macht, welche häufig auf Feldern, die ihnen nicht gehörten, Ähren sammelten; wenn er sich auf einen Augenblick mit Christus nur deshalb versöhnt, weil den „Menschensohn" den Sabbat nicht heiligte,[2] dann wird

---

[1] Vergl. Le christianisme dévoilé ou examen des principes et des effets de la religion chrétienne 1767, S. 176, 179, 196, 198, 199, 203.

[2] „Er fühlte vielleicht wie wir," sagt er, „von welcher Nützlichkeit für das Volk die Abschaffung einer großen Zahl von Festtagen sein würde." Histoire critique de Jésus Christ ou

er pedantisch und lächerlich, und dann besonders springt sein völliger Mangel an historischem Sinn in die Augen.

Die Bourgeoisie, deren Repräsentant und Verteidiger Holbach war, stellte er sich als den rechtschaffensten, fleißigsten, edelsten, gebildetsten Teil der Nation vor. Er würde sich vor der Bourgeoisie von heutzutage entsetzt haben. „Der Geiz (er spricht eigentlich von dem ‚Durst nach Geld‘) ist eine unedle, eigennützige, ungesellige und daher mit dem wahren Patriotismus, der Liebe für das Gesamtwohl und selbst mit der wahren Freiheit unverträgliche Leidenschaft. Alles ist bei einem von dieser schmutzigen Epidemie infizierten Volke verkäuflich; es handelt sich nur darum, handelseinig zu werden."[1] Dies schmeckt sehr nach Sallust, aber zu gleicher Zeit könnte man zu der Behauptung geneigt sein, daß unser Philosoph die Skandale vorausgesehen hat, die einander jetzt ohne Aufhören in Frankreich, Deutschland, Italien und überall da folgen, wo die Bourgeoisie zum Tode reif wird. „Nichts Grausameres auf der Welt, als der von seiner Raubgier angestachelte Geschäftsmann, sobald er der Stärkste wird und des Beifalls des Landes für seine nützlichen Verbrechen sicher ist."[2] Gewiß! Wir wissen dies besser als unsere guten „Philosophen"!

Am häufigsten betrachtet Holbach „die Reichtümer" von einem deklamatorischen Gesichtspunkt aus: „Die Reichtümer verderben die Sitten." Und er, der die „religiöse Moral" im Namen der Reichtümer bekämpft, bekämpft dann den Durst nach Reichtümern im Namen der „Tugend": „Nur die äußerste Wachsamkeit", sagt er „vermag die Übel, welche diese Leidenschaft nach sich zieht, zu verhindern oder wenigstens zu verzögern";[3] er, der für

---

Analyse raisonnée des Evangiles (ohne Datum oder Druckort), S. 157.
[1] L'Ethocratie, S. 124.
[2] Politique naturelle, II, S. 148. [3] Ebenda, S. 145.

die absolute Freiheit des Verkehrs ist („der Handel fordert vollständige Freiheit; je freier der Handel, desto mehr wird er sich ausdehnen. Die Regierung hat nichts für den Kaufmann zu tun, als ihn handeln zu lassen..."),[1] er beweist, daß die Politik soviel wie möglich die Vermehrung der Bedürfnisse der Bürger verhindern muß („sie werden schließlich unersättlich sein, wenn die Klugheit ihnen keine Grenzen steckt").[2] Er fordert das Einschreiten des Staates, er wird Protektionist, fast reaktionär. „Wir nennen den Handel nützlich, der den Nationen die für ihren Unterhalt, ihre ernstlichen Bedürfnisse und auch für ihre Bequemlichkeit und ihr Wohlleben notwendigen Gegenstände verschafft; wir nennen den Handel nutzlos und gefährlich, der den Bürgern nur solche Dinge verschafft, für die sie kein wirkliches Bedürfnis haben und die nur geeignet sind, die eingebildeten Bedürfnisse ihrer Eitelkeit zu befriedigen." Holbach wäre vor keinem Mittel zurückgeschreckt, um diese „Eitelkeit", die sich nach seiner Angabe durch das Mittel der Lakaien bis in die Dörfer verbreitete, und den Luxus zu bekämpfen, der die „Sitten" (moeurs) verdirbt und die blühendsten Nationen zum Ruin führt.[3] Das natürlichste Absatzgebiet für die industriellen Produkte eines Landes sei der innere Markt, der ihnen garantiert werden müsse. Holbach kann die „unsinnige Wut, neue Zweige des Handels zu entdecken", nicht begreifen, dank derer „die Erdkugel für den delirierenden Kaufmann nicht groß genug ist" und die Nationen einander oft wegen einer unfruchtbaren Insel erwürgen, in der sie bereits Schätze zu sehen glauben.[4] Er findet nicht Ausdrücke streng genug, um das „Volk Albions" zu ermahnen, das ihm „den ausschweifenden Plan" gefaßt zu haben schien, „den Handel der Welt

---

[1] Politique naturelle, S. 150. [2] Ebenda, S. 151.
[3] L'Ethocratie, 8. Kapitel. Système social, III, S. 73.
[4] Politique naturelle, II, S. 154.

an sich zu ziehen und sich zum Eigentümer der Meere zu
machen".¹ Er fürchtet eine zu große Ungleichheit in der
Verteilung der Reichtümer, die die Quelle vieler Übel in
der Gesellschaft ist. Er ist ein Fürsprecher der kleinen
Pachtgüter; die Englands erschienen ihm zu groß, sie bewirken oft, daß die Pächter „Monopolinhaber"
werden.² Im allgemeinen ist „das Interesse des Staates
immer mit dem der Mehrheit verbunden; er fordert, daß
viele Bürger tätig, nützlich beschäftigt seien und in einem
wohlhäbigen Zustand leben, der es ihnen ermöglicht, die
Bedürfnisse des Vaterlandes ohne Mühe zu befriedigen.
Es gibt kein Vaterland für den Menschen, der nichts besitzt."³

Man wird nach alledem leicht einsehen, daß der soziale
Zustand Englands, wo die Bourgeoisie bereits ihre „glor-
reiche Revolution" gemacht hatte, unserem Philosophen
durchaus nicht gefallen konnte. Er spricht von diesem Lande
mit tiefer Abneigung. „Es genügt nicht, reich zu sein, um
glücklich zu sein," sagt er; „man muß die Reichtümer in
einer Weise anzuwenden wissen, die geeignet ist, das Glück
zu bewirken. Es genügt nicht, frei zu sein, um glücklich zu
sein: man darf die Freiheit nicht mißbrauchen, . . . keinen
ungerechten Gebrauch davon machen." Nun, in der Hinsicht ließen die Engländer sehr viel zu wünschen übrig.
„Ein Volk ohne Sitten", „ein gegen die anderen Nationen
ungerechtes Volk", „ein von Golddurst verzehrtes Volk",
„ein eroberndes Volk", „ein der Freiheit der anderen feind-
liches Volk", „eine käufliche, lasterhafte, verderbte Nation" — das waren die Engländer in Holbachs Augen;
und er richtet dann an sie eine seiner Kapuzinaden über
die Tugend. „Pfleget also, ihr Briten, die Weisheit und
die Vernunft; bemüht euch, eure Regierung und eure Gesetze zu vervollkommnen. . . . Fürchtet einen den Sitten und

---

[1] Politique naturelle, S. 155.
[2] L'Ethocratie, S. 122, Anmerkung. [3] Ebenda, S. 177.

der Freiheit tödlichen Luxus. Fürchtet die Wirkungen eines religiösen und politischen Fanatismus" usw.[1]

Übrigens inspirierte ihn das Schauspiel des sozialen Lebens Englands öfters zu tieferen Reflexionen als den eben zitierten. Er beweist zum Beispiel, daß die ungeheuren Armensteuern die Zahl der Armen in England weder vermindert haben, noch hätten vermindern können. „Es ist nur zu wahr," ruft er aus, „daß die Nationen, bei denen man die größten Reichtümer findet, eine größere Zahl unglücklicher als glücklicher Menschen umschließen. Es ist nur zu wahr, daß der Handel nur wenige Bürger bereichert und die übrigen im Elend läßt."[2]

Alle diese Gedanken könnten mit Recht konfus und widersprechend erscheinen. Aber, wir heben dies noch einmal hervor, man darf nicht vergessen, daß wir es hier mit einem Theoretiker der Bourgeoisie zu tun haben, die revolutionär und insofern edler Gefühle fähig war. Sie, oder vielmehr die Besten ihrer Angehörigen, die Leute, die Herz und Verstand hatten, „die", um einen Ausdruck Holbachs zu gebrauchen, „nachdachten", träumten von einem Reiche der Vernunft, einem universellen Glück, dem Himmelreich auf Erden. Konnten sie nicht die unabwendbaren Folgen ihrer eigenen sozialen Tendenzen verabscheuen? Und konnten sie nicht infolge des Abscheus vor diesen Folgen mit sich selbst in Widerspruch kommen? Man zeige einem jungen, schönen Mädchen ein altes, häßliches, unreines, von Alter und Krankheiten gebeugtes Weib. Sie wird erschrocken sein. Und doch eilt sie zu leben, das heißt zu altern, das heißt ihrerseits andere zu erschrecken. Das ist eine alte, doch ewig neue Geschichte!

Wer sich eine konkretere Vorstellung von der Psychologie der französischen Philosophen des achtzehnten Jahrhunderts machen will, könnte mit großem Nutzen die rus-

---

[1] Vergl. Système social, 2. Band, 6. Kapitel.
[2] L'Ethocratie, S. 146/47.

sischen Schriftsteller der Epoche befragen, die mit dem Ende
der Regierung des Kaisers Nikolaus beginnt und sich bis
auf die Jetztzeit erstreckt. Dasselbe Fehlen des historischen
Sinnes, dieselben Kapuzinaden, dieselben Widersprüche!
Allerdings gibt es unter den russischen Schriftstellern der
genannten Periode Sozialisten wie Tschernischewsky. Aber
auch viele, welche die „Bourgeoisie" nur aus Mißverständnis bekämpfen, weil sie nicht die Tragweite ihrer
eigenen Forderungen zu würdigen wissen. Sehr oft wollen
unsere „legalen" Schriftsteller nichts anderes als Holbach
und seine Freunde. Aber sie halten es naiverweise für
Sozialismus. Die großen Franzosen hätten darauf ge-
schworen, daß es Philosophie sei. Und was uns angeht, so
sind wir der Überzeugung, daß eine Rose stets denselben
Duft behält, welchen Namen sie auch hat.

Wenn Holbach in den ökonomischen Fragen häufig der
Ansicht der Physiokraten ist, von denen er stets mit Lob[1]
spricht, so teilte er doch nicht ihre Vorliebe für den „legalen Despotismus". Er war ein eifriger Anhänger der
Repräsentativ-Regierung. Der Despotismus war für ihn
keine Regierungsform; er kann nur „als ein ungleicher
Kampf zwischen einem oder mehreren bewaffneten Bri-
ganten und einer verteidigungslosen Gesellschaft betrachtet werden".[2] Unser Philosoph stellte sich einige „natürliche Fragen", die viel Verständnis in der französischen konstituierenden Versammlung gefunden haben würden. Diese äußerst charakteristischen Fragen sind folgende:

„Muß das Ganze dem Teil nachgeben? Soll der Wille
eines einzelnen über den Willen aller die Herrschaft haben?
Gibt es in jeder Gesellschaft ein privilegiertes Wesen, das

---

[1] „Eifrige und tugendhafte Schriftsteller", „gute Bürger";
„man kann den nützlichen Ansichten, welche ihnen die Liebe zum
Gemeinwohl eingegeben hat, nichts hinzufügen." L'Ethocratie,
S. 144/45.

[2] Politique naturelle, II, S. 44.

davon befreit ist, nützlich zu sein? Ist allein der Souverän von den Banden frei, welche alle anderen verbinden? Kann ein Mensch alle anderen binden, ohne daß diese ihrerseits ihn durch ein Band halten? Ist der Besitz einer in ihrem Ursprung ungerechten, durch die Gewalt erhaltenen, von der Schwäche ertragenen Macht ein Titel, den die Gerechtigkeit, die Vernunft und die Kraft niemals zerstören können?" Das erinnert an das berühmte Wort: „Wir werden unsererseits Eroberer sein." Die folgende Stelle erinnert an eine andere Szene der großen Revolution: „Die souveräne Gewalt ist nichts weiter als der Krieg eines einzelnen gegen die Gesamtheit, sobald der Monarch die Grenzen übertritt, welche ihm der Wunsch des Volkes vorschreibt." Was hätte man im Ballhaussaal darauf geantwortet?

Ein unversöhnlicher Haß gegen den Despotismus beseelt fast alle Werke Holbachs. Man empfindet deutlich, daß keine abstrakte Theorie, sondern traurige Wirklichkeit allem, was er über diesen Gegenstand sagt, zugrunde liegt. Und es war ebensowenig abstrakte Theorie, als vielmehr traurige Wirklichkeit, die ihn die Freiheit, „die Tochter der Billigkeit und der Gesetze", „den geliebten Gegenstand aller edlen Herzen" anrufen ließ. Öfter scheint er ein Vorgefühl des herannahenden politischen Sturmes gehabt zu haben. „Der Bürger", sagt er, „kann nicht, ohne seine Pflicht zu verletzen, es ablehnen, für sein Land gegen den es unterdrückenden Tyrannen Partei zu nehmen." Wer weiß? Vielleicht waren diese Worte vor ihrer Niederschrift in einer jener philosophischen Vereinigungen bei Holbach ausgesprochen und diskutiert worden, wo man, nach dem, was uns Morellet erzählt, Dinge sagte, die Hunderte Mal den Blitz auf das Haus herabgezogen hätten, wenn er deshalb einschlüge. Diderot stimmte sicher bei und ging noch weiter. Und Grimm klatschte vielleicht Beifall. ... Der Ärmste, er änderte seine Ansicht, als der Sturm nicht mehr in einem reich möblierten Salon, sondern auf der großen historischen Bühne ausbrach.

Und würde sich Holbach selbst besser nach dem 10. August gehalten haben? Würde er in einer Versammlung der Jakobiner wiederholt haben, daß „**ein Tyrann das hassenswerteste Wesen ist, welches das Verbrechen erzeugen kann**"?[1] Offen gesagt, wir wissen nichts davon. Es ist aber viel wahrscheinlicher, daß er nichts mit diesen „wilden" Republikanern hätte zu tun haben wollen, daß er sie ihrerseits als Tyrannen und Feinde des Vaterlandes, als Fanatiker und politische Scharlatane behandelt haben würde.

Holbach verehrte die Freiheit. Aber er fürchtete den „Tumult" und war überzeugt, daß in der „Politik wie in der Medizin die gewaltsamen Mittel stets die gefährlichsten sind". Er hätte gern mit einem nur ein wenig „tugendhaften" Monarchen verhandelt. Er hatte gut reden, daß die Prinzen dieser Art sehr seltene Meteore sind; er träumte stets von „einem Weisen auf dem Thron". Und einen Augenblick, während des Ministeriums Turgot, glaubte er seinen Traum realisiert. Er hat sein Buch „**Ethokratie**" Ludwig XVI., „dem gerechten, menschlichen, wohltätigen Monarchen, dem Freund der Wahrheit, der Einfachheit, dem Feind der Schmeichelei, des Lasters, des Prunkes, der Tyrannei, dem Wiederhersteller der Ordnung und der Sitten, dem Vater seines Volkes usw.", gewidmet. Es ist möglich, daß er später seine Meinung über Ludwig XVI. änderte, aber seine Furcht vor den „**tumultuösen**" Volksbewegungen bewahrte er. Das Volk waren für Holbach die „Armen", nun bringt aber „**der Mangel, so oft das Spielzeug der Leidenschaften und Launen der Macht, das Herz**

---

[1] Politique naturelle, I, S. 144. Für die politischen Ideen Holbachs zitieren wir stets dieses Buch, wenn nichts anderes bemerkt ist.

des Menschen zum Welken oder macht es
rasend". Solange der „Arme" seine Lage ruhig erträgt,
„wird die Spannkraft seiner Seele ... gänzlich gebrochen;
er verachtet sich selbst, weil er sich als den Gegenstand der
Verachtung und der Stöße der ganzen Welt sieht".[1] Noch
schlimmer ist es, wenn er revoltiert. „Man braucht nur
die Geschichte der antiken und modernen Demokratie oberflächlich zu durchlaufen, um zu sehen, daß der Wahnsinn
und der Jähzorn gewöhnlich im Rate des Volkes den Vor-
sitz führten;[2] überall, wo das Volk im Besitz der Macht ist,
trägt der Staat das Prinzip seiner Zerstörung in sich."[3]
Wenn Holbach zwischen der absoluten Monarchie und der
Demokratie hätte wählen müssen, würde er den Absolutismus vorgezogen haben. Montesquieu täuschte sich sehr,
wenn er die Tugend als die bewegende Kraft der republi-
kanischen Staatsform bezeichnete. Die Republik hat ein
anderes Idol, die Gleichheit, „diese roman-
hafte Gleichheit, die eigentlich nur Neid
ist". Von allen Tyranneien ist die demokratische „die
grausamste und unvernünftigste". In dem
Klassenkampf, der sich im alten Athen abspielte, sieht Holbach nur die „Raserei eines Pöbels". Die erste
englische Revolution flößt ihm meist nur Entsetzen wegen
des „religiösen Fanatismus" des Volkes ein. Das Volk ist
nicht zum Befehlen gemacht, „es würde dazu unfähig
sein"; eine zu weit gehende Freiheit müßte bei ihm schnell
in Zügellosigkeit ausarten. Es ist dazu da, „tätig zu sein";
ein zu häufiger Müßiggang „entwöhnt es von der Arbeit
und macht es ausschweifend".[4] Das Volk muß im Zaum
gehalten und vor seiner eigenen Torheit geschützt werden.

[1] L'Ethocratie, S. 119/20. „Das Volk, seiner Unterhaltung
wegen zur Arbeit gezwungen, ist gewöhnlich zum Nachdenken
unfähig." Système de la Nature, II, S. 248.
[2] Politique naturelle, II, S. 238. [3] Ebenda, S. 240.
[4] Politique naturelle, I, S. 185; Système social, III, S. 85.

Eine konstitutionelle Monarchie, die der gebildeten und „tugendhaften" Bourgeoisie freies Feld läßt, ist das politische Ideal unseres Philosophen. Einen Bürger-König (Holbach bedient sich häufig dieses Ausdrucks), von seinen Mitbürgern gewählt, um das Organ und der Vollzieher der Willensäußerungen „aller" zu sein, und die besitzende Klasse als Interpretin dieser „Willensäußerungen", das forderte die Dame „Natur" durch den Mund Holbachs. Lange täuscht sich sehr, wenn er ihm in der Politik eine „radikale" Doktrin[1] zuschreibt. Der Radikalismus war für die Philosophen des achtzehnten Jahrhunderts etwas psychologisch Unmögliches. Wir wissen schon, welche Vorstellung sie vom Volke hatten (und sie konnten keine andere Vorstellung davon haben, da das französische Volk, wie die Materie der Metaphysiker, damals noch eine tote und träge Masse war); es blieb also nur die philosophierende und liberale Bourgeoisie übrig. Aber einmal ist ein konsequenter und bis ans Ende gehender Radikalismus keine der Bourgeoisie als Klasse angemessene Doktrin, selbst nicht in den revolutionärsten Momenten ihres historischen Lebens (die Französische Revolution hat dies sehr gut bewiesen); und außerdem: waren denn „alle, welche dachten", zusammengenommen sehr zahlreich? Konnte man sie als eine politische Kraft betrachten, fähig, eine Gesellschaft von oben bis unten aufzurütteln? Die Philosophen wußten sehr wohl, daß dies nicht der Fall war, und deshalb kamen sie stets zu ihrem Traume von dem „Weisen auf dem Throne" zurück, der es übernehmen würde, ihre Wünsche zu realisieren. Eine bemerkenswerte und charakteristische Tatsache! Als Turgot zum Minister gemacht worden war, schrieb der „Radikale" Holbach, der unversöhnliche Feind

---

[1] A. a. O., S. 380. Übrigens spricht Lange nur vom „System der Natur". Er scheint weder die „Politique naturelle", noch die „Ethocratie", noch das „Système social" oder die „Morale universelle" gekannt zu haben.

der Despoten und Tyrannen, daß der Absolutismus sehr nützlich ist, wenn er sich vornimmt, die Mißbräuche abzuschaffen, die Ungerechtigkeiten zu vernichten, die Laster zu bessern usw. Holbach glaubt, daß der „Despotismus die beste Regierungsform sein würde, wenn man nur dessen sicher wäre, daß er stets von einem Titus, einem Trajan, einem Antonius ausgeübt würde"; er hat nicht vergessen können, daß „die absolute Gewalt gewöhnlich in solche Hände fällt, die unfähig sind, sie mit Weisheit zu gebrauchen", aber damals schien ihm ein Titus den Thron Frankreichs innezuhaben, und er forderte nichts Besseres.[1]

Um eine Gesellschaft zu reformieren, muß man einen Stützpunkt haben. Wo es keinen solchen gibt, ist auch der „Radikalismus" der mit der vorhandenen Regierung unzufriedenen Leute weit davon entfernt, ein intransigenter zu sein. Wir haben dies in Rußland seit der Thronbesteigung Alexanders II. gesehen. Als er die Leibeigenschaft angriff, erklärten sich unsere „Radikalen", wie Herzen und Bakunin, von der kaiserlichen Weisheit „besiegt" und tranken die Gesundheit des russischen Titus. Tschernischewsky selbst war bereit, anzuerkennen, daß der Despotismus die beste Regierungsform sei, wenn er „die Mißbräuche abschafft, die Ungerechtigkeiten vernichtet" usw.

Der glänzendste und kühnste Repräsentant der „westlichen Partei" in der russischen Literatur unter Nikolas I., Bielinsky, sagte anderthalb Jahre vor seinem Tode, das heißt in einer Zeit, in der er radikaler war als je zuvor, daß in Rußland aller Fortschritt von oben kommt. Nikolas I. glich allem anderen, nur keinem „Titus" oder „Trajan". Aber was hätte Bielinsky denken sollen? Woran hätte er seine Hoffnungen hängen sollen? Von dem Standpunkt eines Westeuropäers aus war das russische Volk eine träge und tote Materie, die nichts ohne einen Demiurg ist.

---

[1] L'Ethocratie, S. 6.

Als einige Jahrzehnte später die revolutionäre Bewegung in unserer studierenden Jugend, unserer „Intelligenz", begann, zog man sich aus der Affäre, indem man kurzerhand mit dem „**Westen**" brach. Man erklärte, daß das russische Volk für die Revolution und den „Sozialismus" reifer als irgendein anderes sei. So wurden also die Bewunderer von Bielinsky und Tschernischewsky im Grunde **Slawophilen in Revolte**.

„So viele Fürsten regieren häufig nur deshalb auf eine so gewaltsame Weise, weil sie die Wahrheit nicht kennen; sie hassen die Wahrheit, weil sie ihre unschätzbaren Vorzüge nicht kennen," sagt Holbach. Ein weiser Fürst „wird niemals seine grenzenlose Autorität eifersüchtig behüten; er wird einen Teil davon opfern, um den, welcher ihm bleiben muß, sicherer zu genießen". Dies hat vor einigen Jahren Madame Zebrikow in ihrem berühmten Briefe an Alexander III. wiederholt. Madame Zebrikow erhebt keinen Anspruch darauf, radikal zu sein.[1]

Zu Beginn des Jahres 1890 veröffentlichte der deutsche Kaiser seine Erlasse über die Arbeiterfrage. Die liberale und „radikale" russische Presse war davon überzeugt, daß Deutschland von einem Weisen auf dem Throne regiert werde.

„Ein Weiser auf dem Throne" — das war der Deus ex machina der französischen Philosophie des achtzehnten Jahrhunderts. Er löste kurzerhand alle theoretischen Schwierigkeiten, alle Widersprüche, welche der metaphysische Gesichtspunkt erzeugte, von dem aus „die Philosophen" alle sozialen Phänomene betrachteten. Was war die Geschichte für einen französischen Aufklärer? Eine unendliche Reihe meist sehr trauriger Ereignisse, ohne inneren

---

[1] Madame Zebrikow frug den Kaiser, was die Geschichte von ihm sagen würde, wenn er in der bisherigen Weise weiterregieren würde. „Was geht das Dich an?" schrieb der Zar an den Rand des Briefes der Frau.

Zusammenhang, ohne irgendeine Bestimmtheit nach irgendwelchen Gesetzen. „Sie werden bisweilen", sagte Condillac zu seinem Schüler, „glückliche Zeiten sehen, in denen die Kenntnisse, die Gesetze und die Sitten das Glück der Staaten bewirkten, aber sie werden häufiger unglückliche Zeiten sehen, in denen die Unwissenheit, die Vorurteile, die Irrtümer und die Laster das Unglück der Völker veranlaßten und die blühendsten Reiche vernichteten."[1] Weshalb war es so? — Weil die Menschen der Aufklärung entbehrten. „Im Schoße der Barbarei geboren, haben die Künste und Wissenschaften der Reihe nach eine kleine Zahl privilegierter Nationen erleuchtet. Dies ist ein Licht, welches sich den einen in dem Maße verbirgt, wie es den anderen erscheint, und welches niemals mehr als einen sehr beschränkten Horizont erleuchtet."[2] Voltaire drückte in seinem „**Essay über die Sitten**" dieselben Gedanken kürzer und kräftiger aus: „**Die Vernunft**", sagte er, „**ist erst im Entstehen begriffen.**" So hat es also früher in der großen Mehrzahl der Fälle nur Unvernunft, Torheit gegeben, und die Unvernunft, die Torheit gehorchen keinen Gesetzen und sind im allgemeinen nicht die Mühe des Studiums wert; es genügt, sie zu konstatieren. „Ihre Altertümer", sagt derselbe Voltaire von den Barbaren Asiens, „verdienen um nichts mehr eine Geschichtschreibung als die **Wölfe und Tiger** ihrer Länder."[3] Und Voltaire war einer der besten Kenner der Geschichte und beschäftigte sich viel mit ihr. Er bekämpfte energisch die Ansicht seiner „**göttlichen Emilie**", die niemals imstande war, ein etwas ausführlicheres Buch über die Geschichte der modernen Völker zu lesen.[4] Ungemein viele wußten davon nicht so viel wie Voltaire.

---

[1] Cours d'études pour l'instruction du prince de Parme, Genève 1779, IV, S. 1/2. [2] Ebenda, S. 2.
[3] Essai sur les moeurs, 53. Kapitel.
[4] Siehe die Vorrede zu seinem „Essai sur les moeurs".

„Der Mensch", sagt Holbach, „beginnt damit, Eicheln zu essen, um seine Nahrung mit den Tieren zu kämpfen, und er endigt damit, die Himmel auszumessen. Nachdem er gearbeitet und gesät, erfindet er die Geometrie. Um sich gegen die Kälte zu schützen, bedeckt er sich zunächst mit dem Fell der Tiere, die er besiegt hat; und nach Verlauf einiger Jahrhunderte sieht man ihn Gold mit Seide verbinden. Eine Höhle, ein Baumstumpf sind seine ersten Wohnungen, und am Ende wird er Architekt und baut Paläste."[1] Heutzutage können wir, ohne hier von Marx und Engels zu sprechen, Morgan anführen, der zum Ausgangspunkt die Entwicklung der produktiven Kräfte der Menschheit nahm und so mit Erfolg in das Geheimnis ihrer historischen Bewegung eindrang. Holbach ahnte nicht einmal, daß er hier die Haupttatsachen der menschlichen Geschichte aufzählte. Er machte die Aufzählung, nur um die Triumphe der „Vernunft" aufzuzeigen und gegen Rousseau zu beweisen, daß das Leben in der Zivilisation dem in der Wildheit vorzuziehen sei. „Nur aus Irrtum hat sich das Menschengeschlecht unglücklich gemacht" — das ist die ganze Geschichtsphilosophie Holbachs.[2] Gezwungen, in die Details einzugehen, würde er hinzugefügt haben, daß die antike Zivilisation durch den „Luxus" ruiniert wurde; daß die Feudalität ihren Ursprung „aus der Räuberei, der Unordnung, dem Kriege" genommen, daß „wegen religiöser Streitigkeiten und wegen seines Mangels an Toleranz Karl I. gezwungen wurde, sein Haupt zu verlieren"; daß Jesus ein Betrüger war usw.; und er hätte mit großem Erstaunen erfahren, daß er da nur die „Schale der Erscheinungen" sähe.

Die „Philosophen" sahen in der Geschichte nur die bewußte Tätigkeit der Menschen (mehr oder weniger „weise"

---

[1] Système social, I, S. 191.
[2] Système de la Nature, I, S. 3; vergl. auch die Einleitung zum „Système social".

und sehr häufig sehr wenig weise, wie wir gesehen); aber in der Geschichte nur die bewußten Handlungen der Menschen sehen, heißt seinen Ausblick außerordentlich einschränken, heißt erstaunlich oberflächlich sein. In allen großen historischen Bewegungen sehen wir Menschen, welche sich an die Spitze ihrer Zeitgenossen stellen, die ihre Tendenzen ausdrücken, ihre Wünsche formulieren. Es gibt gleichfalls andere Menschen, die sich an die Spitze der Reaktion stellen, die Tendenzen der Neuerer bekämpfen, ihre Wünsche mißbilligen. Wenn es nun in der Geschichte nur bewußte Tätigkeit der Menschen gibt, so erscheinen die „großen Menschen" unvermeidlich als die Ursache der historischen Bewegung. Die Religion, die Sitten und die Gebräuche wie auch der ganze Charakter eines Volkes scheinen von einem oder mehreren großen Männern gebildet zu sein, die in bestimmter Absicht gehandelt haben. Hören wir zum Beispiel, was Holbach vom jüdischen Volke sagt.

Moses führte die Juden in die Wüste; „er gewöhnte sie an den blindesten Gehorsam; er lehrte sie den Willen des Himmels, die wunderbare Fabel ihrer Vorfahren, die seltsamen Zeremonien, von denen der Höchste seine Gunst abhängig machte; besonders flößte er ihnen den bittersten Haß gegen die Götter anderer Nationen und die ausgesuchteste Grausamkeit gegen jene, welche sie verehrten, ein; durch Mord und Kriege machte er aus ihnen seinem Willen gefügige Sklaven, bereit, seinen Leidenschaften zu Willen zu sein, bereit, sich zu opfern, um seine ehrgeizigen Ziele zu befriedigen; mit einem Wort, er machte aus den Hebräern Ungeheuer von Raserei und Wildheit. Nachdem er sie so mit diesem zerstörerischen Geiste beseelt hatte, zeigte er ihnen die Länder und Besitzungen ihrer Nachbarn als eine Erbschaft, die ihnen Gott selbst angewiesen hatte."[1]

---

[1] Le Christianisme dévoilé, S. 35.

Die Geschichte des jüdischen Volkes bietet unter diesem Gesichtspunkt nichts Besonderes. Alle Völker haben ihren Moses gehabt, wenn er schon nicht so bösartig war wie dieser, da es nach Holbach, wie nach Voltaire, nie in der Geschichte ein so schlechtes Volk wie das Volk Israel gegeben hat. „Aus dem Schoße der zivilisierten Nationen sind gewöhnlich alle die Persönlichkeiten hervorgegangen, welche den noch zerstreut lebenden und noch nicht zu Nationen vereinigten Familien oder Horden die Gesellschaftlichkeit, den Ackerbau, die Künste, die Gesetze, die Götter, den Kultus und die religiösen Ansichten gebracht haben. Sie milderten ihre Sitten, sie versammelten sie, sie lehrten sie ihre Kräfte mit Vorteil gebrauchen, sich gegenseitig helfen und mit größerer Leichtigkeit ihre Bedürfnisse befriedigen. Indem sie so ihre Existenz glücklicher machten, gewannen sie sich ihre Liebe und Verehrung, erwarben sich das Recht, ihnen Ansichten (!) vorzuschreiben, veranlaßten sie sie, diejenigen anzunehmen, die sie selbst erdacht oder in den zivilisierten Ländern, von denen sie gekommen waren, geschöpft hatten. Die Geschichte zeigt uns die berühmtesten Gesetzgeber als Menschen, die im Besitz eines reichen Schatzes nützlicher Kenntnisse, wie man sie bei zivilisierten Völkern findet, wilden Nationen Industrie und Hilfe, Künste brachten, welche diese bisher nicht gekannt hatten. Solche Männer waren Bacchus, Orpheus, Triptolemus usw."[1]

Sind die Völker, welche wir heute zivilisiert sehen, alle in ihrem Beginn durch den Zustand der Wildheit hindurchgegangen? Diese heute so leicht zu beantwortende Frage beunruhigte unseren Philosophen nicht wenig. Er hatte keine festen Ansichten über den Ursprung der menschlichen Gattung; wie hätte er also ihren primitiven sozialen Zustand darstellen können? Sehr wahrscheinlich haben alle

---

[1] Système de la Nature, II, S. 25.

zivilisierten Nationen im Zustand der Wildheit ange=
fangen. Aber wie kann man diesen Zustand der Wildheit
seinerseits erklären? Da erscheint nun ein neuer Deus
ex machina, die furchtbaren Revolutionen unseres
Erdballs. Vielleicht haben diese Revolutionen mehr als
einmal den größten Teil der menschlichen Gattung ver=
nichtet. Die, welche dem Untergang entkamen, waren nicht
imstande, für die Nachwelt die vor diesen Katastrophen
vorhandenen Kenntnisse und Künste zu bewahren. So wäre
es möglich gewesen, daß die Menschen zu wiederholten
Malen in die Unwissenheit zurückgeworfen wurden, nach=
dem sie schon eine gewisse Zivilisation erreicht hatten.
„Vielleicht ist die tiefe Unwissenheit, in der wir die Mensch=
heit über die für sie interessantesten Gegenstände sehen,
eine Folge dieser ihrer periodischen Erneuerungen. Diese
sind vielleicht die wahre Quelle der Unvollkommenheit
unserer politischen und religiösen Einrichtungen." [1] Wir
haben bereits gesehen, daß es den Menschen nicht gegeben
ist, zu wissen, ob das Tier dem Ei oder das Ei dem Tier
vorausging. Wir sehen jetzt, daß es Holbach nicht gegeben
war, zu wissen, ob die Zivilisation der Wildheit oder die
Wildheit der Zivilisation vorausging.

Holbach begnügte sich mit der Erkenntnis, daß „das
Menschengeschlecht sich aus Irrtum unglücklich gemacht
hat" und daß man es von dem Irrtum befreien
müsse. Er hat weder Arbeit noch Geld gespart, um diese
edle Aufgabe zu vollbringen. Er hat sein ganzes Leben
dem Kampfe gegen die „Vorurteile" gewidmet. Das
eingewurzeltste, das verhängnisvollste aller Vorurteile war
die Religion, und unser Philosoph wird nicht müde, sie zu
bekämpfen. In seinem Kampfe gegen „l'infâme" schonte
Voltaire „das höchste Wesen" und versuchte nur, es zur
Vernunft zu bringen. Er war in Sachen der Religion kon=

---

[1] Système de la Nature, II, S. 25/26.

stitutionell. Er wollte die Macht Gottes durch die ewigen, von den „Philosophen" verdolmetschten Gesetze der Natur gemildert wissen. Aber die französischen Materialisten waren in den himmlischen Angelegenheiten eifrige Republikaner. Sie haben Gott lange vor dem guten Doktor Guillotin guillotiniert. Sie haben ihn wie einen persönlichen Feind gehaßt. Launenhafter, rachsüchtiger und grausamer Despot, wie er war, brachte er ihre edelsten Gefühle als Menschen und als Bürger in Aufruhr. „Es ist unmöglich, ein Wesen zu lieben, dessen Idee nur dazu geeignet ist, Schrecken zu erwecken," ruft Holbach aus.... „Wie kann man ohne Unruhe einen Gott ansehen, den man für barbarisch genug hält, uns verdammen zu können?... Kein Mensch kann den geringsten Funken Liebe für einen Gott haben, der unendlich lange und grausame Strafen für neunundneunzig von hundert seiner Kinder aufspart.... Schließt also, ihr Theologen, daß nach euren eigenen Prinzipien Gott unendlich viel schlechter ist als der schlechteste der Menschen." [1]

Die mit Holbach zeitgenössischen englischen Materialisten standen mit dem alten Judengott auf freundlicherem Fuße. Sie hatten für ihn nur „Gefühle der Liebe" und „Achtung". Sie lebten eben in anderen sozialen Verhältnissen. Zwei aus denselben Elementen, aber in verschiedenen Proportionen zusammengesetzte Körper besitzen nicht dieselben chemischen Eigenschaften. Noch mehr. Gelber Phosphor unterscheidet sich bedeutend vom roten. Kein Chemiker wundert sich darüber. Sie sagen, daß dies von der molekulären Struktur derselben Elemente abhängt. Aber man wundert sich stets, wenn man bemerkt, daß dieselben Ideen nicht dieselben Färbungen haben und nicht zu denselben praktischen Schlüssen in verschiedenen, in ihrer sozialen Struktur sonst ziemlich analogen Ländern

---

[1] Le bon sens puisé dans la nature, I, S. 89 bis 93.

führen. Die Bewegung der Ideen reflektiert nur die soziale Bewegung, und die verschiedenen Wege, welche jene sich bahnt, die vielfältigen Färbungen, die sie unaufhörlich annimmt, entsprechen genau den verschiedenen Gruppierungen der Kräfte in dieser. Von der Art und Weise des Seins hängt immer die Art und Weise des Denkens ab.[1]

„Man wird kaum leugnen," sagt der englische Materialist Priestley,[2] „daß die allgemeinen Zwecke der Tugend in wirksamer Weise durch den Glauben an eine ausreichende Belohnung aller guten und schlechten Taten in einem zukünftigen Leben gesichert werden." Der französische Deist Voltaire hatte dieselbe Ansicht. Der Patriarch von Ferney hat viele Albernheiten über diesen Punkt geschrieben. Der französische Materialist Holbach urteilte wie folgt:

„Fast alle Menschen glauben an einen rächenden und belohnenden Gott, während wir doch in jedem Lande finden, daß die Zahl der Schlechten die der Guten bei weitem übertrifft. Wenn wir zur wahren Quelle einer so allgemeinen Verderbtheit emporsteigen wollen, werden wir sie in den theologischen Begriffen selbst und nicht in den imaginären Ursachen finden, welche die verschiedenen Religionen der Welt erfunden haben, um von der menschlichen Verderbtheit Rechenschaft zu geben. Die Menschen sind verderbt, weil sie fast überall schlecht regiert sind; sie sind unwürdig regiert, weil die Religion die Souveräne als göttlich ver-

---

[1] Häufig hat derselbe Gedanke in dem Munde zweier Menschen, die verschiedene praktische Ziele haben, zwei gänzlich verschiedene Bedeutungen. Nach Holbach ist in jedem Lande die wahre Religion die des Henkers. Im Grunde sagt auch Hobbes nichts anderes. Aber welcher Unterschied in dem Sinn, den dieser Gedanke für die Philosophie der beiden Männer hat!

[2] A free discussion of the Doctrin of Materialism and philosophical Necessity, in a correspondence between Dr. Price and Dr. Priestley, London 1778, Einleitung, S. VIII bis IX.

ehrt hat; diese, ihrer Straflosigkeit versichert und selbst verderbt, mußten mit Notwendigkeit ihre Völker elend und schlecht machen. Unvernünftigen Herren unterworfen, sind sie niemals durch die Vernunft geleitet worden. Durch betrügerische Priester geblendet, wird ihnen ihre Vernunft unnütz."[1]

So ist also die Religion das Hauptagens in der Geschichte. Der umgekehrte Bossuet! Der Verfasser des „Discours sur l'Histoire Universelle" war davon überzeugt, daß die Religion alles aufs beste ordnete, während Holbach glaubte, daß sie alles aufs schlechteste ordnete. Dieser Unterschied war der einzige Fortschritt, den man in dem Zeitraum eines Jahrhunderts in der Geschichtsphilosophie machte. Seine praktischen Konsequenzen waren ungeheuer, aber er förderte das Verständnis der historischen Tatsachen in nichts. Die „Philosophen" konnten nicht aus dem **Zirkel** herauskommen: auf der einen Seite ist der Mensch das Produkt des ihn umgebenden sozialen Milieus: „In der Erziehung müssen wir die Hauptquelle der Laster und Tugenden der Menschen, der Irrtümer oder Wahrheiten, mit denen ihre Köpfe angefüllt sind, der lobenswerten oder tadelnswerten Gewohnheiten, die sie annehmen, der Eigenschaften und Talente, welche sie erwerben, suchen;"[2] andererseits liegt die Quelle aller sozialen Unordnung in der „**Unkenntnis der klarsten Prinzipien der Politik**". Das soziale Milieu wird durch die „**öffentliche Meinung**" (opinion), das heißt den Menschen gemacht. In verschiedener Form kehrt dieser fundamentale Widerspruch in den Schriften Holbachs, wie übrigens auch in den Schriften aller übrigen „Philosophen", ohne Aufhören wieder.

1. **Der Mensch ist ein Produkt des sozialen Milieus.** Daraus folgt sehr logisch, daß nicht die öf-

---

[1] Système de la Nature, II, S. 219.
[2] Système social, I, S. 15.

fentliche Meinung die Welt regiert. „Die Menschen sind nur das, wozu sie ihre Organisation macht, modifiziert durch die Gewohnheit, die Erziehung, das Beispiel, die Regierung, die dauernde oder vorübergehende Umgebung. Ihre religiösen Ideen und ihre imaginären Systeme müssen ihren Temperamenten, Neigungen, Interessen nachgeben oder sich ihnen anpassen."[1] „Wenn man die Dinge nur mit Kaltblütigkeit prüfen wollte, würde man finden, daß der Name Gottes auf der Erde nur als Vorwand für die Leidenschaften der Menschen gedient hat."[2] „Unsere Umgebung, die augenblicklichen Interessen, die eingewurzelten Gewohnheiten, die öffentliche Meinung haben sehr viel mehr Gewalt als eingebildete Wesen **oder Spekulationen, die selbst von dieser Organisation abhängen**."[3] Die Macht der „Spekulationen" und der „eingebildeten Wesen" ist um so geringer, als es unter 100 000 Menschen kaum zwei gibt, die sich gefragt haben, was sie unter dem Wort Gott verstehen, und als sie nicht durch die allgemeinen Anschauungen des Verstandes, sondern die Leidenschaften zum Handeln veranlaßt werden, wie dies schon Bayle und vor ihm Seneka bemerkt haben.[4]

2. **Der Mensch ist ein Produkt des sozialen Milieus.** Was die Götter angeht, so hat sie der Mensch nach seinem Bilde geschaffen. „Indem der Mensch Gott verehrt, verehrt er sich selbst."[5] (Man vergleiche Feuerbach.) Ist es nicht offenbar, daß ein launenhafter Gott, empfänglich für Lob, stets eifersüchtig, die Huldigungen seiner Untertanen zu empfangen, nach dem Bilde der Fürsten der Erde gezeichnet ist?[6]

---

[1] Système de la Nature, II, S. 298.
[2] Ebenda, S. 294.
[3] Ebenda, S. 292.
[4] Ebenda, S. 248 und 295.
[5] Le bon sens, I, S. 57.
[6] Le Christianisme dévoilé, S. 176.

3. **Der Mensch ist ein Produkt des sozialen Milieus.** „Wenn wir nur ein wenig über das, was sich vor unseren Augen vollzieht, nachdenken, müssen wir das Gepräge der Verwaltung (das heißt der ‚Regierung'; wir werden gleich sehen, wie und weshalb sich der Einfluß des sozialen Milieus für die ‚Philosophen' auf den Einfluß der Regierung reduzierte) in dem Charakter, den **Meinungen**, den Gesetzen, den Gebräuchen, der Erziehung und in den Sitten der Nationen wiedererkennen."[1] „Es ist also das Laster der Gesellschaft, was ihre Mitglieder schlecht macht.... Dann wird der Mensch ein Wolf für seinen Nebenmenschen."...[2]

Die andere Seite der Antinomie.

1. **Das soziale Milieu wird durch die „öffentliche Meinung" erzeugt, das heißt durch den Menschen.** Daraus folgt ganz logisch, daß die öffentliche Meinung die Welt regiert und daß das Menschengeschlecht aus Irrtum unglücklich ward (siehe oben). „Wenn wir die Erfahrung befragen, finden wir, daß wir in den geheiligten Illusionen und Meinungen die wahre Quelle der Unzahl von Übeln suchen müssen, mit denen das ganze Menschengeschlecht überhäuft ist. Die Unkenntnis der natürlichen Ursachen schuf ihm Götter; der Betrug machte sie fürchterlich; die verhängnisvolle Idee von ihnen verfolgte den Menschen, ohne ihn besser zu machen, ließ

---

[1] Système social, III, S. 5. Grimm ging in derselben Richtung noch weiter. „Der Einfluß der kühnsten Meinungen ist gleich Null," sagte er. „Es hängt von keinem Buche ab, und wäre es inspiriert, die Moral zu verderben, wie es unglücklicherweise auch von keinem Philosophen abhängt..., die Moral zu verbessern. Die Regierung und die Gesetzgebung haben allein diese Macht; und je nach ihrem Eingreifen nimmt die öffentliche Moral ihr Niveau der Weisheit oder Verderbtheit ein; die Bücher tun dazu nichts." (Correspondance littéraire, Janvier 1772.)

[2] Politique naturelle, I, S. 11/12.

ihn ohne Nutzen zittern, füllte seinen Geist mit Schimären, stellte sich den Fortschritten der Vernunft entgegen, hinderte ihn, sein Glück zu suchen. Seine Furcht machte ihn zum Sklaven derer, die ihn täuschten, unter dem Vorwand, ihm zu helfen; er tat das Schlechte, wenn man ihm sagte, daß die Götter Verbrechen verlangten; er lebte im Unglück, weil man ihn lehrte, daß seine Götter ihn zum Elend verdammten; er wagte niemals, seinen Göttern entgegenzutreten, noch sich von seinen Banden zu befreien, weil man ihn lehrte, daß die Dummheit, der Verzicht auf die Vernunft, die Verdummung des Geistes, die Erniedrigung seiner Seele die sichersten Mittel seien, das ewige Glück zu erringen."[1]

2. **Das soziale Milieu wird durch die öffentliche Meinung, das heißt durch den Menschen erzeugt.** "Es bedurfte nichts Geringeres als eines vom Himmel geheiligten Wahnsinns, um freiheitliebende, unaufhörlich ihr Glück suchende Wesen glauben zu machen, daß die Besitzer der öffentlichen Autorität von den Göttern das Recht empfangen hätten, sie zu Sklaven und Elenden zu machen. **Es bedurfte der Religionen, welche die Gottheit unter dem Bild eines Tyrannen darstellten, um Menschen glauben zu machen, daß ungerechte Tyrannen jene auf Erden repräsentierten.**"[2]

3. **Das soziale Milieu wird durch die öffentliche Meinung, das heißt durch den**

---

[1] Système de la Nature, I, S. 290/91. Suard definiert die "öffentliche Meinung" in folgender Weise: "Ich verstehe unter öffentlicher Meinung das Resultat der in einer Nation verbreiteten Wahrheiten und Irrtümer; ein Resultat, welches ihre Urteile der Wertschätzung oder der Verachtung, der Liebe oder des Hasses bestimmt; welches ihre Neigungen und ihre Gewohnheiten, ihre Laster und Tugenden, kurz ihre Sitten bildet Man muß sagen, daß diese Meinung die Welt beherrscht. A. a. O., S. 400.

[2] Politique naturelle, II, S. 11.

Menschen erzeugt. „Warum sehen wir einst edle Nationen jetzt unter dem schimpflichen Joch eines erniedrigenden Despotismus erdrückt? Weil bei ihnen die öffentliche Meinung sich geändert hat..., weil es dem Aberglauben, dem Gehilfen der Tyrannei, gelungen ist, die Geister zu degradieren und feige, furchtsam, unempfindlich zu machen.... Weshalb sehen wir Nationen von dem Enthusiasmus des Handels und der Leidenschaft für Reichtümer berauscht? Weil die öffentliche Meinung sie überredet, daß das Geld allein das wahre Glück ausmacht, während es doch nur ein trügerischer Vertreter desselben ist und nichts zum öffentlichen Glück beiträgt" usw.[1] Die Nationen kannten die wahren Fundamente der Autorität nicht; sie wagten nicht, das Glück von den Königen zu fordern, die damit beauftragt waren, es ihnen zu verschaffen; sie glaubten, daß die als Götter verkleideten Souveräne bei ihrer Geburt das Recht der Herrschaft über die übrigen Sterblichen erhielten; infolge dieser Meinungen mußte die Politik in die verhängnisvolle Kunst ausarten, das Glück aller der Laune eines einzigen oder weniger Bösewichter zu opfern."[2]

Es ist den Menschen nicht gegeben, zu wissen, ob das Tier dem Ei oder das Ei dem Tier vorausgegangen ist. Es war den Materialisten des achtzehnten Jahrhunderts nicht gegeben, zu wissen, ob die „öffentliche Meinung" das soziale Milieu bildet oder das soziale Milieu die „öffentliche Meinung". Und in der Tat ist für den, der den metaphysischen Standpunkt nicht zu verlassen weiß, nichts schwieriger als die Beantwortung dieser Frage.

Wenn es keine angeborenen Ideen gibt, wie dies Locke bewiesen hat; wenn der Mensch nur „Empfinden" ist, wie die Materialisten des achtzehnten Jahrhunderts behaupteten; wenn die Empfindungen in uns die Ideen, „das heißt

---

[1] Système social, III, S. 9/10.
[2] Système de la Nature, I, S. 291.

die Bilder, die Spuren, die Eindrücke, welche unsere Sinne empfangen haben", entstehen lassen, wenn „der Mensch nicht freier im Denken als im Handeln ist", dann ist es seltsam, in den „Meinungen" das Geheimnis dieser oder jener Handlung des Menschen zu suchen. Unsere Ideen sind nur das, wozu sie die von uns empfangenen Eindrücke machen. Nun läßt aber nicht nur die Natur im eigentlichen Sinne des Wortes diese Eindrücke in uns entstehen. Von seiner Geburt an bemächtigt sich das soziale Milieu des Menschen und bildet sein Hirn, das „nur ein zur Aufnahme aller Eindrücke, die man darin machen will, geeignetes weiches Wachs ist".[1] Wenn man also die Geschichte der „öffentlichen Meinung" begreifen will, muß man sich genaue Rechenschaft von der Geschichte des sozialen Milieus, der Entwicklung der Gesellschaft zu geben versuchen. Das war der unvermeidliche Schluß, mit dem der sensualistische Materialismus endigte. Die berühmte Statue Condillacs konnte nur zur Ruhe kommen, nachdem sie sich die Veränderungen ihrer „Meinungen" durch die Veränderungen ihrer sozialen Beziehungen, ihrer Beziehungen zu „ihresgleichen" erklärt hatte.

Man mußte sich also an die Geschichte wenden. Aber die „Philosophen", welche in der Geschichte nur die bewußte Tätigkeit der Menschheit sahen, konnten in ihr nichts außer den „Meinungen" der Menschen begreifen. Sie mußten also auf die Antinomie stoßen: die Meinungen sind die Wirkung des sozialen Milieus; die Meinungen sind die Ursache dieser oder jener Eigenschaften dieses Milieus. Und diese Antinomie mußte die Ideen der „Philosophen" um so mehr in Verwirrung bringen, als Wirkung und Ursache, wenigstens in ihrer Anwendung auf das soziale Leben für sie wie für alle Metaphysiker, feste, unbewegliche, sozusagen versteinerte Begriffe waren.

---

[1] Le bon sens, I, S. 32.

Nur als Metaphysiker konnte **Grimm** sagen, daß der **Einfluß der Meinungen gleich Null ist.**

Die Wechselwirkung der verschiedenen Seiten des sozialen Lebens, das ist der höchste, „philosophischste" Standpunkt, zu dem die „Philosophen" sich aufschwingen konnten. Es ist der Standpunkt Montesquieus. Aber die Wechselwirkung, **die nächste Wahrheit des Verhältnisses von Ursache und Wirkung,** wie sie Hegel nennt, erklärt nichts im Prozeß der historischen Bewegung. „Bleibt man dabei stehen, einen gegebenen Inhalt bloß unter dem Gesichtspunkt der Wechselwirkung zu betrachten, so ist dies in der Tat ein durchaus begriffloses Verhalten; man hat es dann bloß mit einer trockenen Tatsache zu tun, und die Forderung der Vermittlung, um die es sich zunächst bei der Anwendung des Kausalitätsverhältnisses handelt, bleibt wieder unbefriedigt."[1] Es ereignen sich häufig noch unangenehmere Dinge als dies.

Der Mensch ist ein Produkt des ihn umgebenden sozialen Milieus. Der Charakter des sozialen Milieus wird durch die Handlungen der „Regierung" bestimmt. Die Handlungen der Regierung, die gesetzgebende Tätigkeit, gehören bereits in die Domäne der **bewußten Tätigkeit** der Menschen. Diese Tätigkeit ihrerseits hängt von den „Meinungen" derer ab, welche handeln. Unbemerkt hat sich ein Glied der Antinomie (die Thesis) verändert; es ist mit seinem alten Gegner, der Antithese, durchaus identisch geworden. Die Schwierigkeit scheint zu verschwinden, und der „Philosoph" setzt den Weg seiner „Untersuchungen" mit beruhigtem Gewissen fort. Der Standpunkt der Wechselwirkung wurde sofort aufgegeben, nachdem er soeben erreicht war.

Das ist noch nicht alles. Diese scheinbare Auflösung der Antinomie ist nichts anderes als eine vollständige Schei-

---

[1] Enzyklopädie, 1. Teil, herausgegeben von Leopold v. Henning, § 155/56 und Zusatz.

dung vom Materialismus. Das Gehirn des Menschen, dieses „weiche Wachs", das sich nach den Eindrücken gestaltet, die ihm von dem umgebenden sozialen Milieu zukommen, wird endgültig zu einem Demiurgen des Milieus umgeschaffen, dem es seine Eindrücke verdankt. Da er nichts weiter weiß, geht der materialistische Sensualismus seinen Weg wieder zurück.

Zweitens. Der Verfasser des „Systems der Natur" versichert uns, daß es sehr leicht ist, den Einfluß der Regierung auf den Charakter, die Meinungen, die Gesetze, die Gebräuche usw. zu erkennen. Die Regierung hat also einen Einfluß auf die Gesetze. Das erscheint sehr einfach und durchaus evident, bedeutet aber soviel, als daß das zivile Recht eines Volkes seinen Ursprung in dem öffentlichen Rechte desselben Volkes hat. Ein Recht hängt von einem anderen Rechte, die „Gesetze" von „Gesetzen" ab. Die Antinomie verschwindet, aber nur, weil das eine seiner Glieder, dasjenige, welches den definitiven Schluß des materialistischen Sensualismus formulieren sollte, in Wirklichkeit nur eine platte Tautologie war.

Um mit allen diesen Schwierigkeiten aufzuräumen, mußte man:

1. Den metaphysischen Standpunkt aufgeben, welcher jede Idee von Evolution ausschloß und in kläglicher Weise die logischen Begriffe der „Philosophen" in Verwirrung brachte. Nur unter dieser Bedingung konnte es ihnen „gegeben werden", zu wissen, ob in der Natur- wie Geschichtswissenschaft das Ei dem Tier oder das Tier seinem Ei vorausgegangen ist.

2. Man mußte zu der notwendigen Überzeugung kommen, daß die „Natur des Menschen", mit der es die Materialisten des achtzehnten Jahrhunderts zu tun hatten, in nichts die historische Entwicklung der Menschheit erklärt. Man mußte einen Schritt über den Standpunkt der Naturwissenschaft hinaus machen. Man mußte sich auf den

Standpunkt der sozialen Wissenschaft stellen. Man mußte begreifen, daß das soziale Milieu seine eigenen Entwicklungsgesetze gehabt hat, die durchaus nicht von dem als ein „sensibles, intelligentes und vernünftiges Wesen" betrachteten Menschen abhingen und ihrerseits einen entscheidenden Einfluß auf seine Gefühle, Ideen und Überlegungen gehabt haben.

Wir werden den dialektischen Materialismus des neunzehnten Jahrhunderts diese Aufgabe erfüllen sehen. Bevor wir aber von seinen glänzenden Entdeckungen handeln, wollen wir die Ideen eines Mannes Revue passieren lassen, der mehr als ein anderer durch sein Beispiel und dank seiner unerschrockenen Logik die Unzulänglichkeit und Borniertheit des metaphysischen Materialismus zeigt. Dieser Mann ist Helvetius.

Helvetius

„Helvetius, ein eleganter Generalpächter und ehrenwerter Mann, selbstlos, wohltuend, dem Voltaire in seinen schmeichlerischen geschichtlichen Erinnerungen den Beinamen Attikus gegeben hatte, setzte es sich in den Kopf, ein Buch zu schreiben; um zu seinem Ziele zu gelangen, sammelte er in den Versammlungen der Philosophen, die er zu seiner Tafel einlud, deren Lehren, Aperçus, Paradoxen; geschickt, interessante Diskussionen hervorzurufen, wußte er bald die überschäumende Verve Diderots, bald den Scharfsinn Suards oder den witzigen und ätzenden Verstand des Abbé Galiani in Tätigkeit zu setzen; dann verschmolz er diese Meinungen, deren getreuer Berichterstatter er so wurde, in ein Lehrgebäude. Das Resultat dieser von Helvetius angehörten, analysierten und zusammengefaßten Unterhaltungen ist das Buch ‚De l'Esprit', das heißt der Materialismus in der Metaphysik, in der Moral das persönliche Interesse."[1]

Der Leser kennt jetzt die Entstehung des Hauptwerkes von Helvetius. Man kann hierin Demogeot mit um so größerer Sicherheit folgen, als dieser Schönredner nur die Fabel wiederholt, die seit mehr als einem Jahrhundert von einer alten Literaturklatschbase zur anderen sich fortschleppt. Demogeot ist eine wohlwollende Klatschbase. Er s a g t nichts Schlechtes von Helvetius, er läßt es den Leser nur a h n e n. Es gibt andere weniger wohlwollende, aber freimütigere Klatschbasen. Diese erzählen dem Leser, daß das

---

[1] Histoire de la littérature française depuis ses origines jusqu'à nos jours par Demogeot. 22. Ausgabe, Paris 1886, S. 493, 494. Dies Buch ist ein Teil der „Histoire universelle", die von einer Gesellschaft von Professoren unter Leitung von V. Duruy publiziert wird.

Hauptmotiv unseres Philosophen bei seinen Untersuchungen eine **ungemessene Eitelkeit** war. Dieser Eitelkeit verdanken wir die „Sophismen" des Helvetius; sie hat ihn daran gehindert, etwas Dauerndes und Grundlegendes zu vollbringen. Die Klatschbasen sind immer und überall mit außerordentlichem Scharfsinn begabt. Ihnen steht es von Rechts wegen zu, Literatur- und politische Geschichte zu schreiben. In ihren geschichtlichen Darstellungen ist alles klar und begreiflich. Man liest sie mit viel Vergnügen, wenig Mühe und ungeheurem Vorteil. Man hört sie lieber als die Sorte von Schriftstellern, die, wie der alte gute H e g e l, in der Geschichte weiter als die Klatschbasen sehen wollen. Das ist eine langweilige Gesellschaft, aber... **audiatur et altera pars.**

Wo Hegel von der Rolle der großen Männer in der Geschichte spricht, donnert er gegen „**jene kleinliche Menschenkennerei, welche anstatt des Allgemeinen und Wesentlichen der menschlichen Natur, vornehmlich nur das Partikulare und Zufällige vereinzelter Triebe, Leidenschaften usw. zum Gegenstand ihrer Betrachtungen macht**"; nach ihm haben „**die großen Männer das gewollt, was sie getan, und das getan, was sie gewollt haben**". Man könnte dasselbe, allerdings „mit ein bißchen anderen Worten", von allen denen behaupten, die auf dem einen oder anderen Gebiet mit mehr oder weniger Erfolg für das Wohl der Menschheit gearbeitet haben, wie sie es begriffen. Man könnte sagen, daß dieser von Hegel so verabscheute „**Standpunkt des Neides**" uns ganz und gar nicht in dem Verständnis und der Wertschätzung der verschiedenen Epochen der Geschichte weiterbringt. Man könnte sagen... kurz, man könnte noch vieles sagen, aber würde man gehört werden? Man hört die Klatschbasen viel lieber. Man sagt zum Beispiel, daß Helvetius ein gefährlicher

Sophist, ein eitler und oberflächlicher Mensch war, man ist mit sich, seinem Scharfsinn und seiner Rechtschaffenheit sehr zufrieden, und ist mit seinem Urteil fertig.

Besonders die deutschen Geschichtschreiber mißhandeln Helvetius. In Frankreich läßt man manchmal seinem persönlichen Charakter Gerechtigkeit angedeihen;[1] in Deutschland vermeidet man eine einem „gefährlichen" Menschen gegenüber übel angebrachte Herablassung. In Deutschland ist Helvetius noch mehr verschrien als La mettrie. Dieser war auch nicht wenig „gefährlich"; aber weiland Sr. Majestät Friedrich dem Großen hat es gefallen, einige wohlwollende Worte über ihn nach seinem Tode zu sagen. Nun, **voluntas regis suprema lex**, die deutschen Gelehrten wissen dies besser als irgend etwas anderes, und das eben, weil sie Gelehrte sind.

Bemerkenswerter Umstand! Obwohl die Lehren des Helvetius die „Philosophen" selbst erschreckt haben und unter seinen Gegnern sich Leute von der Größe Diderots fanden, so bekämpfte man ihn in Frankreich doch viel mehr **nach** der Revolution als **vor** derselben. La Harpe gesteht ein, daß seine Widerlegung der „Sophismen" dieses Menschen im Jahre 1788 bei **weitem nicht denselben Eindruck machte** als neun Jahre später, 1797. Man hatte eben, sagte La Harpe, damals begriffen, daß die materialistische Philosophie eine „**bewaffnete Doktrin**", eine revolutionäre Doktrin war. Im Jahre 1797 bedurfte die Bourgeoisie nicht mehr derartiger Lehren, die für ihre neuen Erwerbungen nur eine fortgesetzte Drohung gewesen wären; man mußte mit dem Materialismus auf-

---

[1] „Wie muß man sich vor den Illusionen der Systemsucht hüten: Helvetius hatte Tugenden, und sein Buch ist die Vernichtung aller Tugend." La Harpe, Réfutation du livre de l'Esprit, prononcée au Lycée Républicain, dans les séances des 26 et 29 Mars et des 3 et 5 Avril. Paris, An 5 (1797). S. 54.

räumen, und man hat damit aufgeräumt, ohne sich zu fragen, ob die Beweise der Sykophanten vom Schlage La Harpes wirklich so begründet waren, wie sie vorgaben. Andere Zeiten, andere Bestrebungen, andere Bestrebungen, andere Philosophien.[1]

Was die Klatschbasen angeht, so haben sie guten Grund, sich über Helvetius zu beklagen. Sie begreifen ihn nur selten. Und dies nicht allein deshalb, weil seine Gedanken ihren Horizont übersteigen. Helvetius setzte seine Theorien in einer Art und Weise auseinander, die sehr originell und sehr geeignet ist, die Klatschbasen in Verwirrung zu bringen. Weniger als irgendein Schriftsteller seiner Zeit respektierte er, was Nordau die **konventionellen Lügen** nennt. Als Weltmann und feiner Beobachter kannte er die französische „Gesellschaft" des achtzehnten

---

[1] Auch Marat liebte den Helvetius gar nicht. Für ihn war dieser Philosoph nur ein „verkehrter und oberflächlicher Kopf", sein „System" absurd, sein Buch ein „fortlaufendes Gewebe von Sophismen, sorgfältig mit dem Aufputz einer großen Gelehrsamkeit geziert." (Vergl. De l'Homme ou des principes et des lois de l'influence de l'âme sur le corps et du corps sur l'âme par J. P. Marat, docteur en médecine. Amsterdam 1775, S. XV, XVI des Discours préliminaire.) Aber dies Buch Marats gehört nicht der revolutionären Periode seines Lebens an. Außerdem sind die Meinungen von **Revolutionären** nicht immer **revolutionäre Meinungen**. Für Marat ist „der Mensch wie das Tier aus zwei verschiedenen Substanzen zusammengesetzt, der Seele und dem Körper".... „Die ewige Weisheit" hat die Seele in die **Hirnhäutchen**(!) gesetzt. „Der Saft der Nerven ist der Ort des Verkehrs zwischen den beiden disparaten Substanzen." „Bei den maschinenähnlichen Bewegungen ist das nervöse Fluidum die hauptsächlich wirkende Kraft. Bei den freien Handlungen ist es der Seele untergeordnet und wird das Mittel, dessen sie sich bedient, um jene auszuführen." (I, S. 24, 40, 107.) Dies alles ist von geradezu seltener Plattheit. In der Art, seine Vorgänger zu behandeln und in seiner erregbaren Eigenliebe hat Marat viel Ähnlichkeit mit Dühring.

Jahrhunderts sehr gut; als bissiger und satirischer Schriftsteller hat er sich keine Gelegenheit entgehen lassen, dieser Gesellschaft einige Wahrheiten zu sagen, die sich schwer verdauen ließen und nichts mit den unschuldigen Wahrheiten gemein hatten, die sich stets „so gut sagen" lassen. Daher eine Unzahl von Mißverständnissen. Was er von seinen Zeitgenossen sagte, nahm man für sein Ideal. Madame de Boufflers sagte von ihm, er habe das Geheimnis von jedermann enthüllt. Sie glaubte, daß dies der ganze Wert und die ganze Tragweite des Buches „De l'Esprit" sei. Dank diesem Quidproquo ereignete sich nun aber folgendes. Handelt es sich um die Achtung, welche man der „Tugend" zollt, so sagte Helvetius, daß man in den „despotischen Reichen" nur Verachtung für sie hat und nur ihren Namen ehrt. „Wenn man immerfort die Tugend anruft und von den Bürgern fordert, so geht es ihr damit wie der Wahrheit, die man unter der Bedingung verlangt, daß man klug genug ist, sie zu verschweigen." Dieser Satz findet den Beifall von Madame de Boufflers; sie erklärt ihn für wahr, geistreich, entzückend; sie behauptet, daß er das Geheimnis von jedermann aufdeckt. Helvetius fährt fort. Er erklärt, weshalb es so sein muß, wie er sagt; er zeigt, wie das Interesse der Menschen sie in den despotischen Staaten die „Tugend" hassen läßt. Madame de Boufflers stimmt immer zu; aber da kommt ein Lampe, meistens ein deutscher, bisweilen ein französischer, erhebt seinerseits die Stimme und sagt, daß Helvetius die Verachtung der Tugend preist. Handelt es sich um die Liebe, so sagt Helvetius, daß da, wo die „Reichen und Großen" keinen Anteil an der Regierung haben, sie sich der Liebe als dem sichersten Mittel gegen die Langeweile hingeben müssen. Madame de Boufflers lächelt maliziös; der liebenswürdige Blaustrumpf weiß davon mehr als der Philosoph. Aber der Philosoph bleibt hier nicht stehen; er fragt sich, wie kann eine Geliebte zu einer Beschäftigung

werden? Er findet, daß „die Liebe von Gefahren umgeben
ist, daß der Liebhaber fortgesetzt damit beschäftigt sein
muß, die wachsame, sich ohne Aufhören seinen Plänen ent-
gegenstellende Eifersucht zu überraschen", und er schließt,
daß unter diesen Bedingungen eine „Kokette eine
entzückende Geliebte" ist. Madame de Boufflers
stimmt immer zu; aber da kommt Frau Buchholz und
klagt, bleich vor Empörung, unseren Philosophen an, die
Koketterie zu verherrlichen und die weibliche Tugend, die
geprüfte Tugend der Frau Buchholz, anzugreifen usw.
Und dies wiederholt sich ohne Aufhören und pflanzt sich
immer fort. Das Mißverständnis hat sich bis auf unsere
Tage erhalten, setzt sich in den Köpfen derer fest, die niemals Helvetius gelesen haben, und schlägt, wie natürlich,
in diesen Köpfen die festesten Wurzeln. Übrigens würde
die Lektüre daran wenig ändern, man würde ihn nur
mit den Augen der Frau Buchholz lesen, und diese Dame
ist sehr kurzsichtig, wennschon sehr tugendhaft und sehr
ehrbar.

Ist Helvetius streng das gewesen, was man einen Materialisten nennen kann? Dank seinem Rufe zweifelt man
oft daran. „Der rücksichtsvolle und zurückhaltende Buffon,
der verschlossene und diplomatische Grimm, der eitle und
oberflächliche Helvetius," sagt der verstorbene Lange, „sie
alle stehen dem Materialismus nahe, ohne uns jene festen
Gesichtspunkte und jene folgerichtige Durchführung eines
Grundgedankens darzubieten, durch welche Lamettrie bei
aller Frivolität des Ausdrucks sich auszeichnete."[1] Das
französische Echo des deutschen Neokantianers, Jules
Sourry, wiederholt Wort für Wort dieses Urteil.[2] Wir
wollen mit eigenen Augen sehen.

---

[1] Geschichte des Materialismus. 2. Auflage, Iserlohn 1873,
I, S. 360.

[2] Bréviaire de l'histoire du Matérialisme, Paris 1883,
S. 645, 646.

Die Frage, ob es im Menschen eine immaterielle Substanz gibt, der er sein psychisches Leben verdankt, kam nicht in das Bereich der Untersuchungen Helvetius'. Nur im Vorübergehen streifte er diese Frage und behandelte sie mit äußerster Vorsicht. Auf der einen Seite bemühte er sich, die Zensur nicht wild zu machen. Aus diesem Grunde sprach er mit offenbarer Ehrfurcht von der Kirche, die "unseren Glauben über diesen Punkt festgesetzt hat". Andererseits liebte er die "philosophischen Phantasien" nicht. Man muß mit der Beobachtung gehen, sagte er, in dem Augenblick anhalten, wenn sie uns verläßt, und den Mut haben, nicht zu wissen, was man noch nicht wissen kann. Das ist mehr "zurückhaltend" als "eitel" und "oberflächlich". Lange würde es wohl gefühlt und aufgezeigt haben, wenn es sich um einen weniger "gefährlichen" Schriftsteller handeln würde. Da es sich aber um Helvetius handelt, hat er ein anderes Gewicht, ein anderes Maß; es schien ihm evident, daß der "eitle" und "oberflächliche" Autor des Buches vom "Geist" nur "eitel" und "oberflächlich" sein konnte.[1]

Tatsächlich teilte Helvetius in allen fundamentalen Fragen der "Metaphysik" (zum Beispiel in der der Materie, des Raumes, des Unendlichen usw.) die Ansichten des englischen Materialisten John Toland. Um sich davon zu überzeugen, genügt es, die "Letters to Serena" (London 1704) des letzteren mit dem 4. Kapitel des ersten Dis-

---

[1] Nach Helvetius ist für uns nur unsere eigene Existenz evident; die Existenz der Körper ist nur eine Wahrscheinlichkeit, "eine Wahrscheinlichkeit, die ohne Zweifel sehr groß und im praktischen Leben so gut wie Evidenz, indes nur Wahrscheinlichkeit ist". Jeder andere, der etwas Ähnliches gesagt hätte, wäre von Lange unter die Zahl der "kritischen" Köpfe gezählt worden. Helvetius aber kann kein "Kritizismus" rehabilitieren und von ihm das Mal der "Oberflächlichkeit" tilgen, das vor allem dem gründlichen Geschichtschreiber des Materialismus in die Augen sprang.

kurs des Buches „De l'Esprit" zu vergleichen. Toland war für Lange ein über jeden Zweifel erhabener Materialist; seine Ideen erschienen ihm **so klar als möglich**; was Helvetius angeht, so „näherte" er sich nur dem Materialismus, weil seine „Oberflächlichkeit" ihn daran hinderte, einen fundamentalen Gedanken festzuhalten. „**Und so schreibt man Geschichte!**" Und so verderblich ist der Einfluß „**oberflächlicher**" Menschen: die „**gründlichsten**" Leute werden ihrerseits **oberflächlich**, indem sie sie lesen!

Besitzt die Materie die Empfindungsfähigkeit? „Man hat darüber ein langes und breites disputiert," sagte Helvetius. „Sehr spät erst kam man darauf, sich zu fragen, worüber man disputiere, und einen genauen Begriff mit dem Wort Materie zu verbinden. Wenn man dessen Bedeutung zuerst fixiert hätte, so hätte man erkannt, daß die Menschen sozusagen die Schöpfer der Materie sind, daß die Materie kein Wesen ist, daß es in der Natur nur **Individuen** gibt, denen man den Namen Körper gegeben hat, und daß man unter dem Wort Materie nur die Sammlung der allen Körpern gemeinsamen Eigenschaften verstehen kann. Die Bedeutung des Wortes einmal so bestimmt, hätte es sich nunmehr darum gehandelt, zu wissen..., ob die Entdeckung einer Kraft, wie zum Beispiel der Attraktion, nicht die Vermutung erwecken könne, daß die Körper noch einige unbekannte Eigenschaften, wie die Fähigkeit, zu empfinden, besäßen, die, wennschon sich nur in den organisierten Körpern der Tiere offenbarend, doch allen Individuen gemeinsam sein könnte. Nachdem man in dieser Frage einmal so weit gekommen war, hätte man eingesehen, daß, wenn es streng genommen unmöglich ist, zu beweisen, daß alle Körper absolut unempfindlich sind, ein jeder, der nicht hierüber durch die Offenbarung aufgeklärt ist (wir wissen, was diese Reverenzen der ‚Philosophen' vor der ‚Offenbarung' und den Dogmen der

Kirche im allgemeinen bedeuten. G. P.), die Frage nur entscheiden kann, wenn er die Wahrscheinlichkeit dieser Ansicht mit der Wahrscheinlichkeit der entgegengesetzten vergleicht. Um diesen Streit zu beenden, wäre es also nicht notwendig gewesen, verschiedene Weltsysteme zu bauen, sich in Kombinationen von Möglichkeiten zu verlieren und diese erstaunlichen Geistesanstrengungen zu machen, die nur in mehr oder weniger geistreichen Irrtümern geendigt haben und endigen konnten."[1]

Dieses lange Zitat zeigt gleich gut die Verwandtschaft des Materialismus des Helvetius mit dem Tolands[2] und den Charakter dessen, was man seinen Skeptizismus, seinen Probabilismus zu nennen versucht sein könnte. Aber für ihn gehen nicht die Materialisten, sondern die Idealisten der verschiedenen Schulen mit „philosophischen Phantasien" hausieren. Er empfiehlt ihnen Klugheit, Umsicht, die Wahrscheinlichkeitsrechnung. Diese Klugheit, diese Umsicht würden ihnen zeigen, daß ihre Negierung der Empfindlichkeit der Materie nur ein Produkt

---

[1] De l'Esprit, Discours I, 4. Kapitel.

[2] Offenbar veranlaßte es diese Verwandtschaft, daß man Helvetius das Buch: „Les progrès de la Raison dans la Recherche du vrai" zuschrieb, das in der Pariser Ausgabe seiner Werke von 1818 wieder abgedruckt ist. Keine Seite in diesem Buche ist original. Es ist teilweise eine Übersetzung eines Teiles der „Briefe an Serena" von Toland, an die einige Stücke aus dem „Système de la Nature" und anderen mehr oder weniger bekannten Büchern dieser Zeit angehängt sind. Das Ganze ist von dem unbekannten „Verfasser" sehr schlecht zusammengefügt und sehr schlecht begriffen. Helvetius konnte mit einem solchen Produkt nichts gemein haben.

Es gibt noch ein anderes Buch, das man ihm zugeschrieben hat: „Le vrai sens du Système de la Nature." Vielleicht gehört es ihm, aber wir sind darüber nicht sicher und werden es um so weniger zitieren, als es nichts zu dem hinzufügt, was man in den Büchern „De l'Esprit" und „De l'Homme" findet.

ihrer Einbildung zum Fundament hat, daß nicht die Eigenschaften der „**Körper**", sondern allein die **Definition**, welche sie von der Materie gegeben haben, das heißt ein einziges **Wort**, sie daran hindert, den Begriff eines Körpers mit dem der Empfindungsfähigkeit zu verbinden. Der Skeptizismus ist hier nur eine gegen die Gegner der Materialisten gerichtete Waffe. Ebenso liegt die Sache da, wo Helvetius von der „**Existenz der Körper**" spricht. Die Empfindungsfähigkeit der Materie ist nur eine Wahrscheinlichkeit! Nichts ist wahrer. Aber was beweist das gegen die Materialisten? Die Existenz der Körper ist ihrerseits nur eine Wahrscheinlichkeit, und doch wäre es absurd, sie leugnen zu wollen. Diesen Weg schlug das Räsonnement des Helvetius ein, und wenn es etwas beweist, so das vor allem, daß er nicht beim skeptischen Zweifel stehengeblieben ist.

So gut wie alle seine Zeitgenossen wußte Helvetius, daß wir die Körper **nur durch die Empfindungen**, die sie in uns entstehen lassen, kennen. Dies beweist wieder einmal, daß sich Lange mit seiner Behauptung, „**der Materialismus nimmt hartnäckig die Welt des Sinnenscheins für die Welt der wirklichen Dinge**", irrte.[1] Aber das hat Helvetius nicht gehindert, ein überzeugter Materialist zu sein. Er zitiert „**einen berühmten englischen Chemiker**", dessen Meinung über das Empfinden der Materie er offenbar teilt. Dies sind die Worte des Chemikers: „Man erkennt in den Körpern zwei Arten von Eigenschaften; die

---

[1] Geschichte des Materialismus, I, S. 378. Wunderbarerweise findet Lange bei Robinet ein „**Element**" der Kantischen Lehre. Aber Robinet sagt über das Ding an sich nur das, was Holbach und Helvetius sagen. Es ist nicht weniger sonderbar, daß der Verfasser des Buches „De la Nature" von Lange unter die Materialisten gerechnet, während Helvetius nur in ihre **Nähe** gestellt wird. Ein seltsames Kriterium, das Lange befolgt!

einen, deren Existenz dauernd und unabänderlich ist: wie die Undurchdringlichkeit, die Schwere, die Beweglichkeit usw. Diese Eigenschaften gehören der allgemeinen Physik an. In denselben Körpern gibt es noch andere Eigenschaften, deren flüchtige und vergängliche Existenz abwechselnd durch gewisse Kombinationen, Analysen oder Bewegungen in den inneren Teilen erzeugt oder zerstört wird. Diese Arten von Eigenschaften bilden den Gegenstand der verschiedenen Zweige der Naturwissenschaft, der Chemie usw.; sie gehören der besonderen Physik an. Das Eisen zum Beispiel ist aus Phlogiston (Feuerstoff) und einer besonderen Erde zusammengesetzt. In diesem Zustand der Zusammensetzung ist es der Anziehungskraft des Magneten unterworfen. Zerlegt man das Eisen, so verschwindet diese Eigenschaft. Der Magnet hat keinen Einfluß auf eine eisenhaltige Erde, die ihres Phlogiston beraubt ist.... Warum sollte nun im animalen Reiche die Organisation nicht in ähnlicher Weise diese besondere Eigenschaft, die man Empfindungsvermögen nennt, erzeugen? Alle Phänomene der Medizin und Naturgeschichte beweisen deutlich, daß diese Kraft in den Tieren nur das Rusultat der Struktur ihrer Körper ist; daß diese Kraft mit der Bildung ihrer Organe beginnt, sich erhält, solange sie leben, und sich endlich mit der Auflösung dieser selben Organe verliert. Wenn mich die Metaphysiker fragten, was denn im Tier aus dem Empfindungsvermögen wird, würde ich ihnen antworten, was in dem zerlegten Eisen aus der Fähigkeit wird, von dem Magneten angezogen zu werden."[1]

---

[1] Zitiert in „De l'Homme", 2. Abschnitt, 2. Kapitel. In der Ausgabe von 1773 dieses Werkes wird gesagt, daß dies Zitat aus dem „Treatise on the principles of Chimistry" stammt. Wir haben diese Abhandlung nicht finden können. Es möge hier aber folgen, was Priestley in seiner Diskussion mit Price sagt: „Um meine Ansicht, wenn möglich, noch klarer zu machen, will ich den folgenden Vergleich brauchen. Die Fähigkeit zu schneiden in einem Rasiermesser

Helvetius war nicht nur ein **Materialist**, sondern er hat auch unter seinen Zeitgenossen mit der größten „**Folgerichtigkeit**" an dem Grundgedanken des Materialismus festgehalten. Er ist so „**folgerichtig**" gewesen, daß er die anderen Materialisten erschreckt hat. Keiner von ihnen hat ihm in seinen kühnen Deduktionen zu folgen gewagt. In diesem Sinne stand er tatsächlich nur in der „Nähe" von Männern wie Holbach, da diese Männer sich ihm nur **nähern** konnten.

Die Seele in uns ist nur die Fähigkeit zu empfinden; der Verstand ist die Wirkung davon; alles im Menschen ist Empfindung; „die Fähigkeit des sinnlichen Empfindens ist daher der Grund seiner Bedürfnisse, seiner Leidenschaften, seiner Geselligkeit, seiner Gedanken, seiner Urteile, seiner Willensäußerungen, seiner Handlungen.... Der Mensch ist eine Maschine, die, durch das sinnliche Empfinden in Bewegung gesetzt, alles tun muß, was sie ausführt."[1] So

hängt von einer bestimmten Kohäsion und Anordnung der Teile ab, aus denen es besteht. Wenn wir annehmen, daß dies Rasiermesser gänzlich in einer Säure aufgelöst wird, so wird sicher seine Fähigkeit zu schneiden **verlorengehen** oder **zu sein aufhören**, obschon kein Teilchen des Metalls, welches das Rasiermesser darstellte, durch den Prozeß vernichtet wird, und seine frühere **Gestalt und Fähigkeit zu schneiden** usw. kann wiederhergestellt werden, nachdem das Metall ausgeschieden worden ist. In derselben Weise hört, wenn der Körper durch Fäulnis aufgelöst wird, seine Fähigkeit zu denken gänzlich auf."... (**A free discussion of the doctrine of materialism**" usw., London 1778, S. 82, 83.) Dies ist genau der Gesichtspunkt des von Helvetius zitierten **Chemikers**. Wir haben hier nichts mit den religiösen Ideen zu tun, die Priestley mit seinem Materialismus zu versöhnen wußte. Wir haben ebensowenig nötig, zu bemerken, daß die chemischen Ideen der Materialisten des vergangenen Jahrhunderts nicht die unserer Zeit sind.

[1] De l'Homme, 2. Abschnitt, 10. Kapitel. Helvetius weiß wohl, daß wir mit Gedächtnis begabt sind. Aber das Organ des Gedächtnisses ist physisch, sagt er, und sein Amt besteht darin,

ist also Helvetius' Ausgangspunkt absolut identisch mit dem Holbachs. Dies ist die Basis, auf der unser „gefährlicher Sophist" baute. Sehen wir ein wenig zu, wieviel in der Architektur seines Gebäudes original ist.

Was ist die Tugend? Es gibt keinen Philosophen im achtzehnten Jahrhundert, der nicht nach seiner Weise über diese Frage diskutiert hätte. Für Helvetius ist die Sache sehr einfach. Die Tugend besteht in der Kenntnis dessen, was die Menschen einander schuldig sind. Sie setzt also die Bildung einer Gesellschaft voraus. „Auf einer verlassenen Insel geboren, mir selbst überlassen, lebe ich ohne Laster und Tugend. Ich kann dort weder die eine noch das andere zeigen. Was muß man also unter den Worten: **tugendhaft** und **lasterhaft** verstehen? Die der Gesellschaft nützlichen und schädlichen Handlungen. Diese einfache und klare Idee ist meiner Ansicht nach jeder unklaren und schwülstigen Deklamation über die Tugend vorzuziehen."[1]

Das allgemeine Interesse ist das Maß wie die Basis der Tugend. Unsere Handlungen sind also um so **lasterhafter, je schädlicher** sie der Gesellschaft sind. Sie sind um so **tugendhafter, je vorteilhafter** sie für sie sind. **Salus populi, suprema lex.** „Die Tugend" unseres Philosophen ist vor allem eine **politische** Tugend. Es dient zu nichts, Moral zu **predigen**; eine Predigt wird niemals einen Helden machen. Man muß der Gesellschaft eine Organisation geben, die ihre Mitglieder Achtung vor dem Gemeininteresse zu lehren vermag. **Sittenverderbnis** be-

---

uns die vergangenen Eindrücke gegenwärtig zu machen. Deshalb muß es in uns wirkliche Empfindungen hervorrufen; alles kommt also auf die Empfindungsfähigkeit zurück; alles im Menschen ist Empfinden.

[1] De l'Homme, 2. Abschnitt, 16. Kapitel, die letzte Anmerkung dieses Kapitels.

deutet nur die Scheidung des öffentlichen und privaten Interesses. Der beste Moralprediger ist ein Gesetzgeber, der diese Scheidung verschwinden zu lassen weiß.

Man behauptet oft, daß der „Utilitarismus" J. S. Mills als Morallehre der Ethik der Materialisten des achtzehnten Jahrhunderts weit überlegen ist, da diese die Moral auf das persönliche Interesse begründen wollten, während der englische Philosoph das Prinzip des größten Glückes der größten Zahl in den Vordergrund gestellt hat. Der Leser sieht jetzt, daß hierin das Verdienst J. S. Mills mehr als zweifelhaft ist. Das Glück der größten Zahl ist nur eine, noch dazu sehr schwache, der revolutionären Farben beraubte Kopie des „Gemeininteresses" der französischen Materialisten. Wenn dem aber so ist, woher stammt denn jene Ansicht, daß in dem „Utilitarismus" J. S. Mills eine glückliche Modifikation der materialistischen Moral des achtzehnten Jahrhunderts sieht?

Was ist das Prinzip des größten Glückes der größten Zahl? Es ist die S a n k t i o n des menschlichen Betragens. Von dieser Seite würden die Materialisten nichts aus dem berühmten Buche Mills zu lernen gehabt haben. Aber die Materialisten begnügten sich nicht damit, eine S a n k t i o n gefunden zu haben. Sie hatten ein w i s s e n s c h a f t l i c h e s P r o b l e m zur Lösung vor sich. Durch welche Mittel lernt der Mensch, da er nur Empfinden ist, das Gemeinwohl achten? Welches Wunder läßt ihn die Forderungen seines sinnlichen Empfindens vergessen, um zu Zielen zu kommen, die nichts damit gemein zu haben scheinen? Auf dem Gebiet und in den Grenzen d i e s e s P r o b l e m s nahmen die Materialisten in der Tat das p e r s ö n l i c h e I n t e r e s s e der Individuen zum Ausgangspunkt. Hier bedeutet aber das persönliche Interesse zum Ausgangspunkt nehmen bloß die nochmalige Wiederholung des Satzes, daß der Mensch ein empfindendes Wesen ist und nur ein empfindendes Wesen. Das persönliche

Interesse war also nicht ein moralisches Gebot, sondern nur eine wissenschaftliche Tatsache.[1]

Holbach ist der Schwierigkeit dieses Problems durch eine zu weite Terminologie aus dem Wege gegangen. „Wenn wir sagen, daß das Interesse der einzige Beweggrund der menschlichen Handlungen ist," schreibt er, „so wollen wir damit anzeigen, daß jeder Mensch nach seiner Weise an seinem Glücke arbeitet, welches er in irgendeinem sichtbaren oder verborgenen, reellen oder imaginären Gegenstand sucht und auf dessen Erlangung das ganze System seines Handelns hinzielt."[2] Das heißt mit anderen Worten, daß das persönliche Interesse sich nicht auf die Forderungen des „sinnlichen Empfindens" zurückführen läßt. Aber zur selben Zeit ist der Mensch für Holbach, wie für alle Materialisten des achtzehnten Jahrhunderts, nur Empfinden. Hier ist ein logischer Sprung, und dank diesem logischen Sprung flößt die „Ethik" Holbachs den Geschichtschreibern der Philosophie weniger Abscheu ein als die des Helvetius. Nach Lange ist „**Holbachs Ethik ernst und rein**".[3] Hettner seinerseits sieht in ihr etwas wesentlich von der Ethik des Helvetius Verschiedenes.[4]

Der Verfasser des Buches „De l'Esprit" ist von den „Philosophen" des achtzehnten Jahrhunderts der einzige, der die Frage nach dem **Ursprung** der moralischen Ge-

---

[1] Ch. Darwin hat sehr gut begriffen, was die Moralphilosophen nur selten begreifen. „Die Philosophen ... haben früher angenommen, daß die Moral auf einer Art Egoismus beruhte; aber kürzlich ist das „Prinzip des größten Glückes" in den Vordergrund getreten. Es wäre jedenfalls korrekter, dies letztere Prinzip vielmehr als einen Maßstab denn als ein Motiv des Handelns zu betrachten." **Die Abstammung des Menschen und die geschlechtliche Zuchtwahl. Stuttgart 1875, S. 154.**

[2] Système de la Nature. London 1781, I, S. 268.

[3] Geschichte des Materialismus, I, S. 363.

[4] Literaturgeschichte des achtzehnten Jahrhunderts. Braunschweig 1881, 2. Teil, S. 398.

fühle zu berühren gewagt hat. Er ist der einzige, der sie aus dem „sinnlichen Empfinden" des Menschen abzuleiten gewagt hat.

Der Mensch ist für die physische Lust und den physischen Schmerz empfindlich. Er flieht diesen und sucht jene. Dies fortwährende und unvermeidliche Fliehen und Streben trägt den Namen E i g e n l i e b e. Diese Liebe ist vom Menschen durchaus untrennbar; sie ist eine fundamentale Empfindung. „Von allen Gefühlen ist sie das einzige dieser Art; wir verdanken ihr alle unsere Begierden, alle unsere Leidenschaften; sie können in uns nur die Anwendung der Eigenliebe auf dieses oder jenes Objekt sein." ... „Man öffne das Buch der Geschichte, und man wird finden, daß in den Ländern, wo bestimmte Tugenden durch die Hoffnung auf sinnliche Genüsse ermutigt wurden, diese Tugenden die gewöhnlichsten waren und den meisten Glanz verbreitet haben."[1] Die der Liebe am meisten ergebenen Völker sind die mutigsten gewesen. „Weil in diesen Ländern die Frauen nur den Tapfersten ihre Gunst gewährten." Bei den Samniten war die größte Schönheit der Preis der höchsten kriegerischen Tugend. In Sparta hat der weise Lykurg, davon überzeugt, „d a ß d a s V e r g n ü g e n d e r e i n z i g e u n d a l l g e m e i n e B e w e g e r d e s M e n - s c h e n i s t", die Liebe zum Hebel der Tapferkeit zu machen gewußt. Bei den großen Festen bewegten sich die jungen schönen Lazedämonierinnen halbnackt und tanzend in der Versammlung des Volkes vorwärts. Sie beschimpften die Feigen, priesen die Tapferen in ihren Gesängen. Nur die Tapferen konnten Anspruch auf die Gunst des schönen Geschlechts erheben. Die Spartiaten strebten darum, tapfer zu sein; die Leidenschaft d e r L i e b e entzündete in ihren Herzen die Leidenschaft d e r R u h m b e g i e r d e. Doch hierin ist die äußerste Grenze des Möglichen noch nicht

---

[1] De l'Homme, 4. Abschnitt, 4. Kapitel; De l'Esprit, Discours III, 15. Kapitel.

von den „weisen" Einrichtungen Lykurgs erreicht worden. In der Tat, nehmen wir an, „daß nach dem Beispiel der der Isis oder der Vesta geweihten Jungfrauen die schönsten Lazedämonierinnen dem Verdienst geweiht worden wären, daß sie nackt in den Versammlungen zur Schau gestellt, als Preis der Tapferkeit von den Kriegern davongetragen worden wären, und daß die jungen Heroen zugleich die doppelte Trunkenheit der Liebe und des Ruhms ausgekostet hätten: wie bizarr und unseren Sitten fremd auch eine solche Gesetzgebung sein mag, sicherlich hätte sie die Spartiaten noch tugendhafter und kriegerischer gemacht, da die Kraft der Tugend stets in direktem Verhältnis zu dem Grade der Lust steht, die man ihr als Belohnung zuweist."

Helvetius spricht soeben von der doppelten Trunkenheit der Liebe und des Ruhmes. Man muß dies nicht mißverstehen. In der „Leidenschaft" der Ruhmbegierde läßt sich alles auf das sinnliche Empfinden zurückführen. Wir lieben den Ruhm, wie wir die Reichtümer lieben: der Macht wegen, die daraus folgt. Was ist aber Macht? Es ist das Mittel, andere zu zwingen, unserem Glücke zu dienen. Nun geht aber im Grunde das Glück auf die Lust der Sinne zurück. Der Mensch ist nur Empfinden. Alle derartigen Leidenschaften, wie die für Ruhm, Macht, Reichtümer usw., sind nur künstliche Leidenschaften, die sich aus physischen Bedürfnissen ableiten. Um diese Wahrheit besser zu begreifen, muß man sich immer daran erinnern, daß unsere Lustempfindungen, wie unsere Schmerzen, zweierlei Art sind: wirkliche Lustempfindungen oder Schmerzen und voraussichtliche. Ich habe Hunger; ich empfinde einen wirklichen Schmerz. Ich sehe voraus, daß ich Hungers sterben werde; ich empfinde einen voraussichtlichen Schmerz. „Wenn ein Mensch, der schöne Sklavinnen und schöne Gemälde liebt, einen Schatz findet, wird er entzückt sein. Und doch, wird man einwerfen, empfindet er kein physisches Vergnügen dabei; ich gebe dies zu. Aber er erwirbt in diesem Augenblick die Mittel, sich die Gegenstände seiner Wünsche zu verschaffen. Nun, diese Voraussicht eines nahen Vergnügens ist bereits ein Vergnügen."

Es versteht sich von selbst, daß die Voraussicht dem Ausgangspunkt des Helvetius gar nicht widerspricht. Die Voraussicht ist nur eine Wirkung des Gedächtnisses. Wenn ich voraussehe, daß der Mangel an Nahrung mir Schmerz verursachen wird, so geschieht das, weil ich bereits diesen Schmerz erprobt habe. Aber das Eigentümliche des Gedächtnisses ist es, "auf die Organe bis zu einem gewissen Punkt dieselbe Wirkung zu üben", die der Schmerz oder das Vergnügen üben würde. Es ist also evident, daß "alle als innere bezeichneten Schmerzen und Vergnügungen ebenso viele physische Empfindungen sind, und daß man mit den Worten innere und äußere nur solche Eindrücke bezeichnen kann, die entweder durch das Gedächtnis oder durch die Gegenwart von Gegenständen hervorgerufen werden".

Die Voraussicht, das heißt das sinnliche Empfinden, läßt mich den Tod meines Freundes beklagen. Er hielt durch seine Unterhaltung die Langeweile von mir fern, "dieses Seelenleiden, das wirklich ein physischer Schmerz" ist; er hätte sein Leben und sein Vermögen aufs Spiel gesetzt, um mich dem Tode und dem Schmerz zu entreißen, er suchte stets durch Vergnügungen aller Art die Summe meines Glückes zu vermehren. Die Erkenntnis, daß die Mittel meiner Vergnügungen mir durch den Tod meines Freundes entzogen sind, läßt meinen Augen Tränen entströmen. "Man steige und wühle zum Grunde des Herzens hinab, man wird in all diesen Gefühlen nur die Entwicklungen physischer Lust oder physischen Schmerzes bemerken."

Aber Ihr Freund, wird man Helvetius einwerfen, hätte doch sein Leben und Vermögen aufs Spiel gesetzt, um Sie dem Schmerz zu entreißen. Sie geben es selbst zu. Sie gestehen also zur selben Zeit ein, daß es Leute gibt, die, um ein ideales Ziel zu erreichen, der Stimme Ihres „sinnlichen Empfindens" ein taubes Ohr zuwenden können.

Unser Philosoph gibt keine direkte Antwort auf diesen Einwurf. Aber man kann leicht einsehen, daß er ihn nicht in Verwirrung gebracht haben würde. Was ist, würde er fragen, der Beweggrund heroischer Handlungen? **Die Hoffnung auf Belohnung.** Man läuft bei solchen Handlungen große Gefahr, aber je größer die Gefahr, um so größer die Belohnung. Das Interesse (das sinnliche Empfinden) sagt, daß das Spiel des Spielens wert ist. Wenn es sich bei den großen und ruhmreichen Taten der Geschichte so verhält, hat die Selbstverleugnung eines Freundes nichts Besonderes an sich.

Es gibt Leute, die die Wissenschaft lieben, die über Büchern blaß werden und Entbehrungen aller Art erdulden, um sich Kenntnisse zu erwerben. Man wird sagen, daß die Liebe zur Wissenschaft mit physischer Lust nichts Gemeinsames hat. Man täuscht sich. Warum beraubt sich heute ein **Geizhals** des **Notwendigen**? Weil er seine Mittel vermehren will, morgen, übermorgen, kurz in der Zukunft zu genießen. Gut! Man **nehme an**, daß dies auch mit dem **Gelehrten** der Fall ist, und man hat die Lösung des Rätsels. „Der Geizige wünscht sich ein schönes Schloß und der Mann von Talent eine schöne Frau. Wenn es nun, um beide zu kaufen, großer Reichtümer und eines großen Rufes bedarf, so arbeiten diese beiden Menschen jeder nach seiner Art, der eine an dem Wachsen seiner Reichtümer, der andere an dem seines Rufes. Wenn sie aber nun im Laufe der Zeit, mit der Erwerbung des Geldes und des Rufes beschäftigt, gealtert sind, wenn sie Gewohnheiten angenommen haben, die sie nur durch Anstrengungen, zu denen das Alter sie unfähig gemacht hat, aufgeben können, so werden der Geizige und das Talent, der eine ohne sein Schloß, der andere ohne seine Geliebte sterben."[1]

Das genügt schon, um alle „anständigen Leute" des ganzen Universums in Entrüstung zu versetzen und um zu verstehen, wie und weshalb Helvetius einen schlechten Ruf erlangt hat. Aber das genügt auch, um die schwache Seite seiner „Analyse" zu zeigen. Wir werden nur noch ein Zitat zu den bisherigen hinzufügen.

„Wenn man auch eingesteht, daß unsere Leidenschaften ursprünglich ihre Quelle in der Fähigkeit des sinnlichen Empfindens haben, könnte man doch noch glauben, daß in den Zuständen, in denen sich die zivilisierten Nationen tatsächlich befinden, diese Leidenschaften unabhängig von der Ursache, die sie geschaffen hat, bestehen. Ich will daher, indem ich die Verwandlung der physischen Schmerzen und Lustempfindungen in künstliche verfolge, zeigen, daß in Leidenschaften, wie Geiz, Ehrgeiz, Stolz, Freundschaft, deren Gegenstand am wenigsten Bezug auf sinnliche Lust zu haben scheint, wir doch stets den physischen Schmerz und die physische Lust zu vermeiden suchen oder sie erstreben."[2]

Also, keine Vererbung. Nach Darwin sind die intellektuellen und moralischen Fähigkeiten des Menschen variabel; „und wir haben allen Grund, zu glauben, daß die Abänderungen zur Vererbung neigen."[3] Nach Helvetius sind die Fähigkeiten des Menschen außerordentlich variabel, aber die Veränderungen übertragen sich nicht von einer Generation zur anderen, da ihre Basis, die Fähigkeit des sinnlichen Empfindens, unverändert bleibt. Helvetius' Blick ist scharf genug, die Phänomene der Evolution zu bemerken. Er sieht, daß „dieselbe Rasse von Tieren, je nach

---

[1] De l'Homme, 2. Abschnitt, 10. Kapitel.
[2] De l'Esprit, Discours III, 9. Kapitel.
[3] Abstammung des Menschen. Übersetzt von Carus, Stuttgart 1875, S. 166.

der Art und dem Überfluß an Futter, stärker oder schwächer wird, sich hebt oder zurückgeht". Ebenso beobachtet er, daß dasselbe für die Eichen gilt. „Man sieht kleine, große, gerade, krumme, keine, die der anderen absolut gleich ist." Wovon hängt dies ab? „Vielleicht davon, daß keine genau dieselbe Kultur empfängt, denselben Platz einnimmt, vom selben Wind getroffen wird und in dieselbe Erdader gesät ist." Nichts ist vernünftiger als diese Erklärung. Helvetius bleibt hier nicht stehen. Er fragt sich: „**Liegt die Verschiedenheit der Wesen in ihren Keimen oder in ihrer Entwicklung?**" Das ist nicht die Frage eines trägen Geistes. Man bemerke aber wohl den Sinn des Dilemmas: **entweder in den Keimen oder in der Entwicklung**. Unser Philosoph ahnt nicht einmal, daß die Geschichte der Gattung Spuren in der Struktur der Keime zurücklassen kann. Die Geschichte der **Gattung**? Sie existierte für ihn so wenig wie für seine Zeitgenossen. Er hat nur das Individuum im Auge; er befragt die **individuelle** „Natur", er beobachtet die **individuelle** „Entwicklung". Wir sind weit davon entfernt, uns mit der Ansicht Darwins über die Erblichkeit der moralischen und intellektuellen „Anlagen" zufriedenzugeben. Sie ist nur das erste Wort der evolutionistischen Naturwissenschaft. Aber wir wissen sehr wohl, daß, zu welchen Resultaten sie auch immer kommen wird, sie nur durch Anwendung der **dialektischen Methode** auf das Studium der Phänomene, deren Natur wesentlich dialektisch ist, Erfolg haben wird. Helvetius bleibt ein **Metaphysiker**, selbst dann, wenn ihn sein Instinkt zu einem anderen, gänzlich entgegengesetzten Gesichtspunkt, zu dem **dialektischen**, hintreibt.

Er räumt ein, „**nicht zu wissen**", ob die Verschiedenheit der Wesen ganz und gar in ihrer (**individuellen**) Entwicklung „liegt". Eine solche Hypothese erscheint ihm offenbar zu kühn. Und in der Tat würde daraus folgen,

was Lukretius, der den materialistischen „Pilosophen"
wohl bekannt war, für das Allerabsurdeste hielt:

...Ex omnibus rebus
Omne genus nasci posset...

Nec fructus idem arboribus constare solerent
Sed mutarentur: ferre omnes omnia possent.[1]

Wenn aber das Problem beschränkt wird, wenn es sich
nur um eine Gattung, das heißt den Menschen handelt,
dann hat Helvetius nicht mehr solche Skrupel. Er be=
hauptet positiv und mit der größten Sicherheit, daß alle
„Verschiedenheit" der Menschen in ihrer Entwicklung und
nicht in ihren Keimen, nicht in der Erblichkeit liegt; bei
unserer Geburt sind wir alle in gleicher Weise beanlagt;
es ist nur die Erziehung, welche uns einander unähnlich
macht. Wir werden weiter unten sehen, daß dieser Gedanke,
wennschon ohne solide Basis, unter seinen Händen sehr
fruchtbar wird. Aber er gelangt auf **einem falschen
Wege** zu ihm, und dieser Ursprung seines Gedankens
macht sich überall fühlbar, wo er ihn benutzt, wie auch
überall da, wo er ihn zu beweisen sucht. Er zeigt, daß
Diderot mit seinem Worte recht hatte, die **Behaup=
tungen** des Helvetius seien viel stärker als seine **Be=
weise**. Die metaphysische Methode des Materialismus
des achtzehnten Jahrhunderts rächt sich ohne Aufhören an
dem Kühnsten und Logischsten ihrer Anhänger.

Wir suchen stets die physische Lust, fliehen stets vor dem
physischen Schmerz. Eine bedeutende Behauptung. Wie
wird sie bewiesen? Helvetius nimmt einen fertigen Men=

---

[1] Zu deutsch:

...Aus jedem Ding
Könne jegliche Art erwachsen,

Noch pflegten die Bäume immer dieselben Früchte zu tragen,
Sondern wechselnde: jegliches könne jegliches hervorbringen.

schen, einen erwachsenen Menschen mit „Leidenschaften",
deren wirkende Ursachen außerordentlich zahlreich und kompliziert sind; die unbestritten ihren Ursprung in dem Einfluß des sozialen Milieus, das heißt in der Geschichte der Gattung haben, und versucht, diese
„Leidenschaften" aus dem sinnlichen Empfinden abzuleiten.
Was unabhängig von dem Bewußtsein entsteht, wird
uns als eine unmittelbare, augenblickliche Frucht dieses
selben Bewußtseins dargeboten. Eine Gewohnheit,
ein Instinkt nimmt die Form einer Überlegung an, die im Menschen dies oder jenes Gefühl entstehen läßt. In unserer Studie über Holbach haben wir
auseinandergesetzt, daß dieser Irrtum allen die utilitäre
Moral vertretenden „Philosophen" eigentümlich ist. Aber
bei Helvetius nimmt dieser Irrtum eine geradezu bedauer-
liche Größe an. Genau genommen verschwindet in dem
Bilde, das uns Helvetius zeichnet, die Überlegung,
um einer Reihe von Vorstellungen Platz zu
machen, die alle ohne Ausnahme in Beziehung zum
„sinnlichen Empfinden" stehen. Dieses Empfinden, das ohne Zweifel die wirkende, sehr ent-
fernte Ursache unserer moralischen Gewohnheiten ist, wird in die Endursache unserer Handlungen verwandelt. Eine Fiktion gilt
so als eine Lösung des Problems. Es versteht sich aber
von selbst, daß das Problem in der Säure der Fiktion un-
löslich bleibt. Noch mehr. Durch seine „Analyse" beraubt
Helvetius unsere moralischen Gefühle ihrer spezifischen
Eigenschaften und streicht auf diese Weise dasselbe X,
die unbekannte Größe, deren Wert er zu bestimmen sucht:
er will beweisen, daß alle unsere Gefühle sich von dem
sinnlichen Empfinden herleiten; zu diesem Beweis stellt
er sich einen Menschen vor, der stets auf der Jagd nach
fleischlicher Lust, „schönen Sklavinnen" usw. ist. In der
Tat, seine Behauptung ist stärker als seine Beweise.

Nach dem, was wir soeben auseinandergesetzt haben, brauchen wir nicht hervorzuheben, wie dies La Harpe und viele andere getan, daß **Newton nicht deshalb seine gewaltigen Rechnungen überdachte**, um eine schöne Mätresse zu besitzen. Sicherlich nicht! Aber eine solche Wahrheit bringt uns weder in der Wissenschaft „vom Menschen" noch in der Geschichte der Philosophie irgendwie weiter. Es gibt viele andere Dinge zu tun, als solche „Wahrheiten" vorzubringen.

Glaubt man ernstlich, daß sich Helvetius einen Menschen nur als einen wollüstigen Verstandesmenschen vorstellen konnte? Man braucht nur seine Werke durchzublättern, um sich davon zu überzeugen, daß dies nicht der Fall ist. Helvetius weiß zum Beispiel sehr wohl, daß es Leute gibt, die, „im Geist in die Zukunft getragen und im voraus die Lobsprüche und Achtung der Nachwelt genießend", den Ruhm und die Achtung des Augenblicks der oft entfernten Hoffnung auf größeren Ruhm und größere Achtung opfern, Leute, die im allgemeinen „nur die Achtung achtungswerter Bürger begehren".[1] Diese Leute sehen offenbar voraus, daß sie nicht **viele sinnliche Vergnügungen** haben werden. Helvetius spricht es auch aus, daß es Leute gibt, **für die nichts höher steht als die Gerechtigkeit**. Und er setzt auseinander, daß in der Erinnerung dieser Leute die Idee der Gerechtigkeit sich eng mit der des Glückes verbindet; daß beide Ideen nur eine sind, daß es nicht möglich ist, sie zu trennen. Man gewöhnt sich daran, sich an sie gemeinsam zu erinnern, und setzt, „wenn man einmal diese Gewohnheit angenommen hat, seinen Stolz darein, sich immer gerecht und tugendhaft zu zeigen; es gibt nichts, das man dann nicht diesem edlen Stolze opferte."[2] Um gerecht zu sein, brauchen diese Leute

---

[1] De l'Homme, 4. Abschnitt, 6. Kapitel.
[2] Ebenda, 4. Abschnitt, 10. Kapitel, die letzte Anmerkung dieses Kapitels.

offenbar nicht mehr wollüstige Bilder in ihren Köpfen zu
entfalten. Unser Philosoph spricht es außerdem aus, daß
die Erziehung die Menschen gerecht und ungerecht
macht, daß ihre Macht unbeschränkt ist, daß „der moralische Mensch ganz Erziehung und Nachahmung ist".[1] Er spricht von der Mechanik unserer
Gefühle, von der Kraft der Ideenassoziation:
„Wenn ich infolge der Regierungsform alles von den
Großen zu fürchten habe, so werde ich mechanisch selbst in
dem ausländischen Seigneur, der nichts über mich vermag,
die Hoheit respektieren. Wenn ich in meiner Erinnerung
die Idee der Tugend mit der des Glückes assoziiert habe,
so werde ich jene selbst dann pflegen, wenn sie Gegenstand
der Verfolgung ist. Ich weiß sehr wohl, daß auf die Dauer
diese beiden Ideen sich trennen werden, aber das wird das
Werk der Zeit und zwar langer Zeit sein." Als Schluß
fügt er hinzu, daß „man in der tiefen Überlegung dieser
Tatsache die Lösung einer Unzahl, ohne die Kenntnis
dieser Ideenassoziation unlösbarer, moralischer Probleme
finden wird".[2]

Was ist aber dies alles? Ein Haufe von Widersprüchen,
der eine noch schreiender als der andere? Zweifellos! Die
Metaphysiker sind oft die Opfer solcher Widersprüche.
Sich auf Schritt und Tritt zu widersprechen, ist ihre Be-
rufskrankheit, ist für sie das einzige Mittel, ihre Entweder-
Oder zu versöhnen. Helvetius ist weit davon entfernt, eine
Ausnahme von dieser allgemeinen Regel zu sein. Im
Gegenteil; ein lebhafter und unternehmender Geist, wie
er ist, büßt er häufiger als die anderen die Fehler seiner
Methode mit dieser Münze. Man tut gut, diese Fehler zu
konstatieren und so die Vorzüge der dialektischen Methode
aufzuzeigen; aber man glaube nicht, sie mit hier übel an-
gebrachter moralischer Entrüstung und mit einigen unend-

[1] De l'Homme, 4. Abschnitt, 22. Kapitel.
[2] Ebenda, 8. Abschnitt, 4. Kapitel.

lich kleinen Wahrheiten, die noch dazu so alt sind wie die Welt, loszuwerden.

„Wenn man ihn liest, bemerkt man," sagt La Harpe von unserem Philosophen, „daß seine Einbildung sich nur für glänzende und wollüstige Gedanken begeistert; und nichts entspricht einem philosophischen Geiste weniger."[1] Das bedeutet, daß Helvetius nur deshalb von dem „sinnlichen Empfinden" sprach und es zum Ausgangspunkt seiner Untersuchungen nahm, weil er den sinnlichen Trieben zu sehr zugeneigt war. Man hat viel von seiner Liebe für die „schönen Mätressen" erzählt. Man hat diese Liebe zu einem Pendant seiner Eitelkeit gemacht. Wir enthalten uns jeder Würdigung eines derartigen „kritischen" Verfahrens. Aber es scheint uns interessant zu sein, hier Helvetius mit Tschernischewsky zu vergleichen. Der große russische Aufklärer war alles andere, nur nicht „elegant", oder „Generalpächter", oder „eitel" (niemand hat ihn dieser letzten Schwäche angeklagt), oder Liebhaber „schöner Sklavinnen". Und doch gleicht von allen französischen Philosophen des achtzehnten Jahrhunderts Helvetius ihm am meisten. Er hat dieselbe logische Unerschrockenheit, dieselbe Verachtung für Sentimentalität, dieselbe Methode, dieselben Geschmacksrichtungen, dieselben räsonnierenden Beweise, oft bis in die Detailfragen dieselben Schlüsse und dieselben Beispiele zur Unterstützung dieser oder jener Behauptung.[2] Wie eine solche Überein-

---

[1] Refutation du livre De l'Esprit, S. 5.
[2] Helvetius empfiehlt, dem Beispiel der Geometer zu folgen: „Was tun sie, wenn man ihnen ein kompliziertes mechanisches Problem stellt? Sie vereinfachen es; sie berechnen die Geschwindigkeit der sich bewegenden Körper ohne Rücksicht auf ihre Dichte, den Widerstand der sie umgebenden Flüssigkeiten oder die Reibung der anderen Körper usw." De l'Homme, 9. Abschnitt, 1. Kapitel. Fast mit denselben Worten empfiehlt Tschernischewsky die Vereinfachung der Probleme der politischen Ökonomie. — Man klagte Helvetius an, Sokrates und Regulus

stimmung erklären? Liegt ein Plagiat auf seiten des russischen Schriftstellers vor? Niemand hat bisher gegen Tschernischewsky diesen Vorwurf zu erheben gewagt. Aber nehmen wir an, er sei begründet. Wir müssen dann sagen, daß Tschernischewsky die Ideen des Helvetius gestohlen hat, der sie seinerseits seinem wollüstigen Temperament und seiner maßlosen Eitelkeit verdankte. Eine wunderbare Klarheit! Eine tiefe Philosophie der Geschichte des menschlichen Gedankens!

Beim Hervorheben der Fehler des Helvetius darf man nicht vergessen, daß er ebenda fehlte, wo es die ganze i d e a l i s t i s c h e (oder besser gesagt d u a l i s t i s c h e) Philosophie, die der französische Materialismus bekämpfte, tat. Spinoza und Leibniz wußten bisweilen sehr gut die dialektische Waffe zu führen (letzterer besonders in den

---

verleumdet zu haben. Was Tschernischewsky von dem berühmten Selbstmord der keuschen Lukretia sagt, welche ihre Schande nicht überleben wollte, erinnert erstaunlich an die Betrachtungen des Helvetius über den heroischen Gefangenen der Karthager. Tschernischewsky glaubte, daß die politische Ökonomie sich in der Hauptsache nicht mit dem, w a s i s t, sondern mit dem, w a s s e i n s o l l, zu beschäftigen habe. Damit vergleiche man nun, was Helvetius in einem Briefe an Montesquieu sagt: „Erinnern Sie sich, daß ich in der Diskussion mit Ihnen (über die ‚Principes' Montesquieus) in Brède zugab, daß sich dieselben auf die tatsächlichen Verhältnisse bezögen; daß sich aber ein Schriftsteller, der den Menschen nützen will, mehr mit den wahren Maximen in einer besseren, zukünftigen Ordnung der Dinge als mit der Heiligsprechung solcher Grundsätze beschäftigen soll, die von dem Augenblick an gefährlich sind, wo sich das Vorurteil ihrer bemächtigt, um sich ihrer zu bedienen und sie fortzupflanzen." (Vergl. Oeuvres complètes d'Helvétius, Paris 1818, III, S. 261.) Man könnte diesem merkwürdigen Beispiel noch viele andere hinzufügen. Aber wir ziehen es vor, diese Übereinstimmung in den Ansichten der beiden um ein Jahrhundert voneinander getrennten Schriftsteller in dem Maße aufzuzeigen, wie sich uns die Gelegenheit dazu in unserer Auseinandersetzung der Theorien des Helvetius bieten wird.

„Nouveaux essais sur l'entendement humain"), aber ihr allgemeiner Gesichtspunkt war nichtsdestoweniger metaphysisch. Außerdem waren Leibniz und Spinoza weit davon entfernt, in der offiziellen französischen Philosophie des achtzehnten Jahrhunderts das Wort zu führen. Ein mehr oder weniger modifizierter und verwässerter Kartesianismus herrschte damals. Nun aber existierte nicht der geringste Gedanke von Entwicklung für den Kartesianismus.[1] Die Hilflosigkeit der Methode war gewissermaßen ein Vermächtnis, das der Materialismus von seinem dualistischen Vorgänger ererbte. Man darf sich hier also nicht täuschen. Wenn die Materialisten unrecht haben, beweist dies noch nicht, daß ihre Gegner recht haben. Ganz und gar nicht! Ihre Gegner irren doppelt, vierfach, mit einem Wort, unvergleichlich viel mehr.

Was sagt uns La Harpe über den Ursprung unserer moralischen Gefühle, er, der ohne Zweifel nicht ermangelt hat, alle Batterien der guten alten Philosophie gegen Helvetius zu richten? O, sehr wenig! Er versichert uns, daß „alle unsere Leidenschaften uns unmittelbar von der Natur gegeben sind"; daß sie „zu unserer Natur gehören (von La Harpe selbst unterstrichen), obschon sie eines Exzesses fähig sind, den die Verderbtheit großer Gesellschaften allein veranlassen kann"; daß die „Gesellschaft sich in der natürlichen Ordnung befindet" und „daß deshalb Helvetius ganz und gar unrecht hat, das künstlich

---

[1] „Desartes", sagt Flint, „zeigt gelegentlich an vielen Stellen seiner Schriften, daß er soziale Tatsachen mit klarem, scharfem Auge betrachtete. Dasselbe gilt von Malebranche." Aber derselbe Flint erkennt an, „daß Descartes von einer Geschichtswissenschaft keinen Begriff hatte", und daß „erst seit dem Verfall des Kartesianismus die Geschichtswissenschaft in Frankreich zu blühen begann". Vergl. „The Philosophy of History in France and Germany", Edinburg und London 1874, S. 76 bis 78.

zu nennen, was von einer natürlichen und notwendigen
Ordnung abhängt"; daß es im Menschen „eine andere
Regel seiner Urteile gibt als sein eigenes Interesse", und
daß „diese Regel das Gerechtigkeitsgefühl ist"; daß „das
Vergnügen und der Schmerz die einzigen Beweger der
niederen Tiere sein können", daß aber „Gott, das Gewissen
und Gesetze, welche dem Bewußtsein beider entspringen,
die Menschen leiten müssen".[1] Ist das nicht sehr tief? Jetzt
ist doch alles klar!

Bewundern wir jetzt einen anderen Gegner unseres
„Sophisten". Diesmal ist es ein Mann des neunzehnten
Jahrhunderts, der spricht. Nachdem er in dem Buche vom
„G e i s t e" gelesen, daß das Gemeininteresse das Maß der
Tugend ist; daß eine jede Gesellschaft die Handlungen, die
ihr nützlich sind, für tugendhaft hält, und daß die Urteile
der Menschen über die Handlungen ihrer Nebenmenschen
gemäß ihren Interessen sich ändern, läßt er mit siegreicher
Miene den folgenden Wortschwall vom Stapel: „Wenn
man behauptete, daß die Urteile des Publikums über einzelne Handlungen ein Recht auf Unfehlbarkeit haben, sobald sie die Mehrheit der Individuen für sich haben, so
müßte man auch eine Reihe von Konsequenzen aus diesem
Prinzip zugeben, von denen eine absurder ist als die andere,
wie zum Beispiel: die Meinungen der Mehrzahl stimmen
allein mit der Wahrheit überein.... Eine Wahrheit wird
ein Irrtum, wenn sie aufhört, die Meinung der Mehrzahl
zu sein und die der Minderzahl wird und umgekehrt: ein
Irrtum wird eine Wahrheit, wenn er die Meinung der
Mehrzahl wird, nachdem er lange die der Minderzahl gewesen ist."[2] Der gute Mann! Seine Widerlegung des Hel-

[1] Refutation du livre De l'Esprit, S. 57, 61, 63, 68, 69.
[2] N o u v e l l e r e f u t a t i o n du livre De l'Esprit.
A C l e r m o n t - F e r r a n d 1817, S. 46. Die Beweisführung
des anonymen Autors dieses Buches ist der des sehr gelehrten
— „Gelehrten!" — Damiron analog. Am Anfang des Buches vom

vetius, dessen Lehren zu begreifen ihm nicht einmal geglückt ist, ist in der Tat „neu".

Selbst Leute von viel größerer Bedeutung, wie Lange zum Beispiel, sehen in dieser Lehre nur eine Apologie des „persönlichen Interesses". Es gilt als ein Axiom, daß die Moraltheorie Adam Smiths nichts mit der Ethik der französischen Materialisten gemein hat. Sie sind Antipoden zueinander. Lange, der nur Geringschätzung für Helvetius hat, spricht mit großer Achtung von Adam Smith als Moralisten. „Und ist denn A. Smiths Ableitung aus der Sympathie," sagt er, „obwohl selbst für die damalige Zeit sehr mangelhaft durchgeführt, doch bis auf den heutigen Tag noch der zweckmäßigste Versuch einer natürlichen und rationellen Begründung der Moral." Der französische Kommentator der „Theory of moral sentiments", H. Baudrillart, betrachtet sie als eine heilsame Reaktion „gegen die Systeme des Materialismus und des Egoismus". Smith selbst hatte nur wenig „Sympathie" für die Moralsysteme der Materialisten. Die Theorie des Helvetius mußte ihm, wie die Mandevilles, zügellos erscheinen. Und in der Tat erscheint auf den ersten Blick die Theorie Smiths dem, was wir in den Schriften des Helvetius finden, gänzlich entgegengesetzt. Der Leser hat hoffentlich noch nicht vergessen, wie der letztere das Ge-

---

„Geiste" sagt Helvetius, daß der Mensch seine intellektuelle Überlegenheit gegenüber den Tieren unter anderem der Struktur seiner Extremitäten verdankt. „Ihr denkt," donnert Damiron, „daß man einem Pferde mit den Händen des Menschen zugleich auch dessen Verstand geben wird. Nichts derart wird eintreten; man wird es nur unfähig machen, als Pferd zu leben." (Mémoires pour servir à l'histoire de la philosophie au XVIII. siècle, Paris 1858, I, S. 406.) Ein guter Theologieprofessor in Petersburg bekämpfte die Theorie Darwins in ähnlicher Weise: „Werft ein Huhn ins Meer," sagte er, „nach Darwin wird es sofort Schwimmhäute an seinen Füßen haben, und ich sage euch, das arme Tier wird jämmerlich umkommen."

dauern, das wir für den Verlust eines Freundes haben, erklärt. Man lese jetzt die Zeilen des berühmten Engländers: „Wir sympathisieren sogar mit den Toten.... Wir bedauern sie, daß sie des Lichtes der Sonne, des Anblicks und Umgangs der Menschen beraubt sind; daß sie in ein kaltes Grab eingeschlossen sind und dort den Würmern und der Verwesung als Beute dienen; daß sie von der Welt vergessen werden und allmählich aus der Liebe, ja fast der Erinnerung ihrer teuersten Freunde und Verwandten verschwinden.... Die Unfähigkeit unserer Sympathie, ihnen zu helfen, erscheint uns noch als eine Vermehrung ihres Unglücks" usw....[1] Das ist allerdings etwas gänzlich Verschiedenes! Aber betrachten wir es einmal näher. Was ist die „S y m p a t h i e" Adam Smiths? „Welchen Grad von Selbstliebe man auch bei den Menschen voraussetzen mag," antwortet er, „es gibt offenbar in seiner Natur einige Prinzipien, die ihm Interesse für die Geschicke seiner Nebenmenschen einflößen und ihr Glück für ihn selbst dann notwendig machen, auch wenn er daraus nur das Vergnügen gewinnt, Zeuge desselben zu sein.... Es ist zu gewöhnlich, daß man die Leiden anderer mitempfindet, als daß eine solche Tatsache des Beweises bedürfte." Die Quelle dieser Sensibilität für die Leiden eines anderen „liegt in der Fähigkeit, die wir besitzen, uns durch die Einbildung an ihre Stelle zu denken, eine Fähigkeit, die es uns möglich macht, das, was sie fühlen, zu begreifen oder mitzuempfinden".[2] Glaubt man, daß es nichts dieser Theorie der Sympathie Analoges in den Schriften des Helvetius gibt? In seinem Buche „D e l'H o m m e", 2. Abschnitt, 7. Kapitel, fragt er sich, was ein humaner Mensch ist. Und er antwortet: „D e r j e n i g e, f ü r d e n d e r A n b l i c k d e s E l e n d s e i n e s N e b e n m e n s c h e n e i n

---

[1] The Theory of moral sentiments. London 1873, S. 12, 13. Die Schrift erschien zuerst 1757.
[2] A. a. O., S. 9, 10.

schmerzvoller Anblick ist." Woher kommt aber diese Fähigkeit, die Schmerzen eines anderen zu empfinden? Wir verdanken sie der Erziehung, die uns daran gewöhnt, uns mit den anderen zu identifizieren. „Hat das Kind die Gewohnheit angenommen, sich mit den Unglücklichen zu identifizieren, so wird es, einmal im Besitz dieser Gewohnheit, um so mehr von ihrem Elend gerührt, als es voll Mitleid über ihr Geschick, über die Menschheit im allgemeinen und daher über sich selbst im besonderen in Rührung gerät. Eine Unzahl verschiedener Gefühle vermischen sich dann mit diesem ersten Gefühl, und aus ihrer Gesamtheit setzt sich das Lustgefühl zusammen, das eine edle Seele genießt, wenn sie einem Elenden hilft, ein Gefühl, das sie nicht immer zu analysieren imstande ist."
Man wird zugeben, daß Smith die Sympathie, den Ausgangspunkt seiner Ableitung, in ganz derselben Weise betrachtet. Allerdings läßt Helvetius die Sympathie sich mit anderen weniger „sympathischen" Gefühlen verbinden. Nach ihm unterstützt man die Unglücklichen: 1. um den physischen Schmerz, sie leiden zu sehen, zu vermeiden; 2. um den Anblick einer Erkenntlichkeit zu genießen, die in uns wenigstens die unklare Hoffnung einer entfernten Nützlichkeit erweckt; 3. um einen Akt der Macht auszuüben, deren Ausübung uns stets angenehm ist, weil sie stets vor unseren Geist das Bild der mit dieser Macht verbundenen Lust zurückruft; 4. weil sich die Idee des Glückes in einer guten Erziehung stets mit der Idee der Wohltätigkeit verbindet und weil diese Wohltätigkeit, die uns die Achtung und Zuneigung der Menschen erwirbt, ebenso wie der Reichtum als eine Macht oder als ein Mittel, sich von Schmerzen zu befreien und sich Vergnügen zu verschaffen, betrachtet werden kann." Dies ist bereits nicht mehr das, was Smith sagt, ändert aber nichts an dem, was die Sympathie betrifft. Es zeigt uns, wie Helvetius zu Resultaten kommt,

die denen des Autors der „Theory of moral sentiments" so gänzlich entgegengesetzt sind. Für diesen liegt die Sympathie in unserer „Natur", für Helvetius gibt es in unserer Natur nur „sinnliches Empfinden". Er sieht sich zur Zerlegung dessen, woran Smith nicht zu rühren denkt, gezwungen. Smith bewegt sich in der **einen** Richtung vorwärts; Helvetius schlägt die **entgegengesetzte** ein. Wie kann man sich darüber wundern, daß sie sich immer mehr voneinander entfernen und sich schließlich nicht mehr begegnen?

Ohne Zweifel ist Helvetius weit davon entfernt, alle unsere Gefühle durch die Sympathie als durch eine der Etappen ihrer Entwicklung hindurchgehen zu lassen. Er ist hierin nicht „einseitig". Man muß aber auch nicht glauben, daß die „Sympathie" Smith den **utilitären** Gesichtspunkt gänzlich aufgeben läßt. Für ihn wie für Helvetius ist das Interesse der Gesellschaft die Basis und Sanktion der Moral.[1] Nur kommt ihm nicht der Gedanke, diese Basis und Sanktion aus den ersten Elementen der menschlichen Natur abzuleiten. Er fragt sich nicht, was im Grunde diese „oberste Weisheit ist, die das System der menschlichen Neigungen regelt". Er sieht dort nur eine **Tatsache**, wo Helvetius bereits einen **Entwicklungsprozeß** sieht. Smith sagt, daß jene „Erklärung der menschlichen Natur, die alle unsere Leidenschaften und

---

[1] „Wir lieben unser Land nicht nur deshalb, weil es ein Teil der großen Gesellschaft des Menschengeschlechts ist; wir lieben es um seiner selbst willen und unabhängig von jeder anderen Betrachtung. Die oberste Weisheit, die das System der menschlichen Neigungen wie das aller anderen Teile der Natur regelte, scheint der Ansicht gewesen zu sein, daß das Interesse der großen menschlichen Gesellschaft am besten gefördert werde, wenn die Hauptaufmerksamkeit eines jeden Individuums auf jenen besonderen Teil derselben gerichtet sei, der seinen Fähigkeiten und seinem Verständnis am nächsten liegt." S. 203, 204 der bereits zitierten englischen Ausgabe.

Gefühle aus der Selbstsucht ableitet..., aus einer verworrenen, falschen Auffassung des Systems der Sympathie entsprungen zu sein scheint".[1] Er hätte sagen müssen, daß sich dieses System bemüht, den Ursprung unserer Leidenschaften und Gefühle zu enthüllen, während er selbst sich mit ihrer mehr oder weniger guten Beschreibung begnügt.[2]

Die Widersprüche, in die sich Helvetius verwickelt, sind, wie wir schon öfters gesagt haben, eine Folge seiner metaphysischen Methode. Man findet bei ihm außerdem viele Widersprüche, welche dadurch bewirkt werden, daß er häufig seinen theoretischen Gesichtspunkt beschränkt, um desto mehr die Möglichkeit und Leichtigkeit, bestimmte praktische Ziele zu erreichen, hervortreten zu lassen. Das sieht man unter anderem an dem Beispiel des von unserem Autor „verleumdeten" Regulus.

Er beweist, daß, einmal die Lage des Generals und die Sitten der alten Römer gegeben, Regulus nicht anders hätte handeln können, als er tat, wenn er nur seinem persönlichen Interesse gefolgt wäre. Das ist die „Verleumdung", gegen die sich Jean Jacques auflehnt. Aber Helvetius hat gar nicht sagen wollen, daß Regulus in Wirklichkeit nur seinem Interesse gefolgt sei. „Die

---

[1] The Theory of moral sentiments, S. 281.
[2] Dies ist sehr einfach und scheint doch schwer zu begreifen. „Jedenfalls ist die Tugend vorteilhaft," sagt Huxley; „aber der Mensch, dem die Wege der Tugend immer angenehm erscheinen, ist doch beneidenswert.... Die Berechnung des größten Glückes kann nicht so leicht wie eine Regel de tri aufgestellt werden"; „das Moralgesetz hat schließlich instinktive Vorstellungen zur Basis...." (Hume, sa vie — sa philosophie, traduit par G. Compayré, Paris 1880, S. 281, 284.) Wenn der große englische Naturforscher mit solchen Überlegungen die materialistische Moral des achtzehnten Jahrhunderts umzustürzen glaubt, so täuscht er sich sehr und vergißt seinen Darwin. Übrigens hat er wahrscheinlich nur die Epigonen, wie Bentham und J. S. Mill, im Auge. In dem Fall hat er recht.

Handlung des Regulus war ohne Zweifel die Folge des stürmischen Enthusiasmus, der ihn zur Tugend leitete." Was will er aber dann mit seiner „Verleumdung"? Er will zeigen, daß „ein derartiger Enthusiasmus nur in Rom sich entzünden konnte". Die höchst „vollendete" Gesetzgebung dieser Republik hat das persönliche Interesse ihrer Bürger mit dem des Staates aufs engste zu verbinden gewußt.[1] Daher der Heroismus der alten Römer. Praktische Folgerung: Man verstehe nur jetzt dasselbe zu tun, und man wird Menschen ebenso heroisch wie Regulus erstehen sehen. Um sie seinen Lesern in die Augen springen zu lassen, zeigt Helvetius nur die eine Seite der Sache. Aber das beweist nicht, daß er den Einfluß der Gewohnheit, der Ideenassoziation, der „Sympathie", des „Enthusiasmus", des edlen Stolzes usw. vergißt. Durchaus nicht. Er weiß nur nicht immer die Fäden zu finden, die diesen Einfluß mit dem persönlichen Interesse, dem „sinnlichen Empfinden" verbinden, und bemüht sich zu gleicher Zeit, sie zu entdecken, da — er vergißt dies nie — der Mensch nur Empfinden ist. Wenn er dieser Aufgabe unterliegt, so liegt der Fehler im metaphysischen Charakter des Materialismus seiner Zeit; ihm wird stets das Verdienst bleiben, alle Konsequenzen gezogen zu haben, die aus seinem Fundamentalprinzip folgten.

Dieselbe Vorherrschaft praktischer Tendenzen hat ihn die Frage, ob alle Menschen mit gleichen Fähigkeiten geboren werden, übers Knie brechen lassen. Er hat diese Frage nicht einmal gut zu stellen gewußt. Was hat er aber sagen wollen, indem er diese Frage übers Knie brach? Grimm, der kein Meister in der Theorie war, hat es sehr wohl begriffen. Über das Buch „De l'Homme"

---

[1] De l'Esprit, Discours III, 22. Kapitel.

sagt er in seiner „**Korrespondenz**" (November 1773): „Sein Hauptzweck ist, zu zeigen, daß das Genie, die Tugenden, die Talente, denen die Nationen ihre Größe und ihr Glück verdanken, nicht eine Wirkung verschiedener Nahrung, der Temperamente, noch der Organe der fünf Sinne, auf welche Gesetze und Verwaltung keinen Einfluß haben, sondern die Wirkung der Erziehung sind, über die Gesetze und Regierung alles vermögen."[1] Man begreift leicht, von welchem **praktischen** Wert eine solche Ansicht in der Zeit revolutionärer Gärung sein konnte.

Wenn der Mensch nur eine durch das „sinnliche Empfinden" in Bewegung gesetzte Maschine ist, die alles tun **muß**, was jenes tut, so ist die Rolle des „**freien Willens**" in der Geschichte eines Volkes ebensosehr Null wie im Leben eines Individuums. Wenn das „sinnliche Empfinden" das Prinzip der Willensäußerungen, der Bedürfnisse, der Lei-

---

[1] Holbach teilt diese Meinung des Helvetius, den er übrigens einen „**berühmten Moralisten**" nennt, nicht. Für ihn „ist es eine Täuschung, zu glauben, daß die Erziehung alles am Menschen machen kann; sie kann nur die Materialien, welche die Natur ihr bietet, verwenden; sie kann nur mit Erfolg auf einem Boden säen, den die Natur ihr bietet". Vergl. „**La Morale universelle**", 5. Abschnitt, 3. Kapitel; vergl. auch dasselbe Werk, 1. Abschnitt, 4. Kapitel. Holbach fragt auch nicht nach dem Bestandteil, den die **Gesellschaft** in dem, was er die **Natur** des Individuums nennt, ausmacht. Übrigens weiß Helvetius selbst, daß seine Ansicht keines strengen Beweises fähig ist. Er glaubt nur, daß man wenigstens behaupten kann, „daß dieser Einfluß (der der Organisation der ‚durchschnittlich gut' konstituierten Menschen auf ihren Geist) so gering ist, daß man ihn als eine der unwichtigen Größen betrachten kann, die man bei den algebraischen Rechnungen vernachlässigt, und daß man sehr gut durch moralische Ursachen (das heißt durch den Einfluß des sozialen Milieus, G. P.) das erklärt, was man bisher der Physik zugeschrieben hat und durch diese Ursache nicht hat erklären können". Tschernischewsky spricht fast in ganz denselben Ausdrücken von dem Einfluß der Rasse auf die historischen Schicksale der Völker.

denschaften, der Gesellschaftlichkeit, der Gedanken, der Urteile und der Handlungen des Menschen ist, so ist es evident, daß man nicht im Menschen, in seiner „Natur", den Schlüssel zu den geschichtlichen Schicksalen des Menschengeschlechts suchen muß; wenn alle Menschen eine gleiche geistige Begabung haben, so erklären die angeblichen Eigentümlichkeiten der Rasse und des Nationalcharakters selbstverständlich nichts in den gegenwärtigen oder früheren Zuständen dieser oder jener Nation. Diese drei, logisch unvermeidlichen Schlüsse bilden bereits sehr wichtige **Prolegomena** für eine Philosophie der Geschichte.

Nach Helvetius haben alle Völker **in derselben Lage dieselben Gesetze,** denselben Geist, dieselben Leidenschaften. Aus diesem Grunde „**findet man bei den Indianern die Sitten der alten Germanen**"; aus diesem Grunde „**wird Asien, das zum größten Teil von Malaien bewohnt ist, von unseren alten Feudalgesetzen regiert**"; aus diesem Grunde war der „**Fetischismus nicht nur die erste Religion, sondern war auch sein Kultus, der heute noch in fast ganz Afrika sich erhalten hat, einst allgemein**"; aus demselben Grunde hat die **Mythologie der Griechen** viel Ähnlichkeit mit der **der Kelten**; aus diesem Grunde endlich haben die verschiedensten Völker oft dieselben **Sprichwörter**. Im allgemeinen existiert eine bemerkenswerte Analogie in den Einrichtungen, dem Geist und dem Glauben primitiver Völker. Die Völker, wie die Individuen, gleichen sich **mehr, als man glaubt**.

Das Interesse, das **Bedürfnis** sind die großen, einzigen Lehrer des Menschengeschlechts. Weshalb ist der Hunger das gewöhnliche Prinzip der Handlungen des Menschen? Weil er von allen Bedürfnissen das am häufigsten wiederkehrende, am gebieterischsten sich meldende ist. Der Hunger schärft den Geist der Tiere; er zwingt uns zur Übung unserer Fähigkeiten, uns, die Menschen, die wir uns den Tieren so überlegen dünken. Er lehrt den Wilden, den Bogen zu krümmen, Netze zu flechten, seiner Beute Fallen zu stellen. „Es ist gleichfalls der Hunger, der bei den kultivierten Völkern alle Bürger in Bewegung setzt, sie zwingt, die Erde zu bebauen, ein Handwerk zu lernen und ein Amt auszuüben." Ihm verdankt die Menschheit die Kunst, die Erde urbar zu machen und die Pflugschar zu schmieden, wie sie die Kunst zu bauen, sich zu bekleiden usw. dem Bedürfnis verdankt, sich gegen die Strenge der Jahreszeiten zu schützen. **Der Mensch ohne Bedürfnisse würde ohne ein Prinzip des Handelns sein.** „Eine der Hauptursachen der Unwissenheit und Trägheit der Afrikaner ist die Fruchtbarkeit jenes Weltteils; er befriedigt fast ohne Kultur alle Bedürfnisse. Der Afrikaner hat kein Interesse daran, zu denken. So denkt er denn auch wenig. Man kann dasselbe vom Karaiben behaupten. Wenn er weniger fleißig als die Wilden des Nordens von Amerika ist, so hat das seinen Grund darin, daß der letztere größeren Fleißes bedarf." **Das Bedürfnis ist ein genaues Maß der Anstrengungen des menschlichen Geistes.** „Die Bewohner von Kamtschatka, in gewissen Beziehungen von einer Dummheit ohnegleichen, sind in anderen von wunderbarer Geschicklichkeit. Ihre Geschicklichkeit in der Verfertigung von Kleidern... übertrifft die der Europäer. Weshalb? Weil sie Gegenden der Erde bewohnen, die am meisten der Rauheit des Klimas ausgesetzt sind, wo also das Bedürfnis der Kleidung sich am meisten gewohnheitsmäßig fühlbar macht. Nun ist aber ein gewohnheitsmäßiges Bedürfnis stets ein betriebsames."[1]

---

[1] Dies bringt uns zum Einfluß des Klimas zurück. Aber der Leser sieht, daß es nicht mehr der **unmittelbare Einfluß des Klimas** auf die Moral des Menschen ist, von dem Montesquieu spricht. Nach Helvetius macht sich dieser Einfluß

Wenn wir also dem Bedürfnis „die Kunst, die Felder zu bearbeiten, verdanken", so gewinnt diese Kunst, einmal erfunden und ausgeübt, einen großen entscheidenden Einfluß auf unsere Einrichtungen, unsere Gedanken und unsere Gefühle. „Der Mensch der Wälder, der nackte und sprachlose Mensch, kann wohl eine klare und deutliche Idee von Kraft oder Schwäche, nicht aber von Gerechtigkeit und Billigkeit erwerben." Diese Ideen setzen eine Gesellschaft voraus; sie ändern sich mit den Interessen der Gesellschaft. Weshalb war der Diebstahl in Sparta erlaubt? Weshalb bestrafte man dort nur die Ungeschicklichkeit der ertappten Diebe? Gibt es etwas Bizarreres als einen solchen Gebrauch? „Wenn man sich indes an die Gesetze des Lykurg und die Verachtung erinnert, in der Gold und Silber in einer Republik standen, wo die Gesetze nur einem schwerfälligen und spröden Eisengeld Kurs gaben, wird man begreifen, daß die Diebstähle von Hühnern und Gemüse die einzig möglichen waren. Stets mit Geschicklichkeit vollbracht, oft mit Festigkeit abgeleugnet, erhielten solche Diebstähle die Lazedämonier in der Gewohnheit des Mutes und der Wachsamkeit. Das Gesetz, das den Diebstahl gestattete, konnte diesem Volke sehr nützlich sein...." Andererseits blicke man auf die Szythen. Sie betrachteten den Diebstahl als das größte aller Verbrechen. Ihre Lebensgewohnheit machte diese Ansicht für sie notwendig. „Ihre Herden bewegten sich zerstreut in den Ebenen. Wie leicht, sie zu plündern! Und welche Unordnung, wenn man derartige Diebstähle geduldet hätte! Man hat daher auch bei ihnen das Gesetz zur Hüterin der Herden gemacht, um den Ausdruck des Aristoteles zu gebrauchen." Die Völker, bei denen Herden den Reichtum ausmachen, brauchen das Privat-

---

durch das Mittel der Künste, das heißt durch eine mehr oder weniger schnelle Entwicklung der Produktionskräfte geltend. Das ist ein ganz verschiedener Gesichtspunkt.

eigentum an Grund und Boden nicht; es erscheint zuerst bei den Ackerbauern, für die es von fast absoluter Notwendigkeit ist. Die wilden Völker, welche in den Wäldern umherirren, kennen nur vorübergehende und zufällige Vereinigungen von Mann und Weib. Die seßhaften und ackerbauenden Völker führen eine **untrennbare Ehe** ein. „Während der Ehemann die Erde urbar macht, den Acker bearbeitet, füttert die Frau das Geflügel, tränkt das Vieh, schert die Schafe, besorgt den Haushalt und Viehhof, bereitet das Essen des Gatten, der Kinder und Diener." So ist also die Unlöslichkeit der Ehe, weit davon entfernt, ein lastendes Joch für die Gatten zu sein, für sie von dem größten Nutzen. Die Gesetze, welche die Ehe in den katholischen Ländern ordnen, sind auf solche Verhältnisse berechnet. Sie sind daher auch nur den Interessen und dem Beruf der **Landarbeiter** angemessen. Sie sind auf der anderen Seite für Leute anderer Berufe, insbesondere für die „**Großen**", die „**Reichen**" und die „**Müßiggänger**" sehr hinderlich, die in der Liebe nicht ein Mittel der Befriedigung reeller, sehr gebieterischer Bedürfnisse, sondern eine Zerstreuung, ein **Mittel gegen die Langeweile** erblicken. Das Gemälde der ehelichen Sitten der parasitischen Klassen der Gesellschaft, welches der Graf **Leo Tolstoi** in seiner „**Kreutzersonate**" und vor ihm **Fourier** gezeichnet hat, erinnert in den Hauptpunkten an das, was Helvetius von der Ehe und der Liebe bei den „**Müßiggängern**" sagt.

Der **Charakter** eines ackerbautreibenden Volkes unterscheidet sich notwendigerweise von dem eines Nomadenvolks. „In jedem Lande gibt es eine bestimmte Zahl von Objekten, welche die Erziehung allen in gleicher Weise darbietet, und der gleichmäßige Eindruck dieser Gegenstände erzeugt in den Bürgern jene Übereinstimmung der Gedanken und Gefühle, der man den Namen National-

geist und Nationalcharakter gibt." Nun begreift man aber
leicht, daß diese „Objekte", deren Einfluß so entschei=
dend bei der Erziehung ist, nicht dieselben sind bei Völ=
kern, welche in so verschiedenen Verhältnissen, wie zum
Beispiel die des Ackerbaus und der Jagd, leben.
Ebenso evident ist es, daß der Charakter eines Volkes
veränderlich ist. Man hält den der Franzosen für h e i t e r.
Er war es nicht immer. Der Kaiser Julian sagte von den
Parisern: „Ich liebe sie, weil ihr Charakter, wie der meine,
streng und ernsthaft ist."[1] Man betrachte die Römer.
Welche Kraft, welche Tugend, welche Liebe zur Freiheit,
welcher Haß gegen die Knechtschaft in den Zeiten der Re=
publik! Und welche Schwäche, welche Feigheit, welche Ge=
meinheit von der Erhebung der Cäsaren an! Diese Ge=
meinheit ermüdete selbst Tiberius! Außerdem variiert der
Charakter eines Volkes nicht nur mit den historischen Er=
eignissen; er ist zu einer gegebenen Zeit nicht einmal in
v e r s c h i e d e n e n B e r u f e n derselbe. Der Geschmack
und die Gewohnheit der Krieger sind nicht die des Prie=
sters, der Geschmack und die Gewohnheiten der „Müßig=
gänger" sind nicht die der Ackerbauer und Handwerker.

---

[1] Was die Franzosen seinerzeit angeht, so bemerkt Helvetius,
daß die französische Nation nicht heiter sein könne, da „unglück=
liche Zeiten die Fürsten gezwungen hätten, bedeutende Steuern
auf das Land zu legen, so daß die Klasse der Landleute, welche
allein zwei Drittel der Nation ausmacht, in Not lebe, und die
Not niemals heiter sei". Er verspottet die Art und Weise, wie
man die Nationalcharaktere beschreibt. „Nichts im allgemeinen
lächerlicher und falscher als die Bilder, die man von dem Cha=
rakter der verschiedenen Völker entwirft. Die einen malen ihre
Nation nach ihrer Gesellschaft und stellen sie dementsprechend
als traurig, heiter, grob, geistreich dar.... Andere kopieren, was
Tausende von Schriftstellern vor ihnen geschrieben haben; sie
haben niemals die Veränderung untersucht, welche die Verände=
rungen der Regierung und der Sitten notwendigerweise in dem
Charakter einer Nation hervorrufen müssen." De l'Esprit, Dis=
cours III, 30. Kapitel.

Alles das hängt von der Erziehung ab. Die Erziehung macht aus der Frau ein dem Manne nachstehendes Wesen. Und diese Inferiorität tritt nicht in allen Ständen in gleicher Weise hervor. Die Fürstinnen (Frauen, wie Elisabeth, Katharina II." usw.)[1] geben an Genie den Männern nichts nach. Dasselbe gilt für die „Kammerfrauen". „Sie haben soviel Geist wie ihre Ehemänner." „Der Grund liegt darin, daß in zwei so verschiedenen Lagen beide Geschlechter **eine gleich schlechte Erziehung erhalten.**"

Die verschiedenen Ideen von der Schönheit werden durch die Eindrücke der Kindheit verursacht. „Wenn man mir die Gestalt einer bestimmten Frau besonders rühmt, wird sich diese Gestalt meinem Gedächtnis als das Modell der Schönheit einprägen, und ich werde die anderer Frauen nur nach der mehr oder weniger großen Ähnlichkeit beurteilen, die sie mit diesem Modell haben. Daher die Verschiedenheiten im Geschmack!" Es ist also eine Sache der Gewohnheit. Da aber die Gewohnheiten eines Volkes nicht immer dieselben bleiben, so ändern sich sein Geschmack und seine Urteile über die Schönheit der Kunst- und Naturgegenstände ebenfalls.[2] Weshalb gefallen uns die Romane des Mittelalters nicht? „Weshalb war die Art Corneilles zu Lebzeiten des berühmten Dichters mehr beliebt als heute? (Es handelt sich natürlich um die Zeit des Helvetius. G. P.) Weil man damals von der Liga, der Fronde, jenen Zeiten der Unruhe kam, wo die noch vom

---

[1] Katharina II. gelang es, Helvetius, wie so viele andere, zu täuschen. Er spricht von ihr immer mit großer Bewunderung. Er ist überzeugt, daß die Messalina des Nordens Polen im Interesse der Toleranz angriff.

[2] Was Helvetius von unseren Urteilen über die Schönheit sagt, ist gewissermaßen der Keim der ästhetischen Theorie Tschernischewskys. Aber nur der Keim. Die Analyse des russischen Schriftstellers geht auf diesem Gebiet viel weiter und kommt zu viel wichtigeren Resultaten.

Feuer des Aufruhrs erhitzten Geister kühner, bessere Beurteiler kühner Gefühle und empfänglicher für den Ehrgeiz waren; weil der Charakter, den Corneille seinen Helden gibt, die Entwürfe, mit denen sich seine Ehrgeizigen beschäftigen, dem Geiste seines Jahrhunderts mehr entsprachen als dem des heutigen, wo man weniger Helden und Ehrgeizigen begegnet, wo eine glückliche Ruhe so vielen Stürmen gefolgt ist und wo die Vulkane des Aufruhrs überall erloschen sind."

Um noch besser die Ansichten des Helvetius über die Rolle des „Interesses" in der Geschichte der Menschheit zu erfassen, wollen wir noch bei einer von ihm ausgedachten Robinsonade etwas verweilen. Sein Robinson sind „einige Familien", welche sich „auf eine Insel" begeben haben. Ihre erste Sorge ist, sich Hütten zu bauen und den Boden in der für ihre Erhaltung notwendigen Ausdehnung urbar zu machen. Wenn ihre Insel mehr kulturfähiges Land enthält, als für diese ersten Kolonisten notwendig ist, so werden sie alle fast gleich reich sein; die Begüterten unter ihnen werden jene sein, welche stärkere Arme und mehr Eifer zur Arbeit haben. Ihre Interessen sind also sehr wenig kompliziert, und „daher" werden ihnen „wenige Gesetze" genügen. Wenn man sich genötigt sehen sollte, einen Obersten zu erwählen, so würde dieser Oberste doch Ackerbauer bleiben wie die übrigen. „Der einzige Vorzug, den man ihm gewähren könnte, wäre, ihm die Wahl des Geländes zu lassen. Er wird im übrigen ohne Macht sein."

Aber allmählich vermehrt sich die Bevölkerung unserer Insel; sie wird sehr dicht; es gibt kein okkupierbares Land mehr. Was bleibt denen, die kein Grundeigentum haben, zu tun übrig? Vom Diebstahl, der Räuberei oder der Auswanderung abgesehen, werden sie zu neuen Erfindungen ihre Zuflucht nehmen müssen. Derjenige von ihnen, dem es gelingt, einen neuen Gegenstand des Gebrauchs oder des Luxus zu erfinden, der etwas weitere Verbreitung findet, wird von dem Austausch seines Produkts gegen die Produkte der Ackerbauer und anderer Handwerker leben. Er wird vielleicht der Gründer einer Manufaktur sein, die er „an einem angenehmen und bequemen Platz, gewöhnlich an den Ufern eines Flusses, einrichten wird, dessen Arme sich weit in das Land hinein erstrecken und dadurch den Transport seiner Waren erleichtern werden". Natürlich wird er nicht der einzige Industrielle seiner Insel bleiben. Die **fortgesetzte Vermehrung der Einwohner** wird die Erfindung anderer Gegenstände des Luxus oder des Gebrauchs veranlassen, neue Manufakturen werden entstehen. Mehrere Manufakturen werden einen Flecken, dann eine bedeutende Stadt bilden. „Diese Stadt wird bald die reichsten Bürger besitzen, da die Profite des Handels stets ungeheuer sind, wenn die wenig zahlreichen Kaufleute noch wenige Konkurrenten haben." Die Reichtümer lassen Vergnügungen aller Art entstehen. Die reichen Grundeigentümer werden ihre Landsitze verlassen, um wenigstens mehrere Monate des Jahres in der Stadt zu wohnen. Die Armen werden ihnen folgen in der Hoffnung, dort leichter ihren Lebensunterhalt zu erwerben. Kurz, unsere Stadt wird eine **Hauptstadt** werden.

Wir haben also Reiche und Arme, Unternehmer und einfache Arbeiter. Die ursprüngliche Gleichheit ist verschwunden. Unter einem und demselben Namen schließt jetzt unser Volk „**eine Unzahl verschiedener Völker, deren Interessen mehr oder weniger entgegengesetzt sind**", ein. So viele **Klassen, so viele Nationen**. Und dieser Prozeß der Bildung von Klassen mit verschiedenen und sogar entgegengesetzten Interessen ist in der Geschichte der Völker unvermeidlich. Er geht mehr oder weniger schnell vor sich, aber er geht vor sich, er wird immer vor sich gehen. „Es ist notwendig, daß der Fleißigere mehr gewinnt, daß der Wirtschaftliche mehr spart und daß er mit den bereits erworbenen Reichtümern neue erwirbt. Überdies gibt es Erben, welche große Erbschaften antreten. Es gibt Kaufleute, die große Einsätze auf ihre Schiffe und damit große Gewinne machen, weil im Handel aller Art das Geld das Geld anzieht. Seine ungleiche Verteilung ist daher eine notwendige Folge seiner Einführung in einen Staat."

Aber diese notwendige Folge zieht andere, nicht weniger notwendige Folgen nach sich. Diejenigen, welche nichts haben, und ihre Zahl wird sich dank der Vermehrung der Bürger stets vergrößern, werden sich eine stets wachsende Konkurrenz machen, um Beschäftigung zu finden. S i e w e r d e n i h r e L e b e n s a n s p r ü c h e i m m e r m e h r b e s c h n e i d e n. So wird also die Ungleichheit immer größer; so dehnt sich die Not immer mehr aus: „d e r A r m e v e r k a u f t, d e r R e i c h e k a u f t", und die Zahl der Besitzenden wird unaufhörlich kleiner. D a n n w e r d e n d i e G e s e t z e i m m e r s t r e n g e r. Milde Gesetze genügen, um ein Volk von Besitzenden zu regieren. „Bei den Germanen, den Galliern und Skandinaviern waren mehr oder weniger hohe Bußen die einzigen Gesetze für die verschiedenen Vergehen." Es wird anders, wenn die B e s i t z l o s e n die große Mehrheit einer Nation ausmachen. Der, welcher nichts hat, kann nicht an seinem Vermögen bestraft werden, man muß ihn an seiner Person strafen: daher die L e i b e s s t r a f e n. Je mehr Arme es gibt, desto mehr wird es auch Diebstähle, Räubereien, Verbrechen geben. Man muß zur G e w a l t greifen, um sie zu bekämpfen. Ein Mensch ohne Eigentum wechselt leicht seinen Ort. Der Schuldige kann also leicht seiner Strafe entgehen. Man wird gezwungen, Bürger mit weniger Formalität, oft auf den ersten Verdacht hin, zu verhaften. „Nun ist aber eine V e r h a f t u n g bereits eine willkürliche Strafe, die, bald auch auf die Besitzenden selbst ausgedehnt, die Freiheit durch die Sklaverei ersetzt." Die Leibesstrafen, ihrerseits zunächst nur gegen die Armen gebraucht, finden auch auf die Besitzenden Ausdehnung. "Alle Bürger werden dann mit Blutgesetzen regiert. Alles vereinigt sich, sie einzuführen."

Die Vermehrung der Bürger läßt eine **Repräsentativregierung** entstehen, da sie sich nicht mehr an einem Orte versammeln können, um die öffentlichen Angelegenheiten zu beraten. Solange die Bürger noch einander fast gleich sind, bringen ihre Vertreter nur Gesetze ein, **die mit dem öffentlichen Interesse übereinstimmen**. In dem Maße aber, wie die ursprüngliche Gleichheit verschwindet, in dem Maße, wie die Interessen der Bürger komplizierter werden, trennen die Vertreter **ihr Eigeninteresse von dem der von ihnen Vertretenen; sie werden unabhängiger von ihren Auftraggebern, sie erwerben allmählich eine Macht, welche der der ganzen Nation gleich ist.** "Begreift man nicht, daß in einem großen und bevölkerten Lande die Teilung der Interessen der Regierten stets den Regierenden das Mittel liefern muß, eine Autorität an sich zu reißen, welche die natürliche Liebe des Menschen zur Macht stets zum Gegenstand seiner Wünsche macht?" In der Tat "**hören**" einerseits die Besitzenden, allein mit ihrem Vermögen beschäftigt, "**auf, Bürger zu sein**"; andererseits sind für sie die Menschen ohne Eigentum ebenso viele geheime Feinde, welche der Tyrann oder die Tyrannen nach ihrem Belieben gegen die Besitzenden bewaffnen können. Auf diese Weise also künden "die geistige Trägheit bei den Auftraggebern, das tätige Machtbegehren bei den Beauftragten eine große Veränderung im Staate an. Alles begünstigt im rechten Augenblick den Ehrgeiz." Die **Freiheit** stirbt, die Aussichten des **Despotismus** vermehren

sich mehr und mehr. So läßt also die Vermehrung
der Bürger die Repräsentativregierung entstehen. Der
Gegensatz ihrer Interessen bringt die Willkürherr=
schaft herauf.

An einer Stelle seines Buches „De l'Homme", mit
dem wir es bei der obigen Auseinandersetzung im wesent=
lichen zu tun haben, sagt Helvetius, er schließe nach der
Erfahrung und Xenophon. Das ist ein sehr cha=
rakteristischer Ausdruck. Er hatte, ebenso wie Holbach und
die anderen „Philosophen" seiner Zeit, einen ziemlich kla=
ren Blick für die Rolle des Klassenkampfes in der Ge=
schichte. Aber in der Würdigung desselben ist er nicht
weiter gegangen als „Xenophon", das heißt als die
Schriftsteller des Altertums. Nach ihm er=
zeugt der Klassenkampf die Tyrannei, stets die Tyrannei
und nichts als die Tyrannei. Für ihn sind die
Menschen „ohne Eigentum" nur eine gefährliche
Waffe in den Händen ehrgeiziger Reicher; sie können und
suchen nur, sich einem jeden zu verkaufen, „der sie kau=
fen will". Es ist nicht das moderne Proletariat, son=
dern das antike und insbesondere dasjenige Roms, das
er hier im Auge hat. In Übereinstimmung damit ist die
soziale Bewegung für ihn nur ein Zirkel ohne Aus=
weg. „Nehmen wir an, ein Mensch bereicherte sich im
Handel und vereinigte eine Unzahl kleiner Vermögen mit
dem seinen. Damit wird die Zahl der Besitzenden und zu=
gleich derjenigen, deren Interesse aufs engste mit dem
nationalen Interesse verbunden ist, vermindert, die Zahl
der Menschen ohne Eigentum und ohne Interesse an den
öffentlichen Angelegenheiten vermehrt sich dagegen. Wenn
nun aber solche Menschen immer dem zu Dienste stehen,
der sie bezahlt, wie kann man nur glauben, daß der Mäch=
tige sich ihrer niemals bedienen wird, um sich seine Mit=
bürger zu unterwerfen? Das ist die notwendige Folge der
zu großen Vermehrung der Menschen in einem Reiche.

Das ist der Zirkel, den bisher alle bekannten, noch so verschiedenen Regierungen durchlaufen haben."

Helvetius ist weit davon entfernt, die Engländer mit demselben Mißtrauen wie Holbach zu betrachten. Er fand, daß die sozialen und politischen Zustände Großbritanniens viel zu wünschen übrigließen, aber er achtete in ihm das freieste und erleuchtetste Land der Welt. Indes hielt er diese, ihm so zusagende englische Freiheit für nicht sehr stabil. Er glaubte, daß die in England so weit gediehene Scheidung der Interessen dort früher oder später ihre unvermeidliche Wirkung, das Erscheinen des Despotismus erzeugen würde. Man muß zugeben, daß wenigstens die Geschichte Irlands ihn nicht in auffallender Weise Lügen straft.

Die Ansichten unseres Philosophen über die Vermehrung der Menschen beweisen wiederum, wie wenig originell die Lehre des Malthus war. Wir wollen diese Ansichten hier ebensowenig wie die über die Urgeschichte des Eigentums und der Familie kritizieren. Es genügt für uns, den allgemeinen geschichtsphilosophischen Standpunkt des Helvetius anzuzeigen.[1] Um aber dessen Charakteristik zu vollenden, müssen wir noch einige andere Konsequenzen der "Vermehrung der Bürger", oder besser ausgedrückt, der stets und unvermeidlich wachsenden Ungleichheit der Vermögen betrachten.

Für eine Gesellschaft gibt es nichts Gefährlicheres als die **Menschen ohne Eigentum**! Für die Unternehmer gibt es nichts Vorteilhafteres als diese Menschen, nichts, das ihrem Interesse mehr dient. "**Je mehr Arme**

---

[1] Wir wollen nur im Vorbeigehen bemerken, daß Holbach die "Vermehrung der Bürger" von dem direkt entgegengesetzten Standpunkt betrachtete. Für ihn bedeutete sie nur die Vermehrung der Kraft und des Reichtums des Staates. Er stimmt hierin mit der Mehrzahl der Schriftsteller des achtzehnten Jahrhunderts überein.

es gibt, desto weniger zahlen die Unternehmer für ihre Arbeit." Nun sind aber die letzteren in einem „Handelsland" eine wahre Macht. Das öffentliche Interesse wird ihrem „privaten" geopfert, welches der Hebel ihrer Handlungen, das Kriterium ihrer Urteile ist. Wir sehen dies in jeder Gesellschaft mit komplizierten und gegensätzlichen Interessen. Sie zerfällt in kleine Gesellschaften, welche über die Tugend, den Geist und das Verdienst der Bürger vom Standpunkt ihrer besonderen Interessen urteilen. Schließlich ist es das Interesse der Mächtigsten, deren Stimme in einer Nation am meisten befiehlt und am meisten gehört wird.

Wir wissen bereits, daß die Verderbnis der Sitten überall da eintritt, wo das private Interesse vom öffentlichen getrennt ist. Die immer wachsende Ungleichheit der Vermögen muß also die Sittenverderbnis erzeugen und vermehren. Das ereignet sich auch in Wirklichkeit. Das Geld, welches den Fortschritt der Ungleichheit begünstigt, verursacht zu gleicher Zeit die Entartung der Tugend. In einem Lande, „wo das Geld keinen Kurs hat", ist die Nation die einzige gerechte Austeilerin der Belohnungen. „Die allgemeine Achtung, die Gabe der öffentlichen Anerkennung kann dort nur solchen Ideen und Handlungen zugeteilt werden, die der Nation nützen, und jeder Bürger findet sich daher dort zur Tugend genötigt." In den Ländern, wo das Geld Kurs hat, kann sein Besitzer der Person oder den Personen, welche ihm am meisten Vergnügen verschaffen, davon geben und tut es auch gewöhnlich. Diese Person aber oder diese Personen sind nicht immer die Ehrbarsten. Die Belohnungen werden also häufig für Handlungen bestimmt, die „persönlich für die Reichen nützlich, der Gemeinschaft aber schädlich" sind. Dem Laster bewilligte Belohnungen werden lasterhafte Menschen erzeugen, und die Liebe zum Geld, welche jeden Geist, jede patriotische Tugend erstickt, wird nur niedrige Charaktere, Betrüger und Intriganten hervorbringen. „Die Liebe zum Reichtum kann sich gar nicht auf alle Klassen der Bürger ausdehnen, ohne dem regierenden Teil die Lust zum Diebstahl und zu Mißhandlungen einzuflößen. Dann wird die Konstruktion eines Hafens, eine Rüstung, eine Handelskompanie, ein, wie man sagt, zur Ehre der Nation unternommener Krieg, kurz jeder Vorwand zur Plünderung gierig ergriffen. Dann dringen alle Laster, Kinder der Gier, zu gleicher Zeit in ein Reich ein, stecken der Reihe nach alle Glieder an und stürzen es endlich in sein Verderben."

Auch Holbach, wie wir in der Studie über ihn gezeigt haben, betrachtete die Liebe zum Reichtum als die Mutter aller Laster und den Ruin der Nationen. Aber **Holbach** hatte nur **Deklamationen**, wo **Helvetius** in die Gesetze der sozialen Entwicklung einzudringen versuchte. Holbach donnerte gegen den „Luxus"; Helvetius bemerkte, daß der Luxus nur die Wirkung einer zu ungleichen Verteilung des Reichtums sei. Holbach forderte die Gesetzgeber zum Kampfe gegen den Geschmack am Luxus auf; Helvetius fand, daß ein solcher Kampf für die Gesellschaft nicht nur unnütz, sondern sehr schädlich sei. Einmal bilden die Luxusgesetze, die stets leicht zu umgehen sind, einen zu scharfen Angriff auf das Eigentumsrecht, „**das geheiligteste der Rechte**"; zweitens müßte man, um den Luxus zu verjagen, **das Geld verbannen**; „nun kann aber kein Fürst einen solchen Plan fassen, und selbst vorausgesetzt, er faßte ihn, so würde er keine Nation im gegenwärtigen Zustand Europas finden, welche sich seinen Wünschen fügen würde." Die Realisation eines solchen Planes wäre der totale Ruin der Nation.

Der Luxus besteht nur da, wo die Vermögen sehr ungleich sind. In einem Reich, wo unter den Bürgern annähernde Vermögensgleichheit herrscht, kann es keinen **Luxus** geben, welchen Grad von Wohlhabenheit sie auch erreichen, oder vielmehr in diesem Reich wird der Luxus, weit davon entfernt, ein Unglück zu bilden, ein großes öffentliches Gut sein. Sobald aber die Reichtümer sehr ungleich verteilt sind, würde die Verbannung des Luxus das Aufhören der Produktion einer Menge von Gegenständen und daher die Arbeitslosigkeit einer Menge von Armen bedeuten. Das Endresultat wäre also ganz und gar dem, was man erreichen wollte, entgegengesetzt. „Die Entrüstung, mit der die Mehrzahl der Moralisten sich gegen den Luxus erhebt, ist die Wirkung ihrer Unwissenheit," schloß Helvetius.[1]

Hier ist also ein konstantes Gesetz der sozialen Entwicklung. Von der Armut gelangt ein Volk zum Reichtum, vom Reichtum zur ungleichen Verteilung des Reichtums, zur Sittenverderbnis, zum Luxus, zu den Lastern; von da gelangt es zum Despotismus und vom Despotismus zum Ruin. „Das Prinzip des Lebens, das, in einer majestätischen Eiche sich entwickelnd, ihren Schaft erhebt, ihre Zweige ausbreitet, ihren Stamm verdickt und sie über die Wälder herrschen läßt, ist das Prinzip ihres Untergangs." Und „bei der bestehenden Form der Regierung" können die Völker diese so gefährliche Bahn der Entwicklung nicht verlassen. Es ist sogar für sie gefährlich, ihre Schritte auf derselben zu verzögern. Eine Stagnation wird unzählige Übel, vielleicht das Aufhören des Lebens bewirken.

Die Zahl und besonders die Art der Manufakturen eines Landes hängt von den Reichtümern dieses Landes und der

---

[1] So äußert er sich in dem Buche „De l'Homme"; in dem Buche „De l'Esprit" drückt Helvetius seine Meinung nicht in klarer Weise aus, aber er läßt bereits ahnen, daß die Frage des Luxus nicht so leicht zu lösen ist, wie die „Moralisten" vorgeben. Diderot äußert sich, daß die den Luxus betreffende Stelle eine der besten des Buches sei. Vergl. seine Oeuvres, I, 1. Teil, Artikel: über das Buch „De l'Esprit".

Art und Weise, wie sie dort verteilt sind, ab. Wenn alle Bürger wohlhabend sind, werden sie alle gut gekleidet sein wollen; es wird also eine große Zahl **weder zu feiner noch zu grober** Manufakturen entstehen. Wenn im Gegenteil die Mehrheit der Bürger arm ist, wird es nur Betriebe geben, welche für die Bedürfnisse der reichen Klasse sorgen, man wird nur reiche, glänzende, wenig dauerhafte Stoffe fabrizieren, „so hängt alles in einer Regierung voneinander ab".

Einer der wichtigsten Zweige der modernen Industrie ist die Produktion von **Baumwollstoffen**. Diese Stoffe sind nicht für die reichen Konsumenten bestimmt. **Die Ansicht des Helvetius stimmt also nicht mit der Wirklichkeit überein.**[1] Es ist deshalb nicht weniger wahr, **daß in einer „Regierung" alles voneinander abhängt**. Wir haben schon viele Beispiele dafür gehabt, wir werden noch ein weiteres dafür anführen.

Das Bedürfnis lehrt die Menschen, die Erde zu kultivieren, das Bedürfnis läßt Künste und Wissenschaften **entstehen**. Es ist auch das Bedürfnis, daß dieselben stillstehen oder in dieser oder jener Richtung sich vorwärtsbewegen lassen. Sobald eine große Vermögensungleichheit sich bildet, sehen wir eine Menge von **Vergnügungskünsten** entstehen, deren Zweck es ist, die Reichen zu unterhalten, sie von der Langeweile zu befreien. Das Interesse hört niemals auf, der große einzige Lehrmeister des Menschengeschlechts zu sein. Wie könnte dem anders sein?

---

[1] Helvetius kennt Gesellschaften, wo das „**Geld Kurs hat**"; er kennt andere, wo dies nicht der Fall ist. Aber hier wie dort kleiden sich die Produkte für ihn immer in **Warenform**. Dies erscheint ihm ebenso **natürlich** wie das Privateigentum. Seine ökonomischen Ansichten lassen im allgemeinen viel zu wünschen. Diejenigen von ihnen, die am besten begründet und am meisten überlegt sind, übertreffen die ökonomischen Ansichten des D. Hume nicht.

Man vergesse nicht, daß „jeder Vergleich von Gegenständen untereinander Aufmerksamkeit voraussetzt, jede Aufmerksamkeit setzt Mühe und jede Mühe ein Motiv für ihre Aufwendung voraus". Es liegt zweifellos im Interesse einer jeden Gesellschaft, die Bildung zu befördern. Da aber die Belohnungen, mit denen man die Männer von Verdienst bedenkt, nicht immer denen zuteil werden, die sich um das allgemeine Interesse, sondern sehr oft denjenigen, die sich um das Interesse der Mächtigen verdient gemacht haben, so begreift man leicht, wie die Wissenschaften, Künste und Literatur eine mit dem Interesse dieser letzteren übereinstimmende Richtung einschlagen. „Wie hätten die Wissenschaften und Künste nicht den größten Glanz in einem Lande wie Griechenland ausstrahlen müssen, wo man ihnen eine so allgemeine und andauernde Huldigung erwies?" Warum war Italien so reich an Rednern? Ist es dem Einfluß des Klimas zu danken, wie die gelehrte Geistesschwäche einiger akademischer Pedanten behauptet hat? Eine unwiderlegliche Antwort liegt in der Tatsache, daß Rom zu gleicher Zeit seine Beredsamkeit und seine Freiheit verlor. „Man prüfe, worauf sich die Vorwürfe der Barbarei und Dummheit gründen, welche die Griechen, Römer und alle Europäer immer den Völkern des Orients gemacht haben; man wird finden, daß die orientalischen Nationen deshalb als Barbaren und Dummköpfe von den gebildeten Völkern Europas behandelt und Gegenstände der Verachtung der freien Nationen und der Nachwelt werden mußten, weil sie stets den Namen Geist nur einem Haufen von Gedanken gegeben haben, die ihnen nützlich waren, und weil der Despotismus in fast ganz Asien das Studium der Moral, der Metaphysik, der Jurisprudenz, der Politik, kurz aller für die Menschheit interessanten Wissenschaften verboten hatte." Wenn, wie schon oben gesagt wurde, alle Völker in derselben Lage dieselben Gesetze, denselben G e i st, dieselben Neigungen haben, so ist das auf den Einfluß derselben Interessen zurückzuführen. Die Kombination der Interessen bestimmt den Entwicklungsgang des menschlichen Geistes.

Das Interesse der Staaten, wie das der Privaten, wie das aller menschlichen Angelegenheiten unterliegt tausend Wandlungen. Dieselben Gesetze, dieselben Gebräuche und dieselben Handlungen werden nacheinander einem und demselben Volke nützlich und schädlich. Daraus folgt, daß dieselben Gesetze nacheinander angenommen und verworfen werden, daß dieselben Handlungen nacheinander die Namen t u g e n d h a f t und l a s t e r h a f t tragen: „eine Behauptung, die man nicht leugnen kann, ohne zuzugeben, daß es Handlungen geben kann, die für den Staat zugleich tugendhaft und schädlich sind, ohne damit die Fundamente jeder Gesetzgebung und jeder Gesellschaft zu untergraben".

Viele wilde Völker haben den Gebrauch, ihre Greise zu töten. Auf den ersten Blick erscheint nichts so scheußlich wie dieser Gebrauch. Aber man denke nur ein wenig nach, und man wird zugeben, daß in ihrer gegebenen Lage diese Völker gezwungen sind, den Mord der Greise als eine tugendhafte Handlung zu betrachten, und daß die Liebe für die alt und hinfällig gewordenen Eltern die Jugend so handeln läßt. Die Wilden haben Mangel an Lebensmitteln. Die Alten sind nicht imstande, sich solche durch die Jagd zu verschaffen, da dieselbe eine große Rüstigkeit des Körpers voraussetzt. Sie müßten also einen langsamen und grausamen Tod erleiden oder ihren Kindern oder der gesamten Gesellschaft zur Last fallen, d i e w e g e n i h r e r A r m u t nicht imstande wäre, eine solche Last zu tragen. Es ist also besser, durch rasche und notwendige Elternmorde solche Leiden zu ersparen. „Das ist die Grundlage eines so scheußlichen Brauches; so sieht sich ein Wandervolk, das die Jagd und die Not um Lebensmittel sechs Monate in ungeheuren Wäldern festhält, sozusagen zu dieser Barbarei gezwungen, und so wird in diesen Ländern der Elternmord durch dasselbe Prinzip der Humanität eingegeben und auf Grund desselben begangen, das uns, ihn mit Schauder betrachten läßt."

Holbach frug sich, weshalb die positiven Gesetze der Völker so oft mit denen der „Natur" und „Billigkeit" in Widerspruch sind. Die Antwort lag sehr nahe und bereit. „Die verkehrten Gesetze", sagte er, „sind eine Folge entweder der Sittenverderbnis, oder der Irrtümer der Gesellschaft, oder der Tyrannei, welche die Natur zwingt, sich unter ihre Autorität zu beugen."[1] Helvetius begnügt sich mit einer solchen Antwort nicht. Er findet „reelle oder wenigstens scheinbare Nützlichkeit" als Grund der Gesetze und Gebräuche, den man so billig in „der Verderbtheit" oder den „Irrtümern" sucht. „Für wie töricht man auch die Völker halten mag," sagt er, „sicherlich haben sie, durch ihre Interessen erleuchtet, nicht ohne Beweggrund die lächerlichen Gebräuche angenommen, die man bei einigen von ihnen vorfindet; die Bizarrerie dieser Gebräuche hängt also von der Verschiedenheit der Interessen der Völker ab." **Nur jene Sitten und Gesetze sind wirklich hassenswert, die noch zu existieren fortfahren, nachdem die Ursachen ihrer Einführung verschwunden sind, und die so der Gesellschaft schädlich werden.** „Alle Sitten, die nur vorübergehende Vorteile verschaffen, sind wie Gerüste, die man abbrechen muß, wenn die Paläste errichtet sind."

Das ist eine Theorie, die für das Naturgesetz, die **absolute Gerechtigkeit**, nur sehr wenig Raum, wenn überhaupt welchen, läßt. Von Anfang an schien sie selbst Menschen wie Diderot gefährlich, der sie als ein Paradoxon behandelte. „In Wahrheit verändert das allgemeine und besondere Interesse die Ideen gerecht und

---

[1] Politique naturelle, London 1773, I, S. 37, 38.

ungerecht; aber ihr Wesen ist davon unabhängig." Was ist aber das **Wesen** dieser Ideen? Und wovon **hängt es ab?** Diderot sagt darüber nichts. Er gibt einige Beispiele, welche beweisen sollen, daß die Gerechtigkeit absolut ist. Diese Beispiele sind sehr mager! **Einem, der vor Durst stirbt, zu trinken zu geben, ist das nicht immer und überall** eine lobenswerte Handlung? Gewiß. Aber das beweist höchstens, daß es Interessen gibt, welche der Menschheit überall, in allen Jahrhunderten, in allen Phasen ihrer Entwicklung eigentümlich sind. „**Zu trinken geben!**" das bringt uns nicht weiter als die folgende Überlegung Voltaires: „Wenn ich von einem Türken, einem Gebern, einem Malabaren das Geld, welches ich ihm geliehen habe, wieder fordere..., so wird er zugeben, daß es gerecht ist, mich zu bezahlen."... Ohne Zweifel! Aber wie mager ist diese absolute Moral, welch **ehrbare** Göttin sie immer sein mag! Locke sagte: „Jene, welche die Existenz angeborener, praktischer Prinzipien behaupten, sagen uns nicht, was diese Prinzipien sind." Helvetius hätte dasselbe von den Anhängern der „**universellen Moral**" sagen können.

Es liegt auf der Hand, daß in dieser Frage der Moral die Ansicht des Helvetius allein mit den Prinzipien des materialistischen Sensualismus übereinstimmte. Er hat übrigens nur die Ideen Lockes, der sein Meister wie der Holbachs, Diderots und Voltaires war, wiederholt und entwickelt. „Gut und Böse sind für den englischen Philosophen nur Lust oder Schmerz oder das, was Lust oder Schmerz bewirkt und uns verschafft. **Moralisch Gut und Böse** ist dann nur die Übereinstimmung unserer gewollten Handlungen mit einem Gesetz oder ihre Abweichung davon, durch das Gut und Böse auf uns nach dem Willen und der Macht des Gesetzgebers gebracht wird." Lange vor Helvetius hat Locke gesagt: „Tugend wird gewöhnlich gebilligt..., weil vorteilhaft.... Wer die Geschichte der Menschheit sorgfältig durchgeht und die verschiedenen Stämme der Menschen im Ausland betrachtet und mit Vorurteilslosigkeit ihre Handlungen prüft, wird imstande sein, sich davon zu überzeugen, daß kaum ein Prinzip der Moralität genannt oder eine Regel der Tugend gedacht werden kann (jene allein ausgenommen, die absolut notwendig sind, um die Gesellschaft zusammenzuhalten, die dazu noch zwischen verschiedenen Gesellschaften gewöhnlich vernachlässigt werden), die nicht irgendwo durch den allgemeinen Gebrauch g a n z e r Gesellschaften von Menschen g e r i n g g e s c h ä t z t oder verurteilt wird, welche ihrerseits von ganz entgegengesetzten praktischen Ansichten und Lebensregeln regiert werden." Das ist gerade das, was uns Helvetius sagt. Nur hat noch Helvetius an rechter Stelle die Punkte über die „i" gesetzt. Indem er von der „Lust" und dem „Schmerz" ausging, stellte er sich die Aufgabe, durch das I n t e r e s s e die historischen Veränderungen des W i l l e n s d e r G e s e t z g e b e r zu erklären. Das war sehr logisch, zu logisch sogar für die französischen „Philosophen" des achtzehnten Jahrhunderts. In der Tat war die Partei der Philosophen eine kriegführende Partei. In ihrem Kampfe gegen das damals bestehende System empfand sie das Bedürfnis, sich auf eine weniger anfechtbare Autorität als die immer wechselnden Interessen der Menschen zu stützen. Diese Autorität sahen sie in der „N a t u r". Die auf diese Basis gegründete Moral und Politik war nicht weniger u t i l i t a r i s c h: s a l u s p o p u l i war nicht weniger s u p r e m a l e x.[1]

---

[1] Übrigens war der p o p u l u s, dessen s a l u s man wollte, nicht immer das arbeitende und produzierende Volk. Nach Voltaire könnte das Menschengeschlecht nicht existieren, wenn es nicht eine „Unzahl nützlicher Menschen, die nichts besitzen, gäbe...." „Man braucht Menschen, die nur ihre Arme und guten Willen haben.... Es wird ihnen freistehen, ihre Arbeit an den, der sie am besten bezahlt, zu verkaufen." V. Dictionnaire philosophique, Artikel Egalité und Propriété.

Aber dies Wohl war, wie man glaubte, unauflöslich an gewisse unwandelbare, für alle "**empfindenden und vernunftbegabten Wesen**" gleich gute Gesetze gebunden. Diese so begehrten und angerufenen Gesetze, ein idealer Ausdruck der sozialen und politischen Tendenzen der Bourgeoisie, nannte man **natürliche Gesetze**, und da man den **psychologischen Ursprung** der Gedanken, welche diese Gesetze begehrenswert erscheinen ließen, nicht kannte und sogar den **logischen** Ursprung dieser Gedanken vergaß, versicherte man, wie es Diderot in dem oben zitierten Artikel tat, daß ihr **Wesen vom Interesse unabhängig** sei. Das brachte die Philosophen fast wieder zu den seit Locke so verschrienen **angeborenen Ideen** zurück.

"**Es gibt keine angeborenen praktischen Prinzipien.**" Keine Idee ist von der Natur in unsere Seele geschrieben. Das sagte Locke, indem er hinzufügte, daß jede Sekte die Prinzipien für angeboren halte, die mit ihrem Glauben übereinstimmten. Die Philosophen verlangten nicht mehr. Die Existenz angeborener Ideen zuzugeben, wäre für sie soviel gewesen, wie sich den verachtungswerten "Prinzipien" einer "**Sekte**", der Parteigänger der Vergangenheit, zu unterwerfen. Die Natur hat nichts in unsere Seele **geschrieben**. Daher verdanken auch **veraltete** Einrichtungen und eine **veraltete** Moral ihre Existenz nicht der Natur. Dennoch gibt es ein natürliches Gesetz, ein universales und absolutes Gesetz, das die **Vernunft mit Hilfe der Erfahrung** entdecken kann. Nun war aber die Vernunft auf seiten der Philosophen. Also mußte die **Natur** zugunsten ihrer (der Philosophen) Tendenzen sprechen. Die "**angeborenen Prinzipien**" waren also die "**Vergangenheit**", die man vernichten mußte; das natürliche Gesetz war die von den Neuerern angerufene **Zukunft**. Man hat den **Dogmatismus** nicht verlassen, man hat nur seine Grenzen erweitert, um für die Bourgeoisie einen freien Weg zu bahnen. Die Ansichten des Helvetius bedrohten diese neue Art von Dogmatismus. Daher wurden sie auch nicht von der Mehrzahl der „Philosophen" anerkannt. Aber das hinderte ihn nicht, der konsequenteste unter Lockes Schülern zu sein.

Seine Ansichten bedrohten nicht weniger die im achtzehnten Jahrhundert so sehr verbreitete Ansicht, daß die Welt von der **öffentlichen Meinung** regiert würde. Wir haben gesehen, daß nach ihm die Meinungen der Menschen von ihren Interessen diktiert werden; wir haben ebenfalls gesehen, daß diese Interessen nicht vom menschlichen Willen abhängen (man erinnere sich an den Fall der ihre Greise infolge einer ökonomischen Notwendigkeit tötenden Wilden). „**Die Fortschritte der Bildung**", mit deren Hilfe die Philosophen die ganze historische Bewegung erklären zu können glaubten, fingen also an, anstatt irgend etwas zu erklären, ihrerseits einer Erklärung zu bedürfen. **Das Auffinden einer solchen hätte eine wahre Revolution in der „Philosophie" bedeutet.** Helvetius schien die Konsequenzen einer solchen Revolution zu ahnen. Er gesteht, daß er bei dem Studium des Weges des menschlichen Geistes oft den Verdacht gehabt hat, daß „**alles in der Natur sich von selbst vollzieht und bewirkt**", und daß „**die Vollendung der Künste und Wissenschaften vielleicht weniger das Werk des Genies als der Zeit und der Notwendigkeit sind**". Der „gleichförmige" Fortschritt der Wissenschaften in allen Ländern scheint ihm diese Ansicht zu bestätigen. „In der Tat, wenn man bei allen Nationen, wie Hume bemerkt, erst, nachdem man gute Verse geschrieben hat, dahin kommt, auch gute Prosa zu schreiben, so würde mir ein so beharrliches Fortschreiten der menschlichen Vernunft die Wirkung einer allgemeinen und dunklen Ursache zu sein scheinen."[1] Nach allem, was der Leser von den historischen Ansichten unseres Philosophen weiß, muß ihm eine solche Sprache ohne Zweifel sehr vorsichtig und unentschlossen erscheinen. Aber gerade diese Sprache **voll Unentschiedenheit** zeigt, in welchem Grade **dunkel** die Begriffe waren, welche sich in dem Kopfe des Helvetius mit den Worten **Interesse, Bedürfnisse der Menschen** verbanden, deren Sinn so klar und so wenig zweifelhaft erscheint.

Den Gesetzen und Sitten, wie bizarr sie uns auch scheinen mögen, liegt immer eine „**wirkliche oder wenigstens vermeintliche Nützlichkeit**" zugrunde. Was ist eine **vermeintliche Nützlichkeit?** Wovon hängt sie ab, wem verdankt sie ihren Ursprung? Sie verdankt ihn offenbar der **Meinung** der Menschen. Hier sind wir wieder bei dem **Zirkel** angekommen, dem wir entronnen zu sein glaubten: **die Meinung hängt vom Interesse ab, das Interesse hängt von der Meinung ab.** Und am merkwürdigsten ist, daß **Helvetius gar nicht anders konnte, als zu dem Zirkel zurückzukehren.** Er mochte immerhin den Ursprung der verschiedensten und seltsamsten Gesetze, Gebräuche und Meinungen mit den reellen Bedürfnissen der Gesellschaften verknüpfen. Am Schlusse seiner Analyse fand er sich stets einem von seinen metaphysischen Reagenzien unlösbaren Residuum gegenüber. **Dies Residuum war vor allem die Religion.**

Jede Religion entsteht aus der Furcht vor einer unsichtbaren Macht, aus der Unwissenheit der Menschen über die Kräfte der Natur. Alle primitiven Religionen gleichen einander. Woher kommt diese **Gleichförmigkeit?** Daher, daß Völker in derselben Lage immer denselben Geist, dieselben Gesetze, denselben Charakter haben. „Da-

---

[1] De l'Homme, 2. Abschnitt, 23. Kapitel.

her, daß die Menschen, welche von beinahe demselben Interesse bewegt werden, die beinahe dieselben Gegenstände miteinander zu vergleichen haben und dasselbe Instrument, das heißt denselben Geist für die Vergleichung besitzen, notwendigerweise zu denselben Resultaten haben kommen müssen. Weil im allgemeinen alle stolz sind..., betrachten alle den Menschen als den einzigen Günstling des Himmels und als Hauptgegenstand seiner Sorgen." Und dieser Hochmut läßt die Menschen an alle die Dummheiten glauben, welche ihnen die Betrüger anschwindeln. Man öffne den Koran (Helvetius spricht scheinbar nur von „falschen Religionen"). Er kann auf tausenderlei Weise erklärt werden; er ist dunkel, unverständlich. Aber so groß ist die menschliche Blindheit, daß man noch jetzt dies von Lügen und Torheiten volle Buch, dies Werk, wo Gott als ein verdammenswürdiger Tyrann geschildert wird, für heilig hält. Daher ist das Interesse, welches die religiöse Leichtgläubigkeit entstehen läßt, nur ein Interesse der Eitelkeit, ein Interesse des Vorurteils. Anstatt uns zu erklären, woher die Gefühle der Menschen kommen, ist es selbst nur der Ausdruck dieser Gefühle. Die „Nützlichkeit" einer Religion ist nur eine „vermeintliche Nützlichkeit". Ein Philosoph des achtzehnten Jahrhunderts konnte dem „infamen" Feinde der Vernunft nichts anderes zugestehen.

Einmal die Eitelkeit und Unwissenheit, die Mutter der Furcht, gegeben, ist es leicht zu begreifen, durch welche Mittel die Diener der Religionen ihre Autorität vergrößern und bewahren. „In jeder Religion besteht die erste Aufgabe, welche sich die Priester stellen, darin, den Wissensdrang des Menschen zu betäuben und dem Auge die Prüfung jedes Dogmas zu entziehen, dessen zu greifbare Absurdität ihm nicht entgehen könnte. Um dahin zu gelangen, mußte man den Leidenschaften der Menschen schmeicheln, so daß sie blind zu sein begehrten und ein Interesse hatten, es zu sein. Nichts leichter für den Bonzen" usw. Wir sehen einmal, daß die religiösen Dogmen und Gebräuche in überlegter Absicht von einigen schlauen, gierigen und kühnen Schuften erfunden werden; andererseits sehen wir, daß das Interesse der Völker, welches uns wenigstens den erstaunlichen Erfolg dieser Schufte erklären sollte, oft nur das "vermeintliche" Interesse von Blinden ist, die blind zu bleiben wünschen. Das ist offenbar nicht das reelle Interesse, nicht das "Bedürfnis", das alle Künste und Wissenschaften entstehen ließ.

Überall, wo Helvetius seine historischen Ansichten auseinandersetzt, schwankt er ohne Aufhören und ohne es zu bemerken zwischen diesen zwei einander diametral entgegengesetzten Auffassungen des Interesses. Dies ist der Grund, weshalb er mit der Theorie nicht fertig wurde, nach der die Welt von der öffentlichen Meinung regiert wird. Einmal sagt er uns, daß die Menschen ihren Geist der Lage verdanken, in der sie sich befinden; ein andermal erscheint es ihm klar wie der Tag, daß die Menschen ihre Lage nur ihrem Geiste verdanken. Einmal sagt er uns, daß der Hunger eine Zahl von Künsten entstehen läßt, daß das gewohnheitsmäßige Bedürfnis immer erfindungsreich ist, was so viel sagen will, daß jede mehr oder weniger große Erfindung nur das Integral unendlich kleiner Erfindungen ist; ein andermal versichert er uns in seiner Polemik mit Rousseau, daß die Kunst des Ackerbaus "die Erfindung der Pflugschar, des Pfluges, des Schmiedens, also eine Unzahl von Kenntnissen im Bergbau, in der Kunst, Öfen zu bauen, in der Mechanik, in der Hydraulik voraussetzt". Diesmal ist also der Geist, die Wissenschaft die Quelle der Erfindungen, und bei endgültiger Analyse ist es die "öffentliche Meinung", welche die Fortschritte der Menschen bestimmt. Einmal zeigt uns Helvetius, wie die Gesetze, die Sitten und der Geschmack eines Volkes aus seiner "Lage", das heißt aus den „Künsten", den Produktivkräften, über die es verfügt, und den ökonomischen Verhältnissen, die daraus entstehen, sich ableiten; ein andermal erklärt er: „Von der Vollendung der Gesetze hängen die Tugenden der Bürger ab; und von den Fortschritten der menschlichen Vernunft die Vollendung dieser selben Gesetze." Einmal stellt er uns die willkürliche Gewalt als eine unvermeidliche Folge der stets wachsenden Ungleichheit in der Verteilung der Reichtümer dar; ein andermal schließt er wie folgt: „Der Despotismus, diese grausame Plage der Menschheit, ist am häufigsten ein Erzeugnis der nationalen Dummheit. Jedes Volk beginnt damit, frei zu sein. Welcher Ursache soll man nun den Verlust seiner Freiheit zuschreiben? Seiner Unwissenheit, seinem törichten Vertrauen auf Ehrgeizige. Der Ehrgeizige und das Volk sind das Mädchen und der Löwe der Fabel. Hat das Mädchen den Löwen einmal überredet, sich die Klauen schneiden und die Zähne abfeilen zu lassen, so übergibt es ihn den Schlächterhunden." Trotzdem Helvetius sich die Aufgabe gestellt hat, überall in der Geschichte das Interesse, diesen „einzigen Beweger der Menschen", zu suchen, kommt er auf die „öffentliche Meinung" zurück, welche, indem sie den Gegenständen mehr oder weniger Interesse beimißt, schließlich die absolute Herrin der Welt ist. Das „vermeintliche Interesse" ist die Klippe, an der er bei seinem wahrhaft grandiosen Versuch einer materialistischen Erklärung der menschlichen Entwicklung scheitert. In der Geschichte wie in der Moral wird sich dies Problem vom metaphysischen Standpunkt aus als unlösbar erweisen.

Wenn bei Helvetius das vermeintliche Interesse so häufig die Stelle des wirklichen Interesses einnimmt, mit dem er es allein zu tun haben wollte, so sehen wir dasselbe Unglück dem öffentlichen Interesse zustoßen, das vor dem Interesse der „Mächtigsten" verschwindet. Es ist unbestreitbar, daß das Interesse der Mächtigsten stets der Herr der Situation in jeder in Klassen geteilten Gesellschaft gewesen ist. Wie erklärt aber Helvetius diese unbestreitbare Tatsache? Bisweilen spricht er von der Gewalt, am häufigsten aber nimmt er seine Zuflucht „zur öffentlichen Meinung", da er wohl fühlt, daß die Gewalt nichts erklärt, weil sie in vielen Fällen, wennschon nicht immer, auf seiten der Unterdrückten war. Die Dummheit der Völker läßt sie den Tyrannen, den „müßigen Reichen", den Leuten, die nur an sich denken, gehorchen. Er, einer der glänzendsten Repräsentanten der französischen Bourgeoisie in der Zeit ihrer Blüte, ahnt nicht, daß in dem historischen Leben jeder Klasse der „Mächtigen" es eine Periode gibt, in der ihr „b e s o n d e r e s" Interesse auch das der fortschreitenden Bewegung und somit der g a n z e n G e s e l l s c h a f t ist. Helvetius war zu sehr Metaphysiker, um diese Dialektik der Interessen zu erfassen. Während er wiederholt, daß einem jeden Gesetz, wie bizarr es immer erscheinen mag, ein wirkliches Interesse der Gesellschaft zugrunde liegt oder lag, sieht er im M i t t e l a l t e r nur eine Zeit, in der d i e M e n s c h e n, w i e N e b u k a d n e z a r, i n T i e r e v e r w a n d e l t w a r e n; die feudalen Gesetze erscheinen ihm als ein „M e i s t e r w e r k d e r A b s u r d i t ä t".[1]

Das wirkliche Bedürfnis führt zur Erfindung der nützlichen Künste. Jede Kunst, einmal erfunden und angewandt, veranlaßt das Entstehen neuer „Künste" mit mehr oder weniger Schnelligkeit und Fruchtbarkeit, je nach den Produktionsverhältnissen der Gesellschaft, in der sie das Licht erblickt. Die Aufmerksamkeit des Helvetius verbleibt nur einen Augenblick bei diesem Phänomen von „Künsten", die aus „wirklichen" B e d ü r f n i s s e n entstehen und neue Bedürfnisse erzeugen, die nicht weniger w i r k l i c h sind und neue, nicht weniger n ü tz l i c h e Künste erzeugen. Er

---

[1] Vergl. seine „Pensées et réflexions" im 3. Band seiner Oeuvres complètes. Paris 1818, S. 314.

geht zu schnell zu den „angenehmen Künsten" über, deren Aufgabe es ist, die Reichen zu ergötzen und ihnen die Langeweile zu nehmen. „Wie viele Künste wären noch ohne die Liebe unbekannt," ruft er aus. Mag sein! Aber wie viele Künste wären noch unbekannt ohne die kapitalistische Produktion der notwendigsten Gegenstände.

Was ist ein **wirkliches** Bedürfnis? Für unseren Philosophen ist es vor allem ein **physiologisches** Bedürfnis. Um aber ihre physiologischen Bedürfnisse zu befriedigen, müssen die Menschen bestimmte Gegenstände produzieren, und der **Fortschritt dieser Produktion** läßt andere **Bedürfnisse entstehen**, ebenso wirklich wie die ersten, deren Natur aber nicht mehr **physiologisch** ist; sie ist **ökonomisch**, da diese Bedürfnisse eine Folge der Entwicklung der Produktion und der **gegenseitigen Beziehungen sind, welche die Menschen in dem Fortschritt der Produktion eingehen müssen.** Helvetius führt auch einige dieser ökonomischen Bedürfnisse an; aber **nur einige**: meistens **entgehen** sie seinem Blick. Deshalb ist für ihn der stärkste Hebel der historischen Entwicklung der Gesellschaft die **Vermehrung der Bürger**, das heißt die Vermehrung der zu füllenden Mägen, zu bekleidenden Körper usw. Die Vermehrung der Bürger ist die Vergrößerung der Totalsumme der **physiologischen Bedürfnisse**. Helvetius will nicht in Betracht ziehen, daß die „Vermehrung der Bürger" ihrerseits von dem ökonomischen Zustand der Gesellschaft abhängt, obwohl er über diesen Gegenstand einige ziemlich klare Bemerkungen macht. Er ist aber weit davon entfernt, hierüber die klaren und genauen Gedanken seines Zeitgenossen Sir James Steuart zu hegen, der in seinem „Inquiry into the principles of political economy" usw. (zuerst London 1767) die „Vermehrung der Bürger" „**moralischen**", das heißt **sozialen** Ursachen zuschreibt, und der schon begreift, daß das einer **Gesellschaft** eigentümliche Bevölkerungsgesetz mit der **Produktionsweise** variiert, die in einer gegebenen **Zeit** dort vorherrscht. Übrigens enthalten die Ansichten des Helvetius keine solche Plattheiten wie die eines **Malthus**.

Alles in der Natur vollzieht und bewirkt sich von selbst. Das ist der dialektische Gesichtspunkt. Helvetius **ahnt** nur, daß dieser Gesichtspunkt in der Wissenschaft der fruchtbarste und berechtigste ist. Die Ursache des „gleichförmigen" Fortschritts des menschlichen Geistes bleibt für ihn „**dunkel**". Sehr häufig denkt er nicht mehr an sie; er appelliert von ihr an den Zufall. „In der Moral wie in der Physik", sagt er, „erregt nur das Große unsere Aufmerksamkeit. Man nimmt stets bei großen Wirkungen große Ursachen an. Man will, daß himmlische Zeichen den Sturz oder die Revolutionen von Reichen anzeigen. Indes, wie viele Kreuzzüge wurden unternommen oder verschoben, wie viele Revolutionen vollendet oder gehindert, wie viele Kriege angefacht oder ausgelöscht durch die Intrigen eines Priesters, einer Frau oder eines Ministers. Nur aus Mangel an geheimen Memoiren findet man nicht überall den Handschuh der Herzogin von Marlborough wieder." Dieser **Gesichtspunkt** ist demjenigen gänzlich entgegengesetzt, nach welchem alles „**sich von selbst vollzieht und bewirkt**".

„Das Prinzip des Lebens, das in einer majestätischen Eiche sich entwickelnd ihren Schaft erhebt, ihre Zweige ausbreitet, ihren Stamm verdickt und sie über die Wälder herrschen läßt, ist das Prinzip ihres Untergangs." Hier spricht Helvetius noch einmal wie ein Dialektiker, der die Absurdität einer abstrakten und absoluten **Gegenüberstellung** des Nützlichen und Schädlichen begreift. Hier erinnert er sich noch einmal, daß ein jeder Prozeß der Evolution seine immanenten und unwiderstehlichen Gesetze hat. Indem er von diesem Gesichtspunkt ausgeht, kommt er zu dem Schlusse, daß es kein „**Spezifikum**" gegen die Ungleichheit der „**Vermögen**" gibt, die auf die Länge unvermeidlich jede Gesellschaft ruinieren muß. Aber dies ist nicht **seine endgültiger Schluß**. Nur unter der „**tatsächlich bestehenden Form der Regierungen**" gibt es kein **Spezifikum** gegen dieses Übel. Bei einer rationelleren Form könnte man sehr viel gegen dasselbe ausrichten. Welches ist diese wohltätige Form der Regierung? Die, welche die von der Erfahrung **unterstützte Vernunft** entdecken wird. Die Philosophie kann sehr wohl das „**Problem einer vollkommenen und dauernden Gesetzgebung**" lösen, die, einmal von einer Nation angenommen, die Quelle ihres **Glückes** sein wird. Eine vollkommene Gesetzgebung wird nicht die Ungleichheit der Vermögen verbannen, aber sie wird sie daran hindern, ihre schädlichen Wirkungen zu erzeugen. In seiner Eigenschaft als „Philosoph" setzt uns Helvetius in der Form eines „**moralischen Katechismus**" „die Vorschriften und Prinzipien einer Billigkeit" auseinander, deren „Nützlichkeit und Wahrheit"[1] zugleich uns die **tägliche Erfahrung** beweist und die als Basis für eine „vortreffliche" Gesetzgebung dienen sollen. Außerdem fügt er seinem Katechismus einige andere Züge einer solchen Gesetzgebung hinzu.

Das Buch „**De l'Esprit**" erschreckte die Anhänger des **Naturrechts**. Sie sahen in seinem Autor einen Feind dieses Rechts. Ihre Furcht war nur zur Hälfte begründet. Helvetius war nur ein verirrtes Schaf unter ihnen, das früher oder später auf den von der Herde eingeschlagenen Weg zurückkommen mußte. Er, der keinen Platz mehr für das Naturrecht zu lassen schien; er, der die

---

[1] De l'Homme, 10. Abschnitt, 7. Kapitel.

scheinbar absurdesten Gesetze und Gebräuche als vernünftig betrachtete, endigte mit der Behauptung, daß die Völker in ihren Einrichtungen sich dem Naturrecht um so mehr nähern, je größer der Fortschritt ihrer Vernunft ist. Er verbessert sich also, er kehrt in den Schoß der philosophischen Kirche zurück. Der Glaube, der heilige und rettende Glaube an die „Vernunft" trägt bei ihm über jede andere Betrachtung den Sieg davon. „Es ist Zeit, daß der Mensch, taub für die theologischen Widersprüche, nur auf die Lehren der Weisheit hört," ruft er aus; „erwachen wir... aus unserer Schlaftrunkenheit; die Nacht der Unwissenheit ist vorbei; der Tag der Wissenschaft ist gekommen."

Hören wir ein wenig die Stimme der „Vernunft", blättern wir in dem „moralischen Katechismus" ihres Interpreten.

„F. (Frage). Was macht das Eigentumsrecht so heilig, und weshalb hat man unter dem Namen Terminus daraus fast überall einen Gott gemacht?"

„A. (Antwort). Weil die Erhaltung des Eigentums der sittliche Gott der Staaten ist; weil es in ihnen den häuslichen Frieden erhält, die Billigkeit herrschen läßt; weil die Menschen sich nur deshalb vereinigt haben, um sich ihr Eigentum zu sichern; weil die Gerechtigkeit, die fast alle Tugenden in sich schließt, darin besteht, einem jeden das, was ihm gehört, zu geben, sich also auf die Aufrechterhaltung dieses Eigentumsrechts reduziert, und weil endlich die verschiedenen Gesetze stets nur die Mittel gewesen sind, dies Recht den Bürgern zu sichern."

* *
*

„F. Gibt es nicht unter den verschiedenen Gesetzen solche, denen man den Namen natürliche gibt?"

„A. Das sind diejenigen, welche, wie ich schon gesagt habe, das Eigentum betreffen, die man bei fast allen zivilifierten Nationen und Gesellschaften in Kraft findet, weil sich die Gesellschaften nur mit Hilfe dieser Gesetze bilden können."

* * *

„F. Was soll ein Fürst tun, wenn er den Wunsch hat, die Wissenschaft der Gesetze zu verbessern?"

„A. Er soll die Männer von Genie zum Studium dieser Wissenschaft ermutigen und sie damit beauftragen, die verschiedenen Probleme zu lösen."

„F. Was wird dann geschehen?"

„A. Die veränderlichen, noch unvollkommenen Gesetze würden aufhören, es zu sein, und unveränderlich und geheiligt werden."...

* * *

Das genügt! Die Utopie einer „vollkommenen Gesetzgebung" ist bei Helvetius wie bei Holbach, wie bei allen „Philosophen" des achtzehnten Jahrhunderts nur eine bürgerliche Utopie. Einige unserem Autor eigentümliche Züge ändern nicht ihren wesentlichen Charakter. Wir werden einige derselben nur anführen, um das Bild dieses Mannes zu vollenden, dessen moralische Physiognomie so oft von den Ideologen einer undankbaren Bourgeoisie entstellt worden ist.

In seiner vollendeten Gesellschaft läßt Helvetius die Arbeiter nicht so lange arbeiten, wie das bei uns der Fall ist. „Die weisen Gesetze", sagt er, „könnten ohne Zweifel das Wunder eines universellen Glückes bewirken. Alle Bürger haben etwas Eigentum. Alle sind in einem Zustand der Wohlhabenheit und können durch e i n e A r b e i t v o n 7 o d e r 8 S t u n d e n ihre und ihrer Familien Bedürfnisse im Überfluß befriedigen. Sie sind dann so glücklich, wie sie es nur sein können."... „Wenn die Arbeit allgemein als ein Übel betrachtet wird, so geschieht dies, weil man in der Mehrzahl der Staaten sich das zum Leben Not-

wendige nur durch eine übermäßige Arbeit verschafft, weil
daher die Idee der Arbeit stets die Idee des Schmerzes in
die Erinnerung bringt."[1] Die anziehende Arbeit
Fouriers ist nur eine Entwicklung dieses Gedankens
von Helvetius, wie der achtstündige Arbeitstag nur die
Lösung ist, welche das Proletariat dem von einem bür=
gerlichen Philosophen gestellten Problem gegeben hat.
Nur wird das Proletariat in seiner Bewegung zum „Glück"
hier nicht haltmachen.

Helvetius ist für die öffentliche Erziehung.
Nach ihm gibt es viele Gründe, die ihr stets den Vorzug
vor dem privaten Unterricht geben. Er gibt nur einen,
aber einen durchaus zureichenden an. Nur von dem öffent=
lichen Unterricht kann man Patrioten erwarten. Er allein
kann in dem Gedächtnis der Bürger die Idee des persön=
lichen mit der des nationalen Glückes verbinden. Auch dies
ist ein Gedanke eines bürgerlichen Philosophen, mit dessen
Verwirklichung sich das Proletariat beschäftigen wird,
indem es ihn nach den Bedürfnissen der Zeit erweitert.

Helvetius selbst aber erwartete, wie wir wissen, nichts
vom Proletariat. Wem vertraute er also die Ausführung
seines Planes an? Selbstverständlich einem fürstlichen
Weisen. Da aber der Mensch nur das Produkt des ihn
umgebenden Milieus ist, da ferner die Umgebung der Für=
sten sehr lasterhaft ist, wie konnte man da vernünftiger=
weise das Erscheinen eines Weisen auf dem Thron
erwarten? Unser Philosoph sieht sehr wohl, daß die Ant=
wort nicht leicht ist. In seiner Verlegenheit nimmt er
zur Theorie der Wahrscheinlichkeit seine Zuflucht.
„Wenn in einer mehr oder weniger langen Zeit, wie die
Weisen sagen, alle Möglichkeiten sich realisieren müssen,
weshalb will man da an dem zukünftigen Glücke der
Menschheit verzweifeln? Wer kann behaupten, daß die oben

---

[1] De l'Homme, 8. Abschnitt, 1. und 2. Kapitel.

begründeten Wahrheiten ihr immer nutzlos sind? Es ist selten, aber in einer gegebenen Zeit notwendig, daß ein Penn (!), ein Manko-Kapak (!!) geboren wird, um entstehenden Gesellschaften Gesetze zu geben. Nun aber vorausgesetzt..., daß ein solcher Mensch, nach neuem Ruhme gierig, unter dem Titel Menschenfreund seinen Namen der Nachwelt als heilig überliefern wollte, und daß dieser Mensch daher, mehr mit der Abfassung seiner Gesetze und dem Glücke der Völker als der Wahrnehmung seiner Macht beschäftigt, Glückliche und keine Sklaven machen wollte, so würde er ohne Zweifel... in den von mir soeben begründeten Prinzipien den Keim einer neuen und dem Glücke der Menschheit angemesseneren Gesetzgebung entdecken."[1]

Sobald die „Philosophen" die Frage nach dem Einfluß des Milieus auf das Individuum in Angriff nahmen, führten sie die Aktion dieses Milieus auf die Aktion der „Regierung" zurück. Helvetius tut es nicht so schnell wie die anderen. Eine Zeitlang sieht und erklärt er sehr deutlich, daß die Regierung ihrerseits nur ein Produkt des sozialen Milieus ist; er versteht mit mehr oder weniger Erfolg, das **zivile, Straf- und öffentliche Recht** seiner hypothetischen Insel aus dem **ökonomischen Zustand** dieser Insel abzuleiten. Aber sobald er zum Studium der Entwicklung der „Bildung", das heißt der Wissenschaft und Literatur übergeht, bemerkt er nur noch den Einfluß der Regierung, wie sich der Leser nach der vorausgegangenen Auseinandersetzung erinnert. Nun ist aber der unwiderstehliche Einfluß der Regierung eine Art **Sackgasse**, aus der man nur mittels eines Wunders, das heißt einer Regierung herauskommen kann, die sich plötzlich entscheidet, alle von ihr selbst oder den vorausgehenden Regierungen bewirkten Übel zu heilen. Auch Helvetius ruft dies Wunder an und, um seinen eigenen

---

[1] De l'Homme, 8. Abschnitt, 26. Kapitel.

Glauben wie den seiner Leser zu beleben, rettet er sich auf ein Gebiet, das ohne Grenzen scheint, auf das Gebiet der „M ö g l i ch k e i t e n".

Aber eine Theorie schafft noch keinen Glauben. Um wieviel weniger könnte das eine Theorie, die so wenig Gewißheit bietet wie die der Möglichkeiten, welche sich innerhalb einer mehr oder weniger langen Zeit verwirklichen. Helvetius bleibt also, wenigstens was F r a n k r e i ch angeht, g ä n z l i ch u n g l ä u b i g. „Mein Vaterland", sagt er in der Vorrede des Buches „De l'Homme", „ist endlich unter das Joch des Despotismus gebeugt worden. Es wird also keine berühmten Schriftsteller mehr produzieren.... Dies Volk wird nicht mehr unter dem Namen des französischen berühmt werden: diese erniedrigte Nation ist heute der Gegenstand der Verachtung Europas. Keine heilsame Krisis wird ihr die Freiheit zurückgeben.... Die Eroberung ist das einzige Heilmittel für ihr Unglück.... Das Glück, wie die Wissenschaften, ist, wie man sagt, ein Reisender auf Erden. Nordwärts richtet es jetzt seinen Weg. Große Fürsten rufen dorthin das Genie und das Genie das Glück.... Solchen Fürsten widme ich dies Buch." Es scheint uns, daß es gerade diese Ungläubigkeit, die nur ein geringes Gegengewicht in dem Vertrauen auf die Fürsten des Nordens fand, ihm möglich machte, seine Analyse der moralischen und sozialen Phänomene weiter als die anderen „Philosophen" zu bringen. Holbach war, wie Voltaire, ein unermüdlicher Propagandist. Er hat eine große Zahl von Büchern veröffentlicht, in denen er im Grunde stets dasselbe wiederholte. Helvetius hat nur das Buch „De l'Es p r i t" geschrieben; das andere, „De l'H o m m e", ist nur ein langer Kommentar des ersten. Der Autor hat es niemals zu seinen Lebzeiten drucken lassen wollen.

„Wer die wahren Prinzipien der Moral", sagt unser Philosoph, „erkennen will, muß, wie ich, zum Prinzip des sinnlichen Empfindens sich erheben und in den Bedürfnissen des Hungers, des Durstes usw. die Ursache suchen, welche die zahlreich gewordenen Menschen zwingt, die Erde zu bebauen, sich zu vergesellschaften und untereinander Verträge einzugehen, deren Beobachtung die Menschen gerecht, deren Verletzung sie ungerecht macht." Er hat also seine Analyse in der Absicht unternommen, die w a h r e n P r i n z i p i e n d e r M o r a l und damit die der P o l i t i k zu finden. Indem er sich zum Prinzip des „sinnlichen Empfindens" erhob, zeigte er sich als der konsequenteste, logischste der Materialisten des achtzehnten Jahrhunderts. Indem er in dem „Bedürfnis des Hungers, des Durstes usw." die Ursache der historischen Bewegung der Menschheit suchte, stellte er sich die Aufgabe, eine materialistische Erklärung dieser Bewegung zu finden. Er hat viele Wahrheiten von weitem gesehen, die unendlich mehr Wert haben als sein Plan einer vollendeten Gesetzgebung, als die unabänderlichen und absoluten „g r o ß e n W a h r h e i t e n", die er den Souveränen des „Nordens" widmete. Er hat begriffen, daß es eine „allgemeine Ursache" in der menschlichen Entwicklung geben muß. Diese Ursache selbst kannte er nicht und konnte er nicht erkennen, weil es ihm an Tatsachen und der notwendigen Methode fehlte. Sie blieb „v e r b o r g e n", „d u n k e l" für ihn. Aber das machte ihn nicht trostlos. Der Utopist tröstete den Philosophen in ihm. Der Hauptzweck wurde erreicht; die Prinzipien einer „a u s g e z e i c h n e t e n" Gesetzgebung wurden ausgearbeitet.

Wie das Prinzip des sinnlichen Empfindens bisweilen Helvetius bei der Ausarbeitung seiner utopischen Pläne gedient hat, dies zu zeigen, werden wohl zwei Beispiele genügen.

„Ich bin", sagt er, „weder ein Feind der Schauspiele noch in diesem Punkte der Ansicht des Herrn Rousseau. Die Schauspiele sind ohne Widerspruch ein Vergnügen. Nun gibt es aber kein Vergnügen, das nicht in den Händen einer weisen Regierung ein die Tugend förderndes Prinzip werden könnte, wenn es deren Belohnung ist."[1]

Nun noch ein Plädoyer zugunsten der **Ehescheidung**. „Wenn es überdies wahr ist, daß der Wunsch nach Abwechslung so sehr mit der menschlichen Natur übereinstimmt, wie man sagt, so könnte man also die Möglichkeit eines Wechsels als die Belohnung des Verdienstes vorschlagen: man könnte also dadurch die Krieger tapferer, die Beamten gerechter, die Handwerker fleißiger und die Leute von Genie eifriger zu machen versuchen." **Die Ehescheidung als Preis der „Tugend"**! Kann es etwas Komischeres geben?

Wir wissen, daß, wenn einmal die Prinzipien einer ausgezeichneten Gesetzgebung „realifiert sind, die veränderlichen, noch unvollkommenen Gesetze aufhören, es zu sein und unveränderlich werden." Die Gesellschaft wird sich also in einem **stationären** Zustand befinden. Was werden die Konsequenzen eines solchen Zustandes sein? „Setzen wir voraus, daß in den Wissenschaften und Künsten aller Art die Menschen alle bereits bekannten Gegenstände und Tatsachen untereinander verglichen hätten und endlich dahin gelangt wären, alle ihre verschiedenen Beziehungen zu entdecken: so würde, da die Menschen dann keine neuen Kombinationen mehr zu machen hätten, das, was man Geist (esprit) nennt, nicht mehr existieren. Alles würde dann Wissenschaft (science) sein, und der menschliche Geist wäre gezwungen, so lange zu ruhen, bis ihm die Entdeckung unbekannter Tatsachen von neuem ihre Vergleichung und Kombination gestatten würde, einem erschöpften Bergwerk gleich, das man bis zur Bildung neuer Gänge ruhen läßt."[2]

---

[1] De l'Homme, 1. Abschnitt, 10. Kapitel, Note.
[2] De l'Homme, 2. Abschnitt, 15. Kap., Note. Helvetius nennt hier den Geist den „**Komplex neuer Ideen**"; Wissenschaft die Erwerbung bereits von der Menschheit gekannter Ideen.

Diese Ruhe also, diese Erschöpfung des menschlichen Geistes mußte, wenigstens was die sozialen Beziehungen der Menschen angeht, die Realisation der moralischen und politischen Prinzipien des Helvetius unvermeidlich mit sich führen. Die **Stagnation**, das ist also das Ideal dieser Philosophen, der fanatischen Anhänger der fortschrittlichen Bewegung! **Der metaphysische Materialismus war nur zur Hälfte revolutionär.** Die Revolution war für ihn nichts anderes als ein Mittel (**und auch das nur mangels friedlicher Mittel**), ein für allemal in einen **sicheren und ruhigen Hafen** zu gelangen. Zwei Seelen lebten, ach! in ihm, wie in **Faust** und in der **Bourgeoisie**, deren vorgeschrittenste Vertreter die Materialisten des achtzehnten Jahrhunderts waren.

Marx

Die Materialisten des achtzehnten Jahrhunderts glaubten den Idealismus abgetan zu haben. Die alte Metaphysik war tot und begraben; die „Vernunft" wollte nichts mehr davon hören. Bald nahmen aber die Dinge eine andere Wendung. Bereits zur Zeit der „Philosophen" beginnt in Deutschland die Restauration der spekulativen Philosophie, und während der ersten vier Jahrzehnte unseres Jahrhunderts will man nunmehr nichts vom Materialismus hören, betrachtet man ihn als tot und begraben. Seine Lehre erscheint der ganzen philosophischen und literarischen Welt, wie sie Goethe erschien, „grau", „cimmerisch", „totenhaft"; „man schauderte davor wie vor einem Gespenst".[1] Ihrerseits glaubte die spekulative Philosophie, ihren Rivalen ein für allemal besiegt zu haben.

Und man muß gestehen, daß sie einen großen Vorzug vor demselben hatte. Sie studierte die Dinge in ihrer **Entwicklung**, in ihrer **Entstehung** und ihrer **Vernichtung**. Wenn man sie aber von diesem Gesichtspunkt aus betrachtet, so gibt man gerade jene Betrachtungsweise auf, welche für die Aufklärer so charakteristisch ist und welche durch die Entfernung jeder inneren Lebensbewegung aus den Phänomenen diese in Versteinerungen verwandelt, deren Natur und Zusammenhang zu begreifen unmöglich ist. Hegel, der Titan des Idealismus des neunzehnten Jahrhunderts, wird nicht müde, diese Betrachtungsweise zu bekämpfen; sie ist für ihn „kein freies und objektives Denken, da sie **das Objekt sich nicht frei aus sich selbst bestimmen läßt**, sondern

---

[1] Siehe elftes Buch der „Dichtung und Wahrheit", wo Goethe den Eindruck beschreibt, den Holbachs „System der Natur" auf ihn machte.

dasselbe als fertig voraussetzt".[1] Die restaurierte idealistische Philosophie verherrlicht die diametral entgegengesetzte Methode, die **dialektische Methode**, und wendet sie mit schlagendem Erfolg an. Da wir bereits öfters diese Methode erwähnt haben, und da wir mit ihr noch zu tun haben werden, so ist es nicht unnütz, sie mit den eigenen Worten Hegels, des Meisters der idealistischen Dialektik, zu charakterisieren.

„Die Dialektik", sagt er, „wird gewöhnlich als eine äußere Kunst betrachtet, welche durch Willkür eine Verwirrung in bestimmten Begriffen und einen bloßen **Schein** von **Widersprüchen** in ihnen hervorbringt, so daß nicht diese Bestimmungen, sondern dieser Schein ein Nichtiges und das Verständige dagegen vielmehr das Wahre sei. Oft ist die Dialektik auch weiter nichts als ein subjektives Schaukelsystem von hin- und herübergehendem Räsonnement, wo der Gehalt fehlt und die Blöße durch solchen Scharfsinn bedeckt wird, der solches Räsonnement erzeugt. In ihrer eigentümlichen Bestimmtheit ist die Dialektik vielmehr die eigene wahrhafte Natur der Verstandesbestimmungen, der Dinge und des Endlichen überhaupt. Die Reflexion ist zunächst das Hinausgehen über die isolierte Bestimmtheit und ein Beziehen derselben, wodurch diese, in Verhältnis gesetzt, übrigens in ihrem isolierten Gelten erhalten wird. Die Dialektik dagegen ist dies **immanente** Hinausgehen, worin die Einseitigkeit und Beschränktheit der Verstandesbestimmungen, die sich als das, was sie ist, nämlich als ihre Negation, darstellt. **Alles Endliche ist dies, sich selbst aufzuheben.** Das Dialektische macht daher die bewegende Seele des wissenschaftlichen Fortgehens aus und ist das Prinzip, wodurch allein **immanenter Zusammenhang und Notwendigkeit** in den Inhalt der Wissenschaft kommt."

---

[1] Enzyklopädie, herausgegeben von L. v. Henning, § 31.

Alles, was uns umgibt, kann als ein Beispiel des Dialektischen dienen. „Ein Planet steht jetzt an diesem Orte, ist aber an sich dies, auch an einem anderen Orte zu sein, und bringt dies Sein und Anderssein zur Existenz dadurch, daß er sich bewegt.... Was das Vorkommen der Dialektik in der geistigen Welt und näher auf dem Gebiet des Rechtlichen und Sittlichen anbetrifft, so braucht man nur daran erinnert zu werden, wie allgemeiner Erfahrung zufolge das Äußerste eines Zustandes oder eines Tuns in sein Entgegengesetztes umzuschlagen pflegt, welche Dialektik denn auch vielfältig in Sprichwörtern ihre Anerkennung findet. So heißt es zum Beispiel: ‚S u m m u m j u s, s u m m a i n j u r i a‘, womit ausgesprochen ist, daß das abstrakte Recht, auf seine Spitze getrieben, in Unrecht umschlägt...." usw.[1]

Die metaphysische Methode der französischen Materialisten verhält sich zur dialektischen Methode des deutschen Idealismus wie die niedere Mathematik zur höheren. In der niederen Mathematik sind die Begriffe streng begrenzt und voneinander wie durch einen „Abgrund" getrennt: ein Polygon ist ein Polygon und weiter nichts; ein Kreis ist ein Kreis und weiter nichts. Aber bereits in der Planimetrie sind wir gezwungen, die sogenannte G r e n z m e t h o d e anzuwenden, welche unsere ehrwürdigen, unbeweglichen Begriffe erschüttert und einander in seltsamer Weise nähert. Wie beweist man, daß der Flächeninhalt des Kreises gleich dem Produkt aus dem Umfang und dem halben Radius ist? Man sagt: Die Differenz zwischen der Fläche eines regelmäßigen, einem Kreise einbeschriebenen Polygons und der Fläche dieses Kreises kann man so klein machen, wie man will, vorausgesetzt, daß man die Zahl der Seiten hinreichend groß nimmt. Wenn man der Reihe nach mit a, p, r die Fläche, den Umfang und die Seitenachse

---

[1] Enzyklopädie, § 81 und Zusatz.

eines regelmäßigen, einem Kreis einbeschriebenen Polygons bezeichnet, ist $a = p \cdot \frac{1}{2} r$; nun sind a und $p \cdot \frac{1}{2} r$ Größen, welche mit der Zahl der Seiten variieren, aber stets einander gleichbleiben; ihre Grenzen sind also gleich. Wenn A, C, R der Reihe nach die Fläche, den Umfang und den Radius des Kreises bezeichnen, so ist A die Grenze von a, C die von p und R die von r; also ist $A = C \cdot \frac{1}{2} R$. So wird das **Polygon** zum Kreis; so wird der Kreis im **Prozeß seines Werdens** betrachtet. Dies ist bereits eine bemerkenswerte Umstürzung der mathematischen Begriffe. Die höhere Analysis nimmt diese Umstürzung zu ihrem **Ausgangspunkt**. Die Differentialrechnung beschäftigt sich mit **unendlich kleinen** Größen, oder, wie Hegel sagt, "sie beschäftigt sich mit Größen, **die in ihrem Verschwinden sind**, nicht **vor** ihrem Verschwinden, denn alsdann sind sie endliche Größen; nicht **nach** ihrem Verschwinden, denn alsdann sind sie nichts".[1]

So seltsam, so paradox dies Verfahren erscheint, es leistet der Mathematik unberechenbare Dienste und beweist dadurch, daß es ganz das Gegenteil eines **Absurdums** ist, wofür man es zunächst zu halten geneigt sein könnte. Die „Philosophen" des achtzehnten Jahrhunderts wußten seine Vorteile sehr wohl zu schätzen; sie beschäftigten sich viel mit höherer Analysis. Aber dieselben Männer, die, wie **Condorcet**, diese Waffe bei ihren Rechnungen sehr gut zu handhaben wußten, würden in großes Erstaunen geraten sein, wenn man ihnen gesagt hätte, daß dasselbe dialektische Verfahren bei dem Studium **aller Phänomene, mit denen sich die Wissenschaft beschäftigt, welcher Domäne sie auch angehören mögen,** angewandt werden müsse. Sie würden geantwortet haben, daß zum mindesten die **menschliche**

---

[1] Wissenschaft der Logik, 1. Bd., 1. Buch, S. 42, Nürnberg 1812.

Natur ebenso fest und ewig ist wie die Rechte und Pflichten der Menschen und Bürger, die daraus fließen. Die deutschen Idealisten waren nicht dieser Ansicht. Hegel versichert, „**daß es gar nichts gibt, das nicht ein Werden, das nicht ein Mittelzustand zwischen Sein und Nichts ist**".

Solange man in der **Geologie** an der Theorie der Kataklysmen, der plötzlichen Revolutionen, festhielt, welche mit einem Schlage die Oberfläche der Erdkugel erneuerten und die alten Arten der Tiere und Pflanzen verschwinden ließen, um für das Erscheinen neuer Platz zu machen, dachte man metaphysisch. Als man diese Theorie aufgab, um an ihre Stelle die Idee einer langsamen Entwicklung der Erdrinde unter der dauernden Tätigkeit derselben heute wirkenden Kräfte zu setzen, stellte man sich auf den **dialektischen** Standpunkt.

Solange man in der **Biologie** glaubte, daß die Arten **unveränderlich** sind, dachte man **metaphysisch**. Die französischen Materialisten hatten diese Ansicht. Selbst wenn sie bestrebt waren, dieselbe zu verlassen, kehrten sie doch fortwährend zu ihr zurück. Die heutige Biologie hat sie für immer aufgegeben. Die Theorie, welche den Namen Darwins trägt, ist eine wesentlich dialektische Theorie.

Doch bedarf es hier folgender Bemerkung. So heilsam die Reaktion gegen die alten metaphysischen Theorien der Naturwissenschaft war, so verursachte sie ihrerseits in den Köpfen eine sehr beklagenswerte Verwirrung. Man zeigte sich geneigt, die neuen Theorien in dem Sinne des alten Wortes: **natura non facit saltum** auszulegen, und fiel in ein anderes Extrem: man betrachtete nur den Prozeß des **allmählichen quantitativen Veränderns** eines gegebenen Phänomens; sein Übergang in ein anderes Phänomen wurde gänzlich unbegreiflich. **Das war alte Metaphysik auf den Kopf gestellt.** Wie früher, blieben auch jetzt die Phänomene voneinander durch einen **unüberbrückbaren Abgrund** getrennt. Und diese Metaphysik setzte sich so sehr in den Köpfen der modernen Evolutionisten fest, daß es heutzutage eine Anzahl „**Soziologen**" gibt, die jedesmal gänzlich außer Fassung kommen, wenn sie es bei ihren Studien mit einer **Revolution** zu tun haben. Eine **Revolution** ist ihrer Ansicht nach nicht mit der **Evolution** verträglich: **historia non facit saltum**. Wenn trotz dieser Weisheit der Geschichte Revolutionen, große Revolutionen vorkommen, so bekümmert sie dies nicht, man hält an der Theorie fest; um so schlimmer für die Revolutionen, welche ihre Ruhe stören, man betrachtet sie als „**Krankheiten**". Bereits der **dialektische** Idealismus verurteilte und bekämpfte diese schauderhafte Verwirrung der Ideen. Hegel sagt gelegentlich des obenerwähnten Wortes: „**Es gibt keinen Sprung in der Natur**; und die gewöhnliche Vorstellung, wenn sie ein Entstehen oder Vergehen begreifen soll, meint... es damit begriffen zu haben, daß sie es als ein **allmähliches** Hervorgehen oder Verschwinden vorstellt." Aber die Dialektik zeigt aufs deutlichste, „daß die Veränderungen des Seins überhaupt nicht nur das Übergehen eines Quantums in ein anderes Quantum, sondern Übergang vom Qualitativen in das Quantitative und umgekehrt sind, ein Anderswerden, **das ein Abbrechen des Allmählichen** und ein Qualitativ-Anderes gegen das vorhergehende Dasein ist. So wird das Wasser durch die Erkaltung nicht nach und nach hart, so daß es breiartig würde und allmählich bis zur Konsistenz des Eises sich verhärtete, sondern es ist auf einmal hart; schon wenn es die ganze Temperatur des Eispunktes hat, aber ruhig steht, hat es noch seine ganze Flüssigkeit, und eine geringe Erschütterung bringt es in den Zustand der Härte. Bei der Allmählichkeit des Entstehens liegt die Vorstellung zugrunde, daß das Entstehende schon sinnlich oder überhaupt

wirklich vorhanden, nur wegen seiner Kleinheit noch nicht
wahrnehmbar, so wie bei der Allmählichkeit des Verschwin=
dens, daß das Nichtsein oder das Andere an seine Stelle
Tretende gleichfalls vorhanden, nur noch nicht bemerkbar
sei — und zwar vorhanden nicht in dem Sinne, daß das
Andere in dem vorhandenen Anderen an sich enthalten,
sondern daß es als Dasein, nur unbemerkbar, vorhan=
den sei."[1] Also:

1. **Alles Endliche ist dies, sich selbst auf=
zuheben, in sein Gegenteil überzugehen.**
Dieses Übergehen setzt sich mit Hilfe der eigentümlichen
Natur eines jeden Phänomens durch; jedes Phänomen ent=
hält die Kräfte, welche sein Gegenteil erzeugen werden.

2. Die allmählichen quantitativen Veränderungen
eines gegebenen Inhalts schlagen endlich in qualita=
tive Unterschiede um. Die Momente dieses Umschlagens
sind Momente des Sprunges, des Abbruchs des
Allmählichen. Man täuscht sich sehr, wenn man glaubt,
daß die Natur oder die Geschichte keine Sprünge machen.

Dies sind die charakteristischen Züge der dialektischen
Weltanschauung, die hier mit Nutzen hervorgehoben werden.

In ihrer Anwendung auf die sozialen Phänomene, um
nur von diesen zu sprechen, bewirkte die dialektische Me=
thode eine totale Revolution. Man kann ohne Übertrei=
bung sagen, daß wir ihr die Auffassung der menschlichen
Geschichte als eines gesetzmäßigen Prozesses
verdanken. Die materialistischen „Philosophen" sahen in
ihr nur bewußte Handlungen mehr oder weniger weiser
und tugendhafter, meist sehr wenig weiser und ganz und
gar nicht tugendhafter Menschen. Der dialektische Idealis=
mus begriff das Bestehen einer Notwendigkeit dort,
wo beim ersten Anblick nur das ungeordnete Spiel
des Zufalls, nur ein endloser Kampf individueller

---

[1] Logik, 1. Band, 1. Buch, S. 313.

Leidenschaften und Absichten sich zeigte. Auch Helvetius, welcher sich mit seiner „**Vermutung**", daß in der Geschichte wie in der Natur sich alles „**von selbst bereite und herbeiführt**" (dies sind seine eigenen Worte), bereits dem dialektischen Gesichtspunkt nähert, erklärte die historischen Ereignisse nur durch die Eigenschaften der **Individuen**, welche die politische Macht in ihren Händen haben. Seiner Ansicht nach hatte Montesquieu in seinem Buche: „Sur la grandeur et la décadence des Romains" mit Unrecht „**die glücklichen Zufälle, welche Rom zu Hilfe gekommen sind, verkannt**". Er sagte, daß Montesquieu „mit der bei Forschern nur zu gewöhnlichen Torheit von allem habe Rechenschaft geben wollen und zugleich in den Fehler der Stubengelehrten verfallen sei, die Menschheit zu vergessen, und zu bequem, allen Körperschaften (Helvetius spricht hier von politischen ‚Körperschaften', wie zum Beispiel der Senat von Rom) konstante Ansichten, gleichförmige Prinzipien unterzuschieben, während doch häufig ein einziger Mensch nach seinem Gefallen diese ernsten Versammlungen, die man **Senate** nennt, leitet".[1] Wie verschieden ist davon die Theorie Schellings, der behauptet, daß in der Geschichte **Freiheit** (das heißt das **bewußte Handeln der Menschen**) Notwendigkeit, Notwendigkeit Freiheit wird. **Schelling betrachtet als das höchste Problem der Philosophie** die Frage: „Wie kann uns, indem wir völlig frei, das heißt mit Bewußtsein handeln, bewußtlos etwas entstehen, was wir nie beabsichtigten, und was die sich selbst überlassene Freiheit nie zustande gebracht hätte?"[2] Für **Hegel** ist „die Weltgeschichte der Fortschritt im Bewußtsein der Freiheit — ein

---

[1] Vergl. Pensées et réflexions d'Helvétius im 3. Band der Oeuvres complètes. Paris 1818, S. 307.
[2] System des transzendentalen Idealismus. Tübingen 1800, S. 426 ff.

Fortschritt, den wir in seiner Notwendigkeit
zu erkennen haben". Nach ihm, wie nach Schelling, kommt „in der Weltgeschichte durch die Handlungen
der Menschen noch etwas anderes überhaupt heraus, als
sie bezwecken und erreichen, als sie unmittelbar wissen und
wollen; sie vollbringen ihr Interesse, aber es wird noch
ein Ferneres damit zustande gebracht, das auch innerlich
darin liegt, aber das nicht in ihrem Bewußtsein und in
ihrer Absicht lag".[1] Es ist klar, daß von diesem Gesichtspunkt aus nicht die „Meinung" der Menschen „die Welt
regiert", daß man nicht in ihr den Schlüssel der historischen
Ereignisse zu suchen hat. Die „öffentliche Meinung" ist in
ihrer Entwicklung Gesetzen unterworfen, die sie mit derselben Notwendigkeit modeln, welche die Bewegungen der
Himmelskörper bestimmt. So wurde die Antinomie gelöst,
an deren Spitzen sich die „Philosophen" fortwährend stießen:
1. **Die öffentliche Meinung regiert die
Welt; sie bestimmt die wechselseitigen Beziehungen der Mitglieder einer Gesellschaft; sie schafft das soziale Milieu; 2. der
Mensch ist ein Produkt des sozialen Milieus, seine Meinungen werden durch
Eigentümlichkeiten dieses Milieus bestimmt.**[2]
Die Gesetzgebung bringt alles fertig,
wiederholten die „Philosophen" ohne Aufhören, und sie
waren fest davon überzeugt, daß die Sitten eines Volkes
seiner Gesetzgebung geschuldet seien. Andererseits wiederholten sie ebensooft, daß die Sittenverderbnis den Ruin
der antiken Zivilisation verursacht habe. Hier haben wir
eine neue Antinomie: 1. die Gesetzgebung schafft die

---

[1] Vorlesungen über die Philosophie der Geschichte (9. Band
der Hegelschen Werke), herausgegeben von E. Gans, S. 22, 30.
Vergl. Schelling a. a. O., S. 424.
[2] Vergl. unsere Studie über Holbach.

Sitten, 2. die Sitten schaffen die Gesetzgebung. Und ähnliche Antinomien machten sozusagen das Wesen und das Unglück des philosophischen Gedankens des achtzehnten Jahrhunderts aus, der sie weder zu lösen, noch sich davon freizumachen, noch sich die Ursachen dieser grausamen Verwirrung, in die er sich immer wieder zurückfallen sah, zu erklären vermochte.

Ein Metaphysiker betrachtet und studiert die Gegenstände nach und unabhängig voneinander. Wenn er das Bedürfnis fühlt, sich zu einer Gesamtansicht zu erheben, so betrachtet er die Gegenstände in ihrer Wechselwirkung; und hier hält er an, er geht nicht weiter und kann nicht weitergehen, da die Gegenstände für ihn voneinander durch einen Abgrund getrennt bleiben; da er keine Idee von ihrer Entwicklung hat, die ihren Ursprung ebenso wie die zwischen ihnen bestehenden wechselseitigen Beziehungen erklärt. Der dialektische Idealismus überschreitet diese für die Metaphysiker unüberschreitbare Grenze. Er betrachtet die beiden Seiten des Verhältnisses der Wechselwirkung nicht als „unmittelbar gegeben", sondern als „Momente eines Dritten, Höheren, welches dann der Begriff ist". Hegel nimmt zum Beispiel die Sitten und die Konstitution Spartas. „Betrachten wir", sagt er, „die Sitten des spartanischen Volkes als die Wirkung seiner Verfassung, und so umgekehrt diese als die Wirkung seiner Sitten, so mag diese Betrachtung immerhin richtig sein, allein diese Auffassung gewährt um deswillen keine letzte Befriedigung, weil durch dieselbe in der Tat weder die Verfassung noch die Sitten des Volkes begriffen werden, welches nur dadurch geschieht, daß jene beiden und ebenso alle die übrigen besonderen Seiten, welche das Leben und die Geschichte des spartanischen Volkes zeigen, als in diesem Begriff begründet erkannt werden."[1]

---

[1] Enzyklopädie, 1. Teil, § 156 Zusatz.

Die französischen Philosophen hatten für das **Mittelalter** nur **Verachtung** oder vielmehr nur **Haß**. Der Feudalismus erschien Helvetius als ein „**Meisterwerk der Absurdität**". Hegel, obwohl weit entfernt von der romantischen Idealisierung der Sitten und Einrichtungen des Mittelalters, betrachtet diese Periode als ein notwendiges Element in der menschlichen Entwicklung. **Noch mehr**, er sieht bereits, daß die immanenten Widersprüche des sozialen Lebens des Mittelalters die moderne Gesellschaft erzeugten.

Die französischen Philosophen sahen in der Religion nur einen Haufen Aberglauben, den die Menschheit ihrer eigenen Dummheit und der Schufterei der Priester und Propheten verdankte. Sie wußten die Religion nur zu **bekämpfen**. So nützlich auch diese Arbeit zu ihrer Zeit war, förderte sie doch das wissenschaftliche Studium der Religionen in keiner Weise. Der dialektische Idealismus **bereitete dies** Studium vor. Man braucht nur „**Das Leben Jesu**" von **Strauß** mit der „**Kritischen Geschichte Jesu Christi**" von **Holbach** zu vergleichen, um den ungeheuren Fortschritt zu sehen, den die Philosophie der Religion unter dem wohltuenden Einfluß der dialektischen Methode Hegels machte.[1]

Wenn die „Philosophen" die Geschichte der Philosophie studierten, so taten sie dies, um von dort Argumente zugunsten ihrer Ansichten oder zur Vernichtung der Systeme ihrer idealistischen Vorgänger zu holen. Hegel bekämpft die Systeme seiner Vorgänger nicht; er betrachtet sie als

---

[1] Übrigens kann der deutsche Leser statt in dem Buche Holbachs in dem „Leben Jesu" von H. E. G. Paulus (Heidelberg 1828) blättern. Auch hier haben wir denselben Gesichtspunkt. Nur bemüht sich der deutsche Aufklärer, das zu verherrlichen, was der französische Philosoph mit Leidenschaft bekämpft. Paulus sieht ein Wunder von Güte und Weisheit in derselben Persönlichkeit, welche auf Holbach den Eindruck eines unwissenden und ausschweifenden Lumpenkerls machte.

verschiedene Ausbildungsstufen „einer Philosophie". Jede besondere Philosophie ist die Tochter ihrer Zeit, und „die der Zeit nach letzte Philosophie ist das Resultat aller vorhergehenden Philosophien und muß daher die Prinzipien aller enthalten; sie ist darum, wenn sie anders Philosophie ist, die entfaltetste, reichste und konkreteste".[1]

Die „vollendete Gesetzgebung" war einer der Lieblingsgegenstände der Untersuchungen der Philosophen. Ein jeder von ihnen hatte seine Utopie für sich. Der dialektische Idealismus verschmähte diese Art von Untersuchungen. „Ein Staat", sagt Hegel, „ist eine individuelle Totalität, von der nicht eine besondere, obgleich höchst wichtige Seite, wie die Staatsverfassung, für sich allein herausgenommen, darüber nach einer nur sie betreffenden Betrachtung isoliert beratschlagt und gewählt werden könne.... Der Geist des Volkes, aus dem alles im Staate hervorgeht, muß begriffen werden; er entwickelt sich für sich, und in seiner Entwicklung unterscheiden sich bestimmte Perioden, und in jeder von diesen ist eine bestimmte Verfassung notwendig, die nicht die Sache der Wahl ist, sondern die dem Geiste des Volkes angemessen sein muß.... Das Andere und Weitere ist, daß die Verfassung nicht nur in dem Geiste des Volkes bestimmt ist, sondern daß dieser Geist des Volkes selbst ein Glied in dem Entwicklungsgang des Weltgeistes ist, in welchem nun die besonderen Verfassungen hervortreten."[2]

Kurz, der dialektische Idealismus betrachtete das Universum als eine organische Totalität, die sich „aus ihrem eigenen Begriff entwickelt". Diese Totalität erkennen, den Prozeß ihrer Entwicklung enthüllen, war die Aufgabe, welche sich die Philosophie stellte. Eine edle, großartige, bewundernswerte Aufgabe! Eine Philosophie, welche sich dieselbe stellte, konnte niemand „grau" oder „totenhaft" erscheinen. Weit entfernt davon! Sie entzückte

---

[1] Enzyklopädie, § 13.
[2] Philosophie der Geschichte, S. 50 bis 51.

jedermann durch die Fülle ihres Lebens, durch die unwiderstehliche Kraft ihrer Bewegung, durch die Schönheit ihrer glänzenden Farben. Und doch blieb der edle Versuch der idealistischen dialektischen Philosophie unvollendet; sie vollendete ihn nicht, sie konnte ihn nicht vollenden. Nachdem der deutsche Idealismus dem menschlichen Geiste unschätzbare Dienste geleistet hatte, ging er zugrunde, wie um einen weiteren Beweis für seine eigene Lehre zu liefern und auch an seinem Beispiel zu zeigen, daß „alles Endliche dies ist, sich selbst aufzuheben, in sein Gegenteil überzugehen". Ein Jahrzehnt nach dem Tode Hegels erscheint der Materialismus wiederum auf der Bühne der philosophischen Entwicklung und hat bis heute nicht aufgehört, über seinen alten Gegner Siege zu erringen.

Was ist dieser Begriff, diese absolute Idee, dieser Weltgeist, von dem die deutsche Spekulation ohne Aufhören sprach? Gibt es ein Mittel zur Erkenntnis dieses mysteriösen Wesens, von dem man glaubte, daß es alles bewege und belebe?

Ja! Es gibt eins und ein sehr einfaches. Man braucht es nur mit etwas aufmerksameren Augen zu betrachten. Sobald man dies tut, vollzieht sich eine der wunderbarsten Umwandlungen. Diese absolute Idee, so unwiderstehlich in ihrer Bewegung, so voll Saft und Fruchtbarkeit, Mutter alles dessen, was war, ist und in den kommenden Jahrhunderten sein wird, erbleicht, wird unbeweglich, erscheint als eine reine Abstraktion und bittet uns — weit entfernt, irgend etwas erklären zu können — demütig um eine kleine Erklärung ihrer selbst. Sic transit gloria... ideae.

Die absolute Idee mit allen ihren immanenten Gesetzen ist nur eine Personifikation unseres Denkprozesses. Wenn man, um die Phänomene der Natur oder der sozialen Evolution zu erklären, an diese Idee appelliert, gibt man den reellen Boden der Tatsachen auf und tritt in das Schattenreich ein. Gerade dies geschah den deutschen Idealisten.

In einem Buche, das 1845 in Frankfurt a. M. erschien und von zwei Männern geschrieben war, welche die zweite Hälfte des neunzehnten Jahrhunderts mit ihrem Rufe erfüllten, finden wir eine bemerkenswerte Enthüllung des "Geheimnisses der spekulativen Konstruktion".

"Wenn ich mir aus den wirklichen Äpfeln, Birnen, Erdbeeren, Mandeln die allgemeine Vorstellung ‚Frucht' bilde, wenn ich weitergehe und mir einbilde, daß meine aus den wirklichen Früchten gewonnene abstrakte Vorstellung: ‚die Frucht' ein außer mir existierendes Wesen, ja, das wahre Wesen der Birne, des Apfels usw. sei, so erkläre ich — spekulativ ausgedrückt — ‚die Frucht' für die ‚Substanz' der Birne, des Apfels, der Mandel usw. Ich sage also, der Birne sei es unwesentlich, Birne, dem Apfel sei es unwesentlich, Apfel zu sein. Das Wesentliche an diesen Dingen sei nicht ihr wirkliches, sinnlich anschauliches Dasein, sondern das von mir aus ihnen abstrahierte und ihnen untergeschobene Wesen, das Wesen meiner Vorstellung, ‚die Frucht'. Ich erkläre dann Apfel, Birne, Mandel usw. für bloße Existenzweisen, Modi der ‚Frucht'. Mein endlicher, von den Sinnen unterstützter Verstand unterscheidet allerdings einen Apfel von einer Birne und eine Birne von einer Mandel, aber meine spekulative Vernunft erklärt diese sinnliche Verschiedenheit für unwesentlich und gleichgültig. Sie sieht in dem Apfel dasselbe wie in der Birne und in der Birne dasselbe wie in der Mandel, nämlich die ‚Frucht'. Die besonderen wirklichen Früchte gelten nur mehr als Scheinfrüchte, deren wahres Wesen ‚die Substanz', ‚die Frucht' ist."[1]

---

[1] Die heilige Familie, oder: Kritik der kritischen Kritik gegen Bruno Bauer und Konsorten von F. Engels und K. Marx. Frankfurt a. M. 1845, S. 79.

Aber der Gesichtspunkt der Substanz war eigentlich nicht der Gesichtspunkt der deutschen Spekulation. „Die absolute Substanz", sagt Hegel, „ist das Wahre, aber sie ist noch nicht das ganze Wahre; sie muß auch als in sich tätig, lebendig gedacht werden und eben dadurch sich als Geist bestimmen." Sehen wir zu, wie man zu diesem höheren und wahreren Gesichtspunkt gelangt.

„Wenn der Apfel, die Birne, die Mandel, die Erdbeere in Wahrheit nichts anderes als ‚die Substanz', ‚die Frucht' sind, so fragt es sich, wie kommt es, daß ‚die Frucht' sich mir bald als Apfel, bald als Birne, bald als Mandel zeigt, woher kommt dieser Schein der Mannigfaltigkeit, der meiner spekulativen Anschauung von der Einheit, von ‚der Substanz', von ‚der Frucht' so sinnfällig widerspricht? Das kommt daher, antwortet der spekulative Philosoph, weil ‚die Frucht' kein totes, unterschiedsloses, ruhendes, sondern ein lebendiges, sich in sich unterscheidendes bewegtes Wesen ist. Die Verschiedenheit der profanen Früchte ist nicht nur für meinen sinnlichen Verstand, sondern ‚für die Frucht' selbst, für die spekulative Vernunft von Bedeutung. Die verschiedenen profanen Früchte sind verschiedene Lebensäußerungen der ‚einen Frucht', sie sind Kristallisationen, welche ‚die Frucht' selbst bildet. Also zum Beispiel in dem Apfel gibt sich ‚die Frucht' ein apfelhaftes, in der Birne ein birnenhaftes Dasein. Man muß also nicht mehr sagen wie auf dem Standpunkt der Substanz: die Birne ist ‚die Frucht', der Apfel ist die Frucht, die Mandel ist die Frucht, sondern vielmehr: ‚die Frucht' setzt sich als Birne, die Frucht setzt sich als Apfel, die Frucht setzt sich als Mandel, und die Unterschiede, welche Apfel, Birne, Mandel voneinander trennen, sind eben die Selbstunterscheidungen ‚der Frucht' und machen die besonderen Früchte ebenso zu unterschiedenen Gliedern im Lebensprozeß ‚der Frucht'.... Man sieht: wenn die christliche Religion nur von einer Inkarnation Gottes weiß, so besitzt die spekulative Philosophie so viel Inkarnationen, als es Dinge gibt, wie sie hier in jeder Frucht eine Inkarnation der Substanz, der absoluten Frucht besitzt. Das Hauptinteresse für den spekulativen Philosophen besteht also darin, die E x i s t e n z der wirklichen profanen Früchte zu erzeugen und auf geheimnisvolle Weise zu sagen, daß es Äpfel, Birnen, Mandeln und Rosinen gibt.... Es versteht sich, daß der spekulative Philosoph diese fortwährende Schöpfung nur zuwege bringt, indem er allgemein bekannte, in der wirklichen Anschauung sich vorfindende Eigenschaften des Apfels, der Birne usw. als von ihm e r - f u n d e n e Bestimmungen einschiebt, indem er dem, was allein der abstrakte Verstand schaffen kann, nämlich den abstrakten Verstandesformeln, die N a m e n der wirklichen Dinge gibt; indem er endlich seine e i g e n e Tätigkeit, wodurch er von der Vorstellung Apfel zu der Vorstellung Birne ü b e r g e h t, für die S e l b s t t ä t i g k e i t d e s a b s o l u t e n S u b j e k t s, ‚der Frucht‘, erklärt."[1]

Diese materialistische Kritik des Idealismus ist ebenso scharf wie gerecht. Die „absolute Idee", der „Geist" der deutschen Spekulation war nur eine Abstraktion. Eine Abstraktion aber, von der man glaubt, daß sie in letzter Analyse die tiefsten Probleme der Wissenschaft löst, kann dem Fortschritt dieser nur schädlich sein, und wenn die Denker, welche an diese Abstraktion appellierten, dem menschlichen Denken große Dienste leisteten, haben sie dies nicht d a n k, sondern t r o t z der Abstraktion getan, insofern diese sie nicht daran hinderte, die wirkliche Bewegung der Dinge zu studieren. Man findet sehr bemerkenswerte Ansichten in Schellings Naturphilosophie. Schelling besaß große Kenntnisse in den Naturwissenschaften. Aber für ihn ist „d a s m a t e r i e l l e U n i v e r s u m" nur die „a u f - g e s c h l o s s e n e I d e e n w e l t". Er widersprach sich viel-

---

[1] Die heilige Familie, S. 80 bis 84.

leicht mit seiner Behauptung nicht, daß „der **Magnetismus** der allgemeine Akt der Beseelung, Einpflanzung der Einheit in die Vielheit, des Begriffs in die Differenz" sei und daß „dieselbige Einbildung des Subjektiven ins Objektive, welche im Idealen ... Selbstbewußtsein ist, hier in dem Sein ausgedrückt erscheint". Aber bringt uns dies einen Schritt in der Erkenntnis der Phänomene des Magnetismus oder in der Erfassung ihrer Natur weiter? Wir sind nicht nur nicht weitergekommen, sondern laufen die größte Gefahr, die wirklichen Tatsachen zugunsten einer Theorie zu verkennen, welche uns mehr oder weniger scharfsinnig erscheinen kann, aber in jedem Fall ganz willkürlich ist.

Dasselbe gilt für die Geschichte der Menschheit. Sir Alexander Grant hat gesagt, daß „von Hegels ‚Geschichte der Philosophie' Philosophie leihen ebensoviel bedeutet, wie Poesie von Shakespeare leihen, das heißt eine Schuld, die fast unvermeidlich ist". In mancher Hinsicht ist das Studium der Philosophie der Geschichte Hegels wie seiner Ästhetik, seiner Rechtsphilosophie, seiner Logik eine auch heute noch unumgängliche Pflicht. Es ist aber nicht der idealistische Gesichtspunkt, der all diesen Werken ihren Wert verleiht. Im Gegenteil, dieser Gesichtspunkt ist gänzlich steril und nur fruchtbar im **Anstiften von Verwirrung**. So beschreibt Hegel mit einem Scharfsinn, der zum Ruhm eines Spezialisten genügen würde, den Einfluß des geographischen Milieus auf die historische Entwicklung der menschlichen Gesellschaften. Gelingt es ihm aber, irgend etwas zu erklären, wenn er sagt, daß „der bestimmte Volksgeist, da er wirklich und seine Freiheit als Natur ist, nach dieser von besonderer geographischer und klimatischer Bestimmung ist"? Oder — um ein Beispiel anzuführen, dessen er sich selbst bedient — bringt es uns einen Schritt in dem Verständnis der Geschichte Spartas weiter, wenn er uns sagt, daß die Sitten dieses Landes wie seine Konstitution nur Momente in der Evolution des

Begriffs waren? Es ist gewiß wahr, daß der Gesichtspunkt der „französischen Philosophen", gegen die er dies Beispiel vorbringt (der Standpunkt der Wechselwirkung, der die unüberschreitbare Grenze ihrer glücklichsten Untersuchungen bleibt), gänzlich unzureichend ist. Es genügt aber nicht, diesen Gesichtspunkt aufzugeben; es ist durchaus notwendig, zu zeigen, inwiefern der **Begriff** die verborgene Springfeder der sozialen Bewegung sein kann. Und nicht nur hat Hegel niemals diese sehr berechtigte Frage beantworten können, sondern es scheint auch, als ob er selbst sehr wenig von dem durch den Begriff angeblich auf die Geschichte der Menschheit ausgegossenen Lichte befriedigt gewesen wäre. Er sieht sich gezwungen, auf den festen Boden herabzusteigen und aufmerksam die **sozialen Beziehungen** zu studieren. So endigt er auch damit, uns kategorisch zu erklären, daß „**Lazedämon... besonders wegen der Ungleichheit des Besitzes herunterkam**". Das ist wahr, aber in dieser Wahrheit steckt kein Fünkchen von **absolutem Idealismus**.[1]

Ein Mensch erklärt uns mit oft bewundernswerter Klarheit den Mechanismus der Bewegungen der Tiere. Dann fügt er mit einem nicht weniger bewundernswerten Ernst hinzu, daß das wichtigste Geheimnis aller dieser Bewegungen sich in dem **Schatten** befindet, den die sich bewegenden Körper werfen. Dieser Mensch ist ein „**absoluter**" Idealist. Wir werden vielleicht eine Zeitlang der Ansicht dieses Idealisten sein; aber ich hoffe, daß wir uns schließlich die **Wissenschaft der Mechanik** aneignen und seiner „**Philosophie der Mechanik**" ein „**ewiges Lebewohl**" sagen werden.

Wenigstens taten dies verschiedene Schüler Hegels. Sie wußten die Vorteile der Methode des großen Denkers sehr

---
[1] Für andere Beispiele dieser Art verweisen wir den Leser auf unseren Artikel „Zu Hegels sechzigstem Todestag". „Neue Zeit" 1891/92, Nr. 7, 8, 9.

wohl zu schätzen, stellten sich aber auf den **materialistischen Standpunkt**. Die oben aus dem Buche „Die heilige Familie" gegebenen Zitate genügen, um zu zeigen, wie bestimmt und rücksichtslos ihre Kritik der idealistischen Spekulation war.

Die dialektische Methode ist der charakteristischste Zug des modernen Materialismus; darin besteht sein wesentlicher Unterschied von dem alten metaphysischen Materialismus des achtzehnten Jahrhunderts. Man kann danach die Tiefe der Ansichten und die Gründlichkeit der Geschichtschreiber der Literatur und der Philosophie beurteilen, welche sich nicht herabließen, diesen Unterschied zu bemerken. Der verstorbene **Lange** hat seine „**Geschichte des Materialismus**" in zwei Teile geteilt: den Materialismus **vor** Kant, den Materialismus **nach** Kant. Für jeden, den nicht Systemgeist oder Routine blind machen, drängte sich mit Notwendigkeit eine andere Einteilung auf; der Materialismus nach **Hegel** ist nicht mehr das, was er **vor** ihm war. Was kann man aber anderes erwarten? Um den Einfluß beurteilen zu können, welchen der Idealismus des neunzehnten Jahrhunderts auf die Entwicklung des Materialismus gehabt hat, muß man sich vor allem genaue Rechenschaft davon geben, was dieser in unseren Tagen geworden ist. Und gerade das hat Lange niemals getan. Obschon er in seinem Buche von allem und allen, selbst von Nullen wie **Heinrich Czolbe** handelt, erwähnt er mit keinem Worte den dialektischen Materialismus. Der gelehrte Historiker des Materialismus ahnte durchaus nicht, daß es zu seiner Zeit Materialisten gab, die in ganz anderer Weise bemerkenswert waren als die Herren Vogt, Moleschott und Konsorten.[1]

---

[1] Übrigens folgte Lange hierin den Ansichten und Gewohnheiten aller gelehrten Schriftsteller „**der guten Gesellschaft**". **Hettner** seinerseits vergleicht zu wiederholten Malen die Lehre **Diderots** mit der der modernen Ma-

Die Leichtigkeit, mit welcher der dialektische Materialismus über den Idealismus siegte, muß einem jeden unerklärlich scheinen, der keinen klaren Begriff von der fundamentalen Frage hat, welche die Materialisten von den Idealisten trennt. Von dualistischen Vorurteilen erfüllt, stellt man sich gewöhnlich vor, daß man es im Menschen zum Beispiel mit zwei gänzlich verschiedenen Substanzen zu tun habe: dem Körper, der Materie einerseits, der Seele, dem Geist andererseits. Man weiß nicht, oft fragt man sich nicht einmal, wie eine dieser Substanzen auf die andere wirken könne, aber man glaubt sehr genau zu wissen, daß es „einseitig" wäre, die Erklärung der Phänomene mit Hilfe nur einer dieser beiden Substanzen zu vollziehen. Man fühlt sich mit großer Selbstbefriedigung über beide Extreme erhaben und ist weder Idealist noch Materialist. Aber so respektabel diese Art und Weise, philosophische Fragen zu betrachten, durch ihr Alter sein mag, im Grunde ist sie doch nur eines Philisters würdig. Die Philosophie konnte sich niemals mit einer ähnlichen „Vielseitigkeit" begnügen; sie versuchte im Gegenteil, sich von dem den eklektischen Geistern so teuren Dualismus freizumachen. Die hervorragendsten philosophischen Systeme waren immer monistisch, das heißt für sie waren der Geist und die Materie nur zwei Klassen von Phänomenen, deren Ursache eine und

---

terialisten. Wer ist aber für ihn der Repräsentant der modernen Materialisten? Moleschott. Hettner ist so wenig über den Stand des heutigen Materialismus unterrichtet, daß er etwas sehr Tiefes zu sagen glaubt, wenn er sagt: „über diese dürftigen Versuche (das heißt über die Versuche der Materialisten des achtzehnten Jahrhunderts. G. P.) ist in der Sittenlehre auch heute noch nicht der Materialismus hinausgekommen. Will der Materialismus einen Beweis seiner Lebenskraft geben, so liegt hier seine nächste und bedeutendste Aufgabe." (Literaturgeschichte des achtzehnten Jahrhunderts, 2. Teil. Braunschweig 1881, S. 402.) Wie spät Sie doch kommen, geehrter Herr!

untrennbar dieselbe war. Wir haben gesehen, daß für die französischen Materialisten die „**Fähigkeit zu empfinden**" eine der Eigenschaften der Materie war. Für Hegel war die Natur nur „das **Anderssein**" der absoluten Idee. Dies **Anderssein** ist gewissermaßen ein Sündenfall der Idee; die Natur wird durch den Geist geschaffen, sie existiert nur durch seine Güte. Aber dieser angebliche Sündenfall schließt keineswegs die substantielle Identität der Natur und des Geistes aus; ganz im Gegenteil, sie **setzt** diese Identität **voraus**. Der absolute Geist Hegels ist nicht der **beschränkte** Geist der Philosophie **beschränkter** Geister. Hegel verspottete diejenigen sehr gut, welche aus der Materie und dem Geist zwei verschiedene Substanzen machen, die „einander ebenso undurchdringlich, als jede Materie gegen eine andere undurchdringlich und nur in ihrem gegenseitigen Nichtsein, ihren Poren angenommen wird; wie Epikur den Göttern ihren Aufenthalt in den Poren angewiesen, aber konsequent ihnen keine Gemeinschaft mit der Welt aufgebürdet hat". Trotz seiner Feindschaft gegen den Materialismus würdigte Hegel in ihm seine **monistische Tendenz**.[1] Nun fällt aber, sobald wir uns auf den **monistischen** Standpunkt stellen, der Erfahrung die Entscheidung darüber zu, welche der beiden Theorien, der **Idealismus** oder der **Materialismus**, besser die Phänomene erklärt, mit denen wir es beim Studium der Natur und der menschlichen Gesellschaften zu tun haben.

---

[1] „Dennoch muß man in dem Materialismus das begeisterungsvolle Streben anerkennen, über den zweierlei Welten als gleich substanziell und wahr annehmenden Dualismus hinauszugehen, diese Zerreißung des ursprünglich Einen aufzuheben." (Enzyklopädie, 3. Teil, § 389 und Zusatz.) Beiläufig gesagt, hat Hegel in seiner „Geschichte der Philosophie" in sehr wenig Worten eine bessere Wertschätzung des französischen Materialismus und von Männern wie Helvetius gegeben als die Historiker des Materialismus **von Fach**.

Und man kann sich leicht davon überzeugen, daß wir selbst auf dem Gebiet der Psychologie, einer Wissenschaft, welche sich mit jenen Tatsachen beschäftigt, die als Phänomene des Geistes par excellence bezeichnet werden können, mit größerem Erfolg arbeiten, wenn wir die Natur zum Prius nehmen und die Operationen des Geistes als die notwendigen Folgen der Bewegung der Materie behandeln. „Heutzutage", sagt der Agnostiker Huxley, „kann keiner, der in der Frage auf dem laufenden ist und die Tatsachen kennt, daran zweifeln, daß die Prinzipien der Psychologie in der Physiologie des Nervensystems enthalten sind. Was man geistige Operationen nennt, ist eine Summe zerebraler Funktionen, und die Materialien des Bewußtseins sind Produkte der Tätigkeit des Gehirns. Cabanis mag sich ungeschickt und falsch ausgedrückt haben, als er sagte, daß das Gehirn den Gedanken sekretiere wie die Leber die Galle; aber die Auffassung, welche diese vielgeschmähte Formel ausdrückt, ist nichtsdestoweniger den Tatsachen viel entsprechender als die populäre Auffassung, welche den Geist als eine metaphysische Einheit sich vorstellt, die allerdings ihren Sitz im Kopfe hat, aber ebenso unabhängig von dem Gehirn ist wie der Telegraphenbeamte verschieden von dem Apparat, den er bedient."[1] Auf dem Gebiet der sozialen Wissenschaft, dieses Wort im weitesten Sinn genommen, ist, wie wir bereits hervorgehoben haben, der Idealismus mehr als einmal dahin gebracht worden, seine Unfähigkeit zu fühlen und zu rein materialistischen Erklärungen der historischen Tatsachen seine Zuflucht zu nehmen.

Um es noch einmal zu betonen, die große philosophische Revolution, welche in Deutschland in dem fünften Jahr-

---

[1] Hume, sa vie, sa philosophie. Traduit de l'anglais par Gabriel Compayré, Paris 1880, S. 108. Man hat sehr gut gesagt: Der Agnostizismus ist trotz allem nur ein furchtsamer Materialismus, der sich bemüht, den Schein zu wahren.

zehnt unseres Jahrhunderts stattfand, wurde durch den wesentlich **monistischen** Charakter des deutschen Idealismus erleichtert. Robert Flint sagte: „Der Hegelianismus bietet, obschon das ausgearbeitetste aller idealistischen Systeme, selbst für den Materialismus nur ein sehr schwaches Hindernis." Das ist sehr richtig; nur hätte Flint statt „obschon" „weil" schreiben müssen.

Derselbe Flint hat sehr recht, wenn er fortfährt: „Wohl wird von demselben (dem System Hegels. G. P.) der Geist vor die Materie gestellt und die Materie als das Stadium eines Geistesprozesses aufgefaßt; da aber der vor die Materie gestellte Geist unbewußter Geist ist — Geist, welcher weder Subjekt noch Objekt, daher kein wirklicher Geist, nicht einmal das Gespenst oder das Phantasma von Geist ist —, **ist die Materie doch die erste Realität**, die erste wirkliche Existenz, und die Kraft in der Materie, die Tendenz in ihr, sich über sich selbst zu erheben, die Wurzel und Basis des subjektiven, objektiven und absoluten Geistes."[1] Man kann leicht begreifen, wie sehr diese für den Idealismus **unvermeidliche** Inkonsequenz die philosophische Revolution erleichterte, von der wir hier sprechen. Besonders in der **Philosophie der Geschichte** machte sich diese Inkonsequenz fühlbar. „Hegel macht sich einer doppelten Halbheit schuldig, einmal, indem er die Philosophie für das Dasein des absoluten Geistes erklärt und sich zugleich dagegen verwahrt, das **wirkliche philosophische Individuum** für den absoluten Geist zu erklären; dann aber, indem er den absoluten Geist als absoluten Geist nur zum **Schein** die Geschichte machen läßt. Da der absolute Geist nämlich erst post festum im Philosophen als schöpferischer Weltgeist zum **Bewußtsein** kommt, so existiert seine Fabrikation der Geschichte nur im Bewußtsein, in der Meinung und

[1] Philosophy of History in France and Germany. Edinburg und London 1874, S. 503.

Vorstellung des Philosophen, nur in der spekulativen Einbildung." Diese Zeilen stammen von dem Vater des modernen dialektischen Materialismus, Karl Marx.[1]

Die Tragweite der von diesem genialen Mann bewirkten philosophischen Revolution hat er selbst in wenig Worten so ausgedrückt: „Meine dialektische Methode ist der Grundlage nach von der Hegelschen nicht nur verschieden, sondern ihr direktes Gegenteil. Für Hegel ist der Denkprozeß, den er sogar unter dem Namen Idee in ein selbständiges Subjekt verwandelt, der Demiurg des Wirklichen, das nur seine äußere Erscheinung bildet. Bei mir ist umgekehrt das Ideelle nichts anderes als das im Menschenkopf umgesetzte und übersetzte Materielle."[2]

Bevor wir die Resultate darlegen, zu denen Marx mit Hilfe dieser Methode gelangte, wollen wir einen kurzen Blick auf die Tendenzen werfen, welche in der historischen Wissenschaft Frankreichs zur Zeit der Restauration sich bemerkbar machten.

Die französischen „Philosophen" waren davon überzeugt, daß die öffentliche Meinung die Welt regiert. Wenn sie sich daran erinnerten, daß nach ihrer eigenen sensualistischen Theorie der Mensch mit all seinen Meinungen ein Produkt des sozialen Milieus ist, versicherten sie, daß die „Gesetzgebung alles fertigbringt", und glaubten, daß durch diese kurze aber instruktive Antwort die Frage weggeschafft sei. Nun war die „Gesetzgebung" für sie vor allem das öffentliche Recht, „die Regierung" eines jeden gegebenen Landes. In den ersten Jahrzehnten unseres Jahrhunderts wird dieser Standpunkt mehr und mehr aufgegeben. Man fragt sich, ob man nicht vielmehr im bürgerlichen Recht die Wurzel der politischen In-

---

[1] Die heilige Familie, S. 127.
[2] Das Kapital, 1. Band, 3. Auflage, Vorwort zur 2. Auflage, S. XIX.

stitutionen suchen muß.[1] Und man antwortet bejahend.

„Durch das Studium der politischen Einrichtungen", sagt Guizot, „hat die Mehrzahl der Schriftsteller, Gelehrten, Historiker und Publizisten den Zustand der Gesellschaft, die Höhe oder die Art der Zivilisation kennenzulernen gesucht. Es wäre klüger gewesen, zunächst die Gesellschaft selbst zu studieren, um ihre politischen Einrichtungen kennenzulernen und zu begreifen. Bevor sie Ursachen werden, sind diese Einrichtungen Wirkungen; die Gesellschaft erzeugt sie, bevor sie davon modifiziert wird; und anstatt in dem System oder den Formen der Regierung zu suchen, welches der Zustand des Volkes gewesen ist, hätte man vor allem den Zustand des Volkes prüfen sollen, um zu wissen, wie die Regierung hat beschaffen sein müssen, hat beschaffen sein können.... Die Gesellschaft, ihre Zusammensetzung, die Art und Weise des Seins der Individuen nach ihrer sozialen Lage, die Verhältnisse der verschiedenen Klassen von Individuen, kurz, der Zustand der Personen,

---

[1] Nach den Ereignissen im Ausgang des letzten und im Beginn des jetzigen Jahrhunderts war es bereits nicht mehr so leicht, zu glauben, daß die „öffentliche Meinung die Welt regiert": diese Ereignisse haben mehr als einmal die Machtlosigkeit derselben gezeigt. „So viele Ereignisse, die die Gewalt entschied, so viele Verbrechen, die der Erfolg freisprach, so viele Tugenden, die der Tadel brandmarkte, so viel Unglück, das die Macht beschimpfte, so viele edle Gefühle, die zum Gespött wurden, so viele schuftige Berechnungen, die philosophisch erläutert wurden, alles das erschöpft die Hoffnungen selbst jener Menschen, die dem Dienste der Vernunft am treuesten anhängen," schrieb Madame de Staël im Jahre VIII der französischen Republik. (De la littérature considérée dans ses rapports avec les institutions sociales, 1. Band, S. IV, Einleitung.) Allerdings waren alle Utopisten der Zeit der Restauration und Louis Philipps fest davon überzeugt, daß die öffentliche Meinung die Welt regiere. Dies war das Fundamentalprinzip ihrer Geschichtsphilosophie. Wir haben uns hier aber nicht mit der Psychologie der Utopisten zu beschäftigen.

das ist sicherlich die erste Frage, welche die Aufmerksamkeit des Historikers auf sich zieht, der das Leben der Völker mitleben, des Publizisten, der wissen will, wie sie regiert wurden."[1] Hier haben wir bereits eine totale Umwälzung der historischen Begriffe der „Philosophen". Aber Guizot geht in der Analyse der „Zusammensetzung der Gesellschaft" noch weiter. Nach ihm ist bei allen **modernen Völkern** der Zustand der Personen eng mit dem **Zustand des Grundbesitzes** verbunden, und infolgedessen muß das Studium des Zustandes des Grundbesitzes dem des Zustandes der Personen vorausgehen. „Um die politischen Institutionen zu begreifen, muß man die verschiedenen sozialen Zustände und ihre Beziehungen kennen. Um die verschiedenen sozialen Zustände zu begreifen, muß man die Natur und die Verhältnisse des Grundeigentums kennen."[2] Von diesem Standpunkt aus studiert Guizot die Geschichte Frankreichs unter den **Merowingern** und **Karolingern**. In seiner Geschichte der englischen Revolution geht er noch einen Schritt weiter, indem er dies Ereignis als eine Episode des Kampfes der Klassen in der modernen Gesellschaft betrachtet. Nicht mehr der „**Zustand des Grundbesitzes**", sondern die **Eigentumsverhältnisse im allgemeinen** sind jetzt für ihn die Grundlage der politischen Bewegung.

Augustin Thierry kam zu denselben Ansichten. In seinen Studien über die Geschichte Englands und Frankreichs betrachtet er die Bewegung der Gesellschaft als die verborgene Triebfeder der politischen Ereignisse. Er ist weit davon entfernt, zu glauben, daß die öffentliche Meinung die Welt regiert. Für ihn ist dieselbe nur der mehr oder weniger adäquate Ausdruck sozialer Interessen. Hier ein Beispiel, wie er den Kampf des englischen Parlaments

---

[1] 'Essais sur l'Histoire de France, 10. Ausgabe. Paris 1860, S. 73/74. Die erste Ausgabe dieser Essais erschien 1822.
[2] Ebenda, S. 75/76.

gegen Karl I. auffaßt. „Ein jeder, dessen Ahnen in dem Heere des Eroberers gestanden hatten, verließ sein Schloß, um im königlichen Lager jenes Kommando zu übernehmen, welches ihm sein Rang anwies. Die Bewohner der Städte und Häfen begaben sich in Masse ins entgegengesetzte Lager.... Die Faulenzer, die Leute, welche im Leben keine andere Beschäftigung wünschten, als ohne Mühe zu genießen, traten, zu welcher Kaste sie auch gehören mochten, in die Reihen der königlichen Truppen, um dort die ihren eigenen konformen Interessen zu verteidigen; während diejenigen Familien aus der Klasse der alten Sieger, welche die Industrie gewonnen hatte, sich der Partei der Gemeinen anschlossen. Für diese positiven Interessen wurde der Krieg von der einen wie von der anderen Seite geführt. Der Rest war nur Schein oder Vorwand. Diejenigen, welche für die Sache der Untertanen eintraten, waren meistens Presbyterianer, d. h. sie wollten auch in der Religion kein Joch. Die, welche die Gegensache unterstützten, waren Episkopale oder Papisten, weil sie auch in den Formen des Kultus die Möglichkeit, Gewalt auszuüben und Steuern von den Menschen zu erheben, zu finden wünschten."[1]

Das ist ziemlich klar; scheint aber klarer, als es in Wirklichkeit ist. Tatsächlich sind die politischen Revolutionen eine Wirkung des Kampfes der Klassen, welche für ihre positiven Interessen, ihre ökonomischen Interessen kämpfen. Welches ist aber die Ursache, die den ökonomischen Interessen einer gegebenen Klasse diese oder jene Form gibt? Welches ist die Ursache, die die Klassen in einer Gesellschaft entstehen läßt? Augustin Thierry spricht wohl von „der Industrie"; aber dieser Begriff bleibt bei

---

[1] Oeuvres complètes de M. Augustin Thierry, 6. Band, 10. Ausgabe, Paris 1866, S. 66. Der zitierte Artikel „Vues des révolutions d'Angleterre" wurde im „Censeur Européen" 1817 veröffentlicht, also einige Jahre vor dem Erscheinen der „Essais" von Guizot.

ihm konfus, und um sich aus der Bedrängnis zu helfen, erinnert er sich an die Invasion, die Eroberung Englands durch die Normannen. Der Eroberung verdanken also die Klassen ihren Ursprung, deren Kampf die englische Revolution verursachte. „Alles dies datiert von einer Eroberung," sagt er, „eine Eroberung liegt ihm zugrunde." Aber was ist eine Eroberung? Bringt sie uns nicht zu der Tätigkeit der „Regierung" zurück, für die wir eine Erklärung zu geben versuchen? Und, selbst dies beiseite gelassen, kann die Tatsache einer Eroberung niemals über die sozialen Resultate dieser Eroberung Aufschluß geben. Bevor Gallien von den Barbaren erobert wurde, war es von den Römern erobert worden. Die sozialen Resultate der beiden Eroberungen sind durchaus verschiedene gewesen. Woran liegt das? Ohne Zweifel waren die Gallier zu Zeiten Cäsars in einer anderen Lage als die Gallier des fünften Jahrhunderts; und ebensowenig ist es zweifelhaft, daß die römischen Eroberer in keiner Weise den „barbarischen" Eroberern, den Franken und Burgundern, glichen. Erklären sich aber alle diese Unterschiede wieder durch andere Eroberungen? Wir können alle bekannten Eroberungen und alle wahrscheinlichen Eroberungen aufzählen und werden uns doch nur in einem Zirkel bewegen, wir kommen immer zu dem unvermeidlichen Schluß, daß es in dem Leben der Völker ein Etwas, ein X, eine Unbekannte gibt, der die „Kraft" der Völker selbst, wie die der verschiedenen Klassen, die in ihrem Schoß existieren, ihren Ursprung, ihre Richtung und ihre Veränderungen verdankt. Kurz: es ist klar, daß der „Kraft" selbst ein Etwas zugrunde liegt, und um die Bestimmung der Natur dieser Unbekannten handelt es sich hier.[1]

---

[1] Augustin Thierry verdankte Saint-Simon die klarsten seiner historischen Ansichten. Saint-Simon hat sehr viel für die Erklärung der historischen Bewegung der Menschheit getan. Aber es ist ihm nicht gelungen, das X zu bestimmen, von dem wir im

Guizot bewegt sich in denselben Widersprüchen. Wem verdanken die „Besitzverhältnisse" bei den Völkern, um die es sich in den „Essais" Guizots handelt, ihren Ursprung? Dem Handeln der Eroberer: „Nach der Eroberung wurden die Franken Grundbesitzer.... Die absolute Unabhängigkeit ihres Grundbesitzes war ihr Recht so gut wie die ihrer Person; diese Unabhängigkeit hatte damals keine andere Garantie als die Macht des Besitzers, indem er aber seine Macht zur Verteidigung verwandte, glaubte er sein Recht auszuüben" usw.[1]

Es ist nicht minder bemerkenswert, daß für Guizot der Zustand der Personen nur „bei den modernen Völkern eng mit dem Zustand des Grundbesitzes" verbunden war.

Weder Mignet noch sonst ein anderer französischer Historiker derselben Epoche (und die französischen Historiker dieser Epoche sind nach mehr als einer Richtung bemerkenswert) wußte die Schwierigkeit aus dem Wege zu räumen, vor der Guizot und Augustin Thierry sich zum Halt gezwungen sahen. Man erkannte bereits sehr wohl, daß in den ökonomischen Verhältnissen einer Gesellschaft die Ursachen ihrer Entwicklung zu suchen waren. Man begriff bereits sehr wohl, daß den politischen Bewegungen ökonomische Interessen zugrunde liegen, welche sich in ihnen durchsetzen. Und nach der großen Französischen Revolution, diesem epischen Kampfe der Bourgeoisie gegen Adel und Geistlichkeit,[2] wäre es schwer gewesen, das nicht

---

Texte sprechen. Für ihn ist im Grunde die menschliche Natur die zureichende Ursache der menschlichen Entwicklung. Er scheitert an derselben Klippe wie die materialistischen Philosophen des achtzehnten Jahrhunderts. Beiläufig gesagt, hoffen wir, den Standpunkt Saint-Simons in einer speziellen Studie darstellen zu können.

[1] Guizot a. a. O., S. 81 bis 83.
[2] Die liberalen französischen Historiker der Zeit der Restauration sprechen oft von dem Klassenkampf und, was mehr, sprechen mit voller Sympathie davon. Sie ent=

zu begreifen. Sie waren aber nicht imstande, den Ursprung der ökonomischen Struktur einer Gesellschaft zu
erklären. Und wenn sie davon sprachen, so wandten sie sich
an die Eroberung und kehrten zum Standpunkt des achtzehnten Jahrhunderts zurück, da ein Eroberer auch ein
„Gesetzgeber" ist, nur einer, der von außen kommt.
Also: Hegel war sozusagen gegen seinen Willen dahin
gebracht worden, in dem sozialen Zustand der Völker (in dem „Besitz") das lösende Wort des Rätsels ihrer
historischen Schicksale zu suchen. Die französischen Historiker der Zeit der Restauration ihrerseits wenden sich
mit gutem Vorbedacht an die „positiven Interessen", an den ökonomischen Zustand, um Ursprung und
Entwicklung der verschiedenen Formen der „Regierung"
zu erklären. Aber weder dem einen noch den anderen,
weder dem idealistischen Philosophen noch der positiven
Geschichtsforschung gelang es, das große Problem, welches
sich vor ihnen unvermeidlich aufrichtete, zu lösen: wovon hängt ihrerseits die Struktur der Gesellschaft, hängen die Besitzverhältnisse ab?
Und solange dies große Problem ungelöst blieb, so lange
blieben die Untersuchungen auf dem Gebiet der in Frankreich sciences morales et politiques genannten Wissenschaften ohne eine wahrhaft wissenschaft-

---

setzen sich nicht einmal vor dem Blutvergießen. „Ich wiederhole
es also, der Krieg war notwendig, das heißt die Revolution,"
ruft Thiers in einer Note seiner Geschichte der Französischen
Revolution aus. (1. Band, S. 365 der Ausgabe von 1834.) „Gott
hat den Menschen die Gerechtigkeit nur um den Preis des
Kampfes gegeben." Solange die Bourgeoisie ihren Kampf
gegen die Aristokratie noch nicht vollendet hatte, hatten die
Theoretiker der Bourgeoisie nichts gegen den Klassenkampf einzuwenden. Das Erscheinen des gegen die Bourgeoisie kämpfen-
den Proletariats auf der historischen Bühne hat die Ideen
der genannten Theoretiker sehr geändert. Heute ist der „Klassenkampf" ein zu „enger" Gesichtspunkt für sie. Tempora mu-
tantur et nos mutamur in illis!

liche Grundlage, und konnte man mit Recht diesen angeblichen Wissenschaften die speziell sciences genannten, allein als „exakt" geltenden Wissenschaften, die mathematische und die Naturwissenschaft, entgegenstellen.

Die Aufgabe des **dialektischen Materialismus** war also im voraus bezeichnet. Die Philosophie, welche in den vorhergehenden Jahrhunderten der **Naturwissenschaft** so viele Dienste geleistet hatte, mußte die **soziale Wissenschaft** aus dem Labyrinth ihrer Widersprüche befreien. War diese Aufgabe vollendet, so konnte die Philosophie sagen: „**Ich habe meine Schuldigkeit getan, ich kann gehen**," da in Zukunft die exakte Wissenschaft die Hypothesen der Philosophen unnütz machen mußte.

Die Artikel von Marx und Engels in den „**Deutsch-Französischen Jahrbüchern**", Paris 1844; **Die heilige Familie**, von denselben Autoren; **Die Lage der arbeitenden Klasse in England**, von Engels; **Das Elend der Philosophie**, von Marx; **Das Manifest der Kommunistischen Partei**, von Marx und Engels; **Lohnarbeit und Kapital**, von Marx, enthalten bereits gut formulierte und klar dargelegte Züge der neuen Geschichtsauffassung. Aber ihre systematische, wenn auch kurze Darlegung finden wir in dem Buche von Marx: „**Zur Kritik der politischen Ökonomie**", Berlin 1859.

„In der gesellschaftlichen Produktion ihres Lebens gehen die Menschen bestimmte, notwendige, von ihrem Willen unabhängige Verhältnisse ein, Produktionsverhältnisse, die einer bestimmten Entwicklungsstufe ihrer materiellen Produktivkräfte entsprechen. Die Gesamtheit dieser Produktionsverhältnisse bildet die ökonomische Struktur der Gesellschaft, die reale Basis, worauf sich ein juristischer und politischer Überbau erhebt und welcher bestimmte gesellschaftliche Bewußtseinsformen entsprechen. Die Produktionsweise des materiellen Lebens bedingt den sozialen politischen und geistigen Lebensprozeß überhaupt. Es ist nicht das Bewußtsein des Menschen, das ihr Sein, sondern umgekehrt ihr gesellschaftliches Sein, das ihr Bewußtsein bestimmt."[1]

Was sind diese **Produktionsverhältnisse**? Sie sind, was man juristisch die **Eigentumsverhältnisse** nennt, der Besitz, von dem Guizot und Hegel sprachen. Marx' Theorie beantwortet also mit der Erklärung des Ursprungs dieser Verhältnisse gerade die Frage, welche die Männer der Wissenschaft und Philosophie vor ihm nicht beantworten konnten.

Der Mensch mit seiner "**Meinung**" und seiner "**Bildung**" ist ein Produkt des sozialen Milieus, wie es die **französischen Materialisten des achtzehnten Jahrhunderts** sehr wohl wußten, obschon sie es oft vergaßen. Die historische Entwicklung der "öffentlichen Meinung" wie die ganze menschliche Geschichte ist ein **gesetzmäßiger Prozeß**, wie ihn die **deutschen Idealisten** des neunzehnten Jahrhunderts verkündigten. Aber dieser Prozeß ist nicht durch die Eigenschaften des "**Weltgeistes**" bestimmt, wie diese Idealisten glaubten, sondern durch die **reellen Bedingungen der menschlichen Existenz**. Die Formen der "**Regierung**", von denen die Philosophen so viel redeten, haben ihre Wurzel in dem, was Guizot kurz die **Gesellschaft** und was Hegel die **bürgerliche Gesellschaft** nannte. Die bürgerliche Gesellschaft wird aber in ihrer Entwicklung durch **die Entwicklung der Produktivkräfte bestimmt, welche den Menschen zur Verfügung stehen**. Die Marxsche Geschichtsauffassung, welche die Ignoranten für **eng** und **einseitig** halten, ist tatsächlich das legitime Produkt

---

[1] Zur Kritik, Vorwort, S. V.

einer langen Entwicklung der historischen Ideen. Sie enthält sie alle, insofern sie wirklichen Wert haben, und gibt ihnen eine viel festere Grundlage, als sie zur Zeit ihrer jeweiligen Blüte besaßen. Deshalb ist sie, um uns des bereits zitierten Ausdrucks Hegels zu bedienen, die **entfaltetste, reichste und konkreteste**.

Die Philosophen des achtzehnten Jahrhunderts sprachen ohne Aufhören von der „**menschlichen Natur**", welche die Geschichte der Menschheit erklären und die Eigenschaften anzeigen sollte, die eine „**vollendete Gesetzgebung**" besitzen müsse. Dieser Gedanke liegt allen Utopien zugrunde: bei ihrer idealen Konstruktion einer **vollendeten Gesellschaft** gingen die Utopisten stets von Betrachtungen über die menschliche Natur aus. Die „**Eroberung**" Augustin Thierrys und Guizots bringt uns gleichfalls zur menschlichen Natur, das heißt zu der mit mehr oder weniger Erfolg vorgestellten, mehr oder weniger willkürlichen „**Natur**" der Eroberer zurück.[1] Wenn aber die **menschliche Natur** etwas **Konstantes** ist, so ist es durchaus absurd, mit ihrer Hilfe die wesentlich **variablen historischen Schicksale** der Menschheit

---

[1] Guizot beruft sich in seinen oben zitierten Essais oft ausdrücklich auf die „**Bedürfnisse der menschlichen Natur**". Thiers bemüht sich im zweiten Kapitel seines Buches „De la propriété" zu beweisen, „daß die Beobachtung der menschlichen Natur die wahre Methode sei, die man bei der Darlegung der Rechte des Menschen in der Gesellschaft zu befolgen habe". Gegen eine solche „Methode" hätte kein „Philosoph" des achtzehnten Jahrhunderts etwas einzuwenden gehabt. Noch mehr! Die kommunistischen und sozialistischen Utopisten, welche Thiers bekämpfte, hätten ebensowenig etwas dagegen zu bemerken gehabt. Diese oder jene Auffassung von der menschlichen Natur diente stets ihren Betrachtungen über die soziale Organisation als Grundlage. Hierin unterschied sich der Standpunkt der Utopisten gar nicht von dem ihrer Gegner. Es versteht sich von selbst, daß dies sie nicht hinderte, andere Menschenrechte „abzuleiten" als zum Beispiel die Thiersschen.

erklären zu wollen; ist sie variabel, so muß man sich fragen, woher kommen ihre Veränderungen? Die deutschen Idealisten, diese Meister der Logik, erkannten bereits, daß die menschliche Natur eine sehr wenig glückliche Fiktion ist. Sie setzten die verborgene Triebfeder der historischen Bewegung **außerhalb des Menschen**, der nach ihrer Ansicht nur den unwiderstehlichen Antrieben dieser Triebfeder gehorcht. Diese bewegende Kraft war aber der **Weltgeist, das heißt eine durch den Filter der Abstraktion gegangene Seite der menschlichen Natur**. Marx' Theorie macht all diesen Fiktionen, all diesen Irrgängen, all diesen Widersprüchen ein Ende. **Indem der Mensch durch seine Arbeit auf die Natur außer ihm wirkt, bewirkt er die Veränderung seiner eigenen Natur.** Die menschliche Natur hat also ihrerseits eine Geschichte, und um sich von dieser Geschichte Rechenschaft zu geben, muß man begreifen, wie die Einwirkung des Menschen **auf die Natur außer ihm** vor sich geht.

Helvetius hat einen Versuch gemacht, die Entwicklung der menschlichen Gesellschaften zu erklären, indem er sie auf die **physischen Bedürfnisse der Menschen** basierte. Sein Versuch mußte mißglücken, da genau genommen nicht die Bedürfnisse des Menschen, sondern die **Mittel und Wege**, sie zu befriedigen, zu betrachten waren.

Das Tier hat seine physischen Bedürfnisse so gut wie der Mensch. Aber die Tiere **produzieren nicht**; sie bemächtigen sich nur der Gegenstände, deren Produktion die Natur sich sozusagen vorbehält. Um sich dieser Gegenstände zu bemächtigen, bedienen sie sich **ihrer Organe**: ihrer Zähne, ihrer Zunge, ihrer Gliedmaßen usw. Die Anpassung eines Tieres an das es umgebende, natürliche Milieu vollzieht sich also mittels der Umwandlung seiner Organe, mittels Änderungen in seiner **anatomischen**

Struktur. Die Sache liegt nicht ebenso einfach für das Tier, welches sich stolz homo sapiens nennt. „Der Mensch tritt dem Naturstoff selbst als eine Naturmacht gegenüber. Die seiner Leiblichkeit angehörenden Naturkräfte, Arme und Beine, Kopf und Hand, setzt er in Bewegung, um sich den Naturstoff in einer für sein eigenes Leben brauchbaren Form anzueignen." Er ist Produzent und verwendet in dem Prozeß der Produktion Werkzeuge. „Der Gegenstand, dessen sich der Arbeiter unmittelbar bemächtigt — abgesehen von der Ergreifung fertiger Lebensmittel, der Früchte zum Beispiel, wobei seine eigenen Leibesorgane allein als Arbeitsmittel dienen —, ist nicht der Arbeitsgegenstand, sondern das Arbeitsmittel. So wird das Natürliche selbst zum Organ seiner Tätigkeit, ein Organ, das er seinen eigenen Leibesorganen hinzufügt, seine natürliche Gestalt verlängernd, trotz der Bibel."[1] Hierin unterscheidet sich sein Kampf um das Dasein wesentlich von dem der anderen Tiere: das werkzeugmachende Tier (the toolmaking animal) paßt sich dem es umgebenden natürlichen Milieu an, indem es seine künstlichen Organe modifiziert. Gegenüber diesen Modifikationen verschwinden die Veränderungen seiner anatomischen Struktur als gänzlich bedeutungslos. So sagt Darwin, daß die in Amerika ansässigen Europäer außerordentlich schnell physische Veränderungen erleiden. Aber nach Darwin selbst sind diese Veränderungen „sehr geringfügig"; sie sind gänzlich null im Vergleich zu den zahllosen Veränderungen, welche die künstlichen Organe der Amerikaner erleiden. Sobald also der Mensch ein werkzeugmachendes Tier wird, tritt er in eine neue Phase seiner Entwicklung: seine zoologische Entwicklung endigt, seine historische Laufbahn beginnt.

---

[1] Das Kapital, 3. Auflage, S. 157.

Darwin bekämpft diese Ansicht, daß kein Tier sich eines Werkzeugs bediene. Er führt mehrere Beispiele an, welche das Gegenteil beweisen: im Naturzustand bedient sich der Schimpanse eines Steines, um eine wilde hartschalige Frucht aufzubrechen; in Indien brechen gezähmte Elefanten Baumzweige ab und bedienen sich derselben als Fliegenwedel usw. Alles dies kann durchaus wahr sein. Aber man darf hier vor allen Dingen nicht vergessen, daß q u a n t i t a t i v e Veränderungen q u a l i t a t i v e Unterschiede werden. Der Verwendung von Werkzeugen begegnet man bei den Tieren nur in ihren A n f ä n g e n. Ihr Einfluß auf die Lebensweise derselben ist u n e n d l i c h   k l e i n; auf die des Menschen hat dagegen die Verwendung von Werkzeugen einen e n t s c h e i d e n d e n Einfluß. In diesem Sinne sagt Marx, daß „der Gebrauch und die Schöpfung von Arbeitsmitteln, obgleich im Keim schon gewissen Tierarten eigen, den spezifisch menschlichen Arbeitsprozeß charakterisieren".[1]

Selbstverständlich sind die mechanischen Arbeitsmittel nicht die einzigen, deren sich der Mensch bedient. Aber Marx hält sie für die charakteristischsten. Sie bilden, was er d a s K n o c h e n - u n d M u s k e l s y s t e m d e r P r o d u k t i o n nennt. Ihre Überbleibsel haben für die Beurteilung der u n t e r g e g a n g e n e n ö k o n o m i s c h e n G e s e l l s c h a f t s f o r m a t i o n e n denselben Wert wie die Knochenüberreste für das Studium der verschwundenen Tiergattungen. „Nicht was gemacht wird, sondern wie, mit welchen Arbeitsmitteln gemacht wird, unterscheidet die ökonomischen Epochen."[2] Voll von idealistischen Vorurteilen, ahnten die Historiker und „Soziologen" vor Marx nicht einmal, was für ein kostbares Mittel, die wichtigsten Entdeckungen zu machen, diese f o s s i l e T e c h n o l o g i e für sie sein würde. „Darwin hat das Interesse auf die Ge-

---

[2] Das Kapital, S. 158.
[3] Ebenda, S. 158.

schichte der natürlichen Technologie gelenkt, das heißt auf die Bildung der Pflanzen- und Tierorgane als Produktionsinstrumente für das Leben der Pflanzen und Tiere. Verdient die Bildungsgeschichte der produktiven Organe des Gesellschaftsmenschen, der materiellen Basis jeder besonderen Gesellschaftsorganisation nicht gleiche Aufmerksamkeit? Und wäre sie nicht leichter zu liefern, da, wie Vico sagt, die Menschengeschichte sich dadurch von der Naturgeschichte unterscheidet, daß wir die eine gemacht und die andere nicht gemacht haben?"[1]

Die modernen Kulturhistoriker sprechen wohl von einer Stein-, Bronze- und Eisenzeit. Diese Einteilung der prähistorischen Zeit geht von dem Hauptmaterial aus, das zur Produktion von Waffen und Geräten diente. Man teilt diese Zeitalter in verschiedene Perioden: zum Beispiel die des behauenen Steins und die des polierten. Die Kulturhistoriker schließen also ihre Augen der fossilen Technologie gegenüber nicht gänzlich. Unglücklicherweise begnügen sie sich gewöhnlich auf diesem Gebiet mit Allgemeinheiten, die nur Gemeinplätze erzeugen können. Und man begibt sich nur dank dem Mangel anderer Daten, in Ermangelung von etwas Besserem auf dies Gebiet. Man verläßt es, sobald man in der eigentlichen Geschichte sich anderen Daten gegenüber sieht, die als des Menschen und seiner Vernunft würdiger gelten. In dieser Hinsicht folgt man meist dem Beispiel des achtzehnten Jahrhunderts. Man macht es, wie es Condorcet seinerzeit gemacht hat.

In seinem berühmten Werke: „Esquisse d'un tableau historique des progrès de l'esprit humain" beginnt Condorcet mit der Beschreibung der Entwicklung der Produktivkräfte der primitiven Menschen, von den rohesten „Künsten" bis zum Beginn des Ackerbaus. Er geht selbst so weit, zu erklären, „daß die Kunst, Waffen zu fertigen,

---

[1] Das Kapital, S. 374/75, Anmerkung 89.

Speisen zu bereiten, sich die für diese Bereitung notwendigen Werkzeuge zu verschaffen, die Nahrungsmittel für einige Zeit aufzubewahren, Vorräte davon anzulegen, der erste Charakterzug war, der die menschliche Gesellschaft von denen anderer Tiergattungen unterschied". Er begreift zugleich sehr wohl, daß eine so wichtige „Kunst" wie der Ackerbau einen ungeheuren Einfluß auf die **Struktur der Gesellschaft** haben mußte. Aber schon die „**dritte Epoche**" der menschlichen Geschichte umfaßt bei ihm „**die Fortschritte der ackerbauenden Völker bis zur Erfindung der alphabetischen Schrift**"; die vierte ist die der Fortschritte des menschlichen Geistes in Griechenland bis zur Zeit der **Teilung der Wissenschaften** im Jahrhundert Alexanders; die fünfte wird durch die **Fortschritte der Wissenschaften** charakterisiert usw. Ohne es zu merken, ändert Condorcet vollständig sein Einteilungsprinzip, und man sieht sofort, daß er im Anfang nur deshalb von der Entwicklung der produktiven Kräfte handelte, weil er nicht anders konnte. In gleicher Weise sieht man, daß die auf dem Gebiet der Produktion und des materiellen Lebens der Menschen im allgemeinen gemachten „Fortschritte" für ihn nur ein **Gradmesser** der Fortschritte des Geistes sind, denen sie alles verdanken, ohne ihnen jemals etwas Ähnliches erweisen zu können.

Für Condorcet waren die Produktionsmittel die **Wirkung**, die geistigen Fähigkeiten des Menschen, sein Geist, die **Ursache**. Und da er als Metaphysiker blind war für jene Dialektik, die einem jeden Prozeß in der Natur wie in der Gesellschaft immanent ist, kraft deren jede **Ursache** nur Ursache ist, nachdem sie Wirkung gewesen, und jede **Wirkung** ihrerseits **Ursache** wird; da er die Existenz dieser Dialektik nur in den Fällen bemerkte, wo sie in der speziellen Form des **Verhältnisses der Wechselwirkung** erschien, so zog er es natürlich vor, den Stier bei den Hörnern zu fassen und sich direkt an die Ursache zu wenden, so oft er es konnte, so oft er nicht gezwungen war, anders zu handeln. Der menschliche Geist war für ihn der große Motor der historischen Bewegung, und diesem Geist legte Condorcet, wie alle „P h i l o s o p h e n", eine „natürliche" Tendenz zum F o r t s c h r i t t bei. Das ist sehr oberflächlich; aber seien wir gerecht: sind die modernen Kulturhistoriker weit von dem Standpunkt Condorcets entfernt?[1]

Es ist sonnenklar, daß die Anwendung von Werkzeugen, so unvollkommen sie auch sein mögen, eine relativ ungeheure Entwicklung der geistigen Fähigkeiten voraussetzt. Es ist viel Wasser den Berg hinabgelaufen, bevor unsere affen-menschlichen Vorfahren so viel „G e i s t" erwarben. Wie erwarben sie ihn? Hierüber muß man nicht die Geschichte, sondern die Z o o l o g i e befragen. Darwin hat für die Zoologie geantwortet. Wenigstens hat er gezeigt, wie die zoologische Evolution des Menschen bis zu dem fraglichen Punkt gelangen k o n n t e. Allerdings spielt der affen-menschliche „Geist" in der Hypothese Darwins eine

---

[1] Übrigens geben die Ökonomen darin den Kulturhistorikern nichts nach. Als Beispiel diene, was Michel Chevalier von den Fortschritten sagt, welche die Produktivkraft der Arbeit gemacht hat. „Die Produktivkraft des Menschen entwickelt sich unaufhörlich in der Reihenfolge der Epochen der Zivilisation. Diese Entwicklung ist eine der zahlreichen Formen, welche der Fortschritt der Gesellschaft selbst annimmt, und nicht die am wenigsten anziehende." (Weltausstellung von 1867. Berichte der internationalen Jury. Einleitung von Michel Chevalier, S. 21/22.) Das also, was die Menschheit vorwärts bringt, ist der F o r t s c h r i t t, ein metaphysisches Wesen, das unter seinen anderen zahlreichen Formen auch die der Entwicklung der Produktivkräfte annimmt. Es ist immer dieselbe alte Geschichte von der idealistischen Personifikation der Gedankendinge, der Produkte der Abstraktion; es ist immer der von den sich bewegenden Körpern geworfene Schatten, der uns die Geheimnisse ihrer Bewegungen erklären soll.

ziemlich passive Rolle, da es sich bei dieser Hypothese nicht mehr um seine angebliche natürliche Tendenz zum Fortschritt handelt, indem er nur durch ein Zusammentreffen von Umständen vorwärtsgetrieben wird, deren Natur sehr wenig erhaben ist. So hätte nach Darwin „der Mensch seine jetzige hervorragende Stellung in der Welt nicht ohne den Gebrauch seiner Hände erreichen können, die so wunderbar geeignet sind, seinem Willen folgend tätig zu sein".[1] Das behauptete schon Helvetius: die Fortschritte der Extremitäten gelten — horribile dictu — als die Ursache derer des Gehirns, und, was noch schlimmer, die Fortschritte der Extremitäten waren nicht dem affen-menschlichen Geist, sondern dem Einfluß des umgebenden natürlichen Milieus geschuldet.

Wie dem auch sei, die Zoologie übergibt der Geschichte ihren **homo** schon im Besitz der zur Erfindung und zum Gebrauch der primitivsten Werkzeuge notwendigen Fähigkeiten. Die Geschichte hat also nur die Entwicklung der künstlichen Organe zu **verfolgen** und ihren Einfluß auf die Entwicklung des Geistes zu enthüllen, wie die Zoologie es für die **natürlichen Organe** getan hat. Wenn nun die Entwicklung der letzteren durch das natürliche umgebende Milieu beeinflußt worden war, so kann man leicht begreifen, daß dasselbe auch für die **künstlichen Organe** der Fall war.

Die Einwohner eines Landes ohne Metalle können keine Werkzeuge erfinden, welche den Steinwerkzeugen überlegen sind. Damit der Mensch das Pferd, das Rind, das Schaf usw., die eine so große Rolle in der Entwicklung seiner Produktivkräfte gespielt haben, zähmen konnte, mußte er die Länder bewohnen, in denen sie, das heißt ihre zoologischen Vorfahren, in wildem Zustand lebten. Die Kunst der Schiffahrt entstand sicher nicht in Steppen usw. Das

---

[1] The Descent of man etc., 1. Teil, 2. Kapitel.

natürliche umgebende Milieu, **das geographische Milieu**, seine **Armut** oder sein **Reichtum** haben also einen unbestreitbaren Einfluß auf die Entwicklung der Industrie gehabt. Außerdem hat aber der Charakter des geographischen Milieus in der Geschichte der Kultur noch eine andere, viel bemerkenswertere Rolle gespielt.

„Es ist nicht die absolute Fruchtbarkeit des Bodens," sagt Marx, „sondern seine Differenzierung, die Mannigfaltigkeit seiner natürlichen Produkte, welche die Naturgrundlage der gesellschaftlichen Teilung der Arbeit bildet und den Menschen durch den Wechsel der Naturumstände, innerhalb deren er haust, zur Vermannigfachung seiner eigenen Bedürfnisse, Fähigkeiten, Arbeitsmittel und Arbeitsweisen spornt. Die Notwendigkeit, eine Naturkraft gesellschaftlich zu kontrollieren, damit hauszuhalten, sie durch Werke von Menschenhand auf großem Maßstab erst anzueignen oder zu zähmen, spielt die entscheidendste Rolle in der Geschichte der Industrie. So zum Beispiel die Wasserregelung in Ägypten, Lombardei, Holland usw. Oder in Indien, Persien usw., wo die Überrieselung durch künstliche Kanäle dem Boden nicht nur das unentbehrlichste Wasser, sondern mit dem Geschlämme zugleich den Mineraldünger von den Bergen zuführt."[1]

So gewinnt also der Mensch aus dem natürlichen umgebenden Milieu das Material, um sich künstliche Organe zu schaffen, mit denen er die Natur bekämpft. Der Charakter des natürlichen umgebenden Milieus bestimmt den Charakter seiner produktiven Tätigkeit, seiner **Produktionsmittel**. **Die Produktionsmittel** be-

---

[1] Das Kapital, S. 525, 526. „Während also die tropischen Kontinente für sich die Reichtümer der Natur haben, sind die gemäßigten Kontinente die für die Entwicklung des Menschen geeignetsten." Géographie physique comparée considérée dans ses rapports avec l'histoire de l'humanité par Arnold Guyot, neue Auflage, Paris 1888, S. 256.

stimmen aber die wechselseitigen Beziehungen der Menschen in dem Produktionsprozeß ebenso unvermeidlich, wie die Bewaffnung einer Armee ihre ganze Organisation, alle wechselseitigen Beziehungen der Individuen bestimmt, aus denen sie sich zusammensetzt. Nun bestimmen aber die wechselseitigen Beziehungen der Menschen in dem gesellschaftlichen Produktionsprozeß die ganze Struktur der Gesellschaft. Der Einfluß des natürlichen Milieus auf diese Struktur ist also unbestreitbar. **Der Charakter des natürlichen Milieus bestimmt den des sozialen Milieus.**

Ein Beispiel: „Die Notwendigkeit, die Perioden der Nilbewegung zu berechnen, schuf die ägyptische Astronomie und mit ihr die Herrschaft der Priesterkaste als Leiterin der Agrikultur."[1]

Aber das ist nur die eine Seite der Sache. Noch eine andere muß gleichfalls berücksichtigt werden, will man nicht zu ganz falschen Schlüssen kommen.

Die Produktionsverhältnisse sind die **Wirkung**, die Produktivkräfte die **Ursache**. Aber die Wirkung wird ihrerseits zur Ursache; die Produktionsverhältnisse werden eine neue Quelle der Entwicklung der Produktivkräfte. Dies führt zu einem doppelten Resultat.

1. Die gegenseitige Einwirkung der Produktionsverhältnisse und Produktivkräfte verursacht eine **soziale Bewegung**, welche ihre Logik und ihre von dem natürlichen Milieu unabhängigen Gesetze hat.

Ein Beispiel: Das Privateigentum ist in der primitiven Phase seiner Entwicklung stets die Frucht der Arbeit des

---

[1] Das Kapital, S. 525. In Asien wie in Ägypten „entwickeln sich die Zivilisationen in den leicht kultivierbaren Alluvialebenen... und schließen sich in gleicher Weise den großen Flüssen an". Guyot a. a. O., S. 277. Vergl. Metschnikoff, La civilisation et les grands fleuves historiques, Paris 1889.

Eigentümers selbst, wie man dies sehr gut in den russischen Dörfern beobachten kann. Es kommt aber mit Notwendigkeit eine Zeit, in der es das Gegenteil dessen wird, was es zuvor war: es setzt die Arbeit eines anderen voraus, es wird zum **kapitalistischen** Privateigentum, wie wir dies gleichfalls alle Tage in den russischen Dörfern sehen können. Dies Phänomen ist eine Wirkung der immanenten Gesetze der Evolution des Privateigentums. Alles, was das **natürliche Milieu** in diesem Falle vermag, besteht darin, diese Bewegung durch **die Begünstigung der Entwicklung der Produktivkräfte zu beschleunigen.**

2. Da die soziale Evolution ihre eigentümliche, von jedem direkten Einfluß des natürlichen Milieus unabhängige Logik hat, so kann es sich ereignen, daß dasselbe Volk, obschon es dasselbe Land bewohnt und seine physischen Eigenschaften fast dieselben bleiben, in verschiedenen Epochen seiner Geschichte soziale und politische Einrichtungen besitzt, die einander sehr wenig ähnlich, ja ganz verschieden voneinander sind. Man hat hieraus schließen wollen, daß das geographische Milieu ohne Bedeutung in der menschlichen Geschichte sei. Das ist ein total falscher Schluß.[1] Die Völker, welche England zur Zeit **Cäsars** bewohnten, empfanden den Einfluß desselben geographischen Milieus wie die Engländer zur Zeit **Cromwells**. Aber die Zeitgenossen Cromwells waren mit viel gewaltigeren Produktivkräften ausgerüstet als die Völkerschaften zu Cäsars Zeiten.

---

[1] Auch **Voltaire** leugnete in oberflächlicher Weise den Einfluß des geographischen Milieus auf die menschlichen Gesellschaften, den **Montesquieu** behauptete. Wir haben gesehen, daß **Holbach**, durch seine metaphysische Methode in Widersprüche verwickelt, ihn bald leugnete, bald zugab. Im allgemeinen ist die Konfusion, welche die Metaphysiker aller Schattierungen in das Studium dieser Frage bringen, ohne Zweifel eine der bemerkenswertesten Illustrationen für die Schwäche ihrer Methode.

Das geographische Milieu wirkte auf sie nicht mehr in derselben Weise, da sie selbst auf ihr natürliches Milieu in einer ganz anderen Weise zurückwirkten. Die produktiven Kräfte Englands im siebzehnten Jahrhundert waren die Frucht seiner Geschichte; und in dieser Geschichte hat das geographische Milieu niemals aufgehört, seinen Einfluß, obschon in stets verschiedener Art und Weise, auf die ökonomische Entwicklung des Landes auszuüben.

Die wechselseitige Beziehung des Gesellschaftsmenschen und des geographischen Milieus ist außerordentlich variabel. Sie ändert sich mit jedem neuen Schritt, den die Produktivkräfte des Menschen in ihrer Entwicklung machen. Infolgedessen erzeugt die Einwirkung des geographischen Milieus auf den Gesellschaftsmenschen verschiedene Resultate in den verschiedenen Phasen der Entwicklung dieser Kräfte. Aber die Veränderungen in dem Verhältnis zwischen dem Menschen und seinem Wohnort haben nichts Zufälliges. Sie konstituieren in ihrer Folge einen gesetzmäßigen Prozeß. Um sich Rechenschaft von diesem Prozeß zu geben, muß man vor allem bedenken, daß das natürliche Milieu nicht durch seine Einwirkung auf die menschliche Natur, sondern durch seine Einwirkung auf die Entwicklung der Produktivkräfte ein wichtiger Faktor in der historischen Bewegung der Menschheit wird.

„Die Temperatur dieses Landes (es handelt sich um die gemäßigte Zone Asiens. G. P.) muß mit Rücksicht auf die Natur der Jahreszeiten, welche keine unmäßigen Veränderungen durchzumachen haben, der Temperatur des Frühlings sehr nahekommen. Unmöglich können aber die Menschen in einem solchen Land mutig und lebhaft sein, Arbeit und Mühen aushalten.... Wenn die Asiaten verzagt, ohne

Mut, weniger kriegerisch und von sanfterem Charakter sind als die Europäer, so muß man die Hauptursache davon in der Natur der Jahreszeiten suchen. Ohne große Veränderungen zu erleiden, sind sie bei den ersteren fast gleich und gehen von der Wärme zur Kälte in fast unmerklicher Weise über. In einer solchen Temperatur empfindet nun weder die Seele jene lebhaften Erschütterungen noch der Körper jene plötzlichen Wechsel, welche natürlich dem Menschen einen wilderen, unlenksameren, heftigeren Charakter geben, als wenn er in einer stets gleichen Temperatur lebte; denn diese rapiden Übergänge von einem Extrem zum anderen erwecken den Geist des Menschen und entreißen ihn dem Zustand der Trägheit und Sorglosigkeit."

Diese Zeilen sind vor langer Zeit geschrieben, da sie von Hippokrates stammen.[1] Es gibt aber selbst heute noch viele Schriftsteller, die in ihrer Schätzung des Einflusses des geographischen Milieus auf die Menschheit nicht weiter gegangen sind. Wie der Wohnort, so die Rasse, die Moral, die Wissenschaft, die Philosophie, die Religion und als unvermeidliche Folge die sozialen und politischen Einrichtungen.[2]

---

[1] Des airs, des eaux et des lieus, trad. avec texte en regard, de Coray. Paris 1800, S. 76, 85.

[2] „Wie das östliche Asien seine ihm eigentümliche physische Natur hat, so hat es auch seine ihm eigentümliche Rasse, die mongolische Rasse.... Bei ihr scheint das melancholische Temperament zu herrschen; die Intelligenz, von mittlerer Begabung, übt sich in Details, erhebt sich aber niemals zu allgemeinen Ideen noch zu tiefen Spekulationen in der Naturwissenschaft und Philosophie. Geschickt, erfinderisch, voll Scharfsinn in den nützlichen, den Komfort des Lebens schaffenden Künsten, weiß der Mongole doch nicht ihre Anwendung zu verallgemeinern. Ganz den Dingen der Erde zugewandt, bleibt ihm die Welt der Ideen, die geistige Welt verschlossen. Seine ganze Philosophie und Religion reduzieren sich darauf, die Prinzipien und Regeln des menschlichen Gewissens auszudrücken, ohne deren Beobachtung die Gesellschaft unmöglich sein würde. A. Guyot a. a. O., S. 269.

Dies erscheint sehr plausibel, ist in Wirklichkeit aber ebenso oberflächlich wie alle anderen Versuche, die Phänomene der sozialen Evolution mit Hilfe dieses oder jenes Begriffs von der m e n s c h l i c h e n N a t u r zu erklären.

Bu ck l e hat sehr gut gesagt: der Einfluß des Klimas und des Bodens auf den Menschen ist kein d i r e k t e r, sondern ein i n d i r e k t e r. „Sie sind von den bedeutendsten Folgen für die allgemeine Organisation der Gesellschaft gewesen, und aus ihnen sind viele der großen und bemerkenswerten Unterschiede zwischen den Nationen entstanden, die häufig einer fundamentalen Verschiedenheit der verschiedenen Rassen zugeschrieben werden, in welche die Menschheit zerfällt."[1] Buckle unterschreibt gern die

---

[1] History of Civilization in England. (Leipzig 1865, Brockhaus, 1. Band, S. 36, 37.) Übrigens hat hier, wie überall, Buckle nichts Neues gesagt. Geraume Zeit vor ihm und besser als er wußte der absolute Idealist Hegel den Einfluß der Natur auf den Menschen durch das Mittel der Produktivkräfte und besonders der sozialen Organisation zu schätzen (vergl. zum Beispiel seine Vorlesungen über die Philosophie der Geschichte, herausgegeben von Gans, S. 99, 100). Die Annahme einer unmittelbaren Einwirkung des geographischen Milieus auf die „menschliche Natur" oder, was auf dasselbe hinauskommt, auf die Natur der Rasse, ist so wenig haltbar, daß dieselben Schriftsteller, welche sie machen, sich gezwungen sehen, sie jeden Augenblick aufzugeben. So fügt A. Guyot in der vorhergehenden Note zitierten Zeilen hinzu: „Der Hauptsitz der mongolischen Rasse ist das zentrale Plateau Asiens. Das Nomadenleben und die patriarchalische Form dieser Gesellschaften (der von den Mongolen gegründeten. G. P.) sind die notwendige Folge der sterilen und trockenen Natur der Gegenden, welche sie bewohnen." Ebenso gesteht Hippokrates zu, daß der Mangel an Mut bei den Asiaten zum Teil wenigstens „eine Wirkung der Gesetze ist, denen sie unterworfen sind" (a. a. O., S. 86). Die Regierung der asiatischen Völker ist monarchisch, sagt er; nun „ist man aber notwendigerweise sehr feige, wo man Königen unterworfen ist" (a. a. O., S. 117); „ein starker Beweis für das, was ich vorbringe, ist es, daß in Asien selbst alle jene Griechen und Barbaren, die sich nach eigenen Gesetzen regieren, ohne Tyrannen unterworfen zu

Bemerkung J. St. Mills, daß „von allen gewöhnlichen Methoden, sich der Betrachtung der Wirkung sozialer und moralischer Einflüsse auf den menschlichen Geist zu entziehen, keine gewöhnlicher ist als die, die Verschiedenheit im Betragen und Charakter inhärenten natürlichen Verschiedenheiten zuzuschreiben". Aber derselbe Buckle verfällt, wenn er über den Einfluß der Natur auf die historische Entwicklung der Menschheit spricht, in dieselben Irrtümer, die er mit so viel Wärme und so viel Recht anderen vorhält.

„Erdbeben und vulkanische Ausbrüche sind häufiger und von zerstörenderer Wirkung in Italien und der spanisch-portugiesischen Halbinsel als in den anderen großen Ländern (Europas. G. P.), und gerade dort ist der Aberglaube am stärksten und sind die abergläubischen Klassen am mächtigsten. In diesen Ländern richtete die Geistlichkeit zuerst ihre Herrschaft auf; in ihnen trat die schlimmste Verderbnis des Christentums ein und hat der Aberglaube am festesten und dauerndsten Fuß gefaßt."[1]

So beeinflußt also der allgemeine Anblick des Wohnorts nach Buckle nicht nur die Intensität des religiösen Gefühls der Bewohner, sondern auch die soziale Stellung der Geistlichkeit, das heißt die gesamte soziale Struktur der Gesellschaft. Und das ist noch nicht alles.

„Es ist bemerkenswert, daß die größten Maler und fast alle der größten Bildhauer, die das moderne Europa besessen hat, aus Italien oder Spanien stammten. Auf dem Gebiet der Naturwissenschaft hat Italien ohne Zweifel verschiedene Männer von hervorragender Tüchtigkeit hervorgebracht; aber ihre Zahl ist unverhältnismäßig klein, wenn mit der der Künstler und Dichter verglichen."[2]

---

sein, und die deshalb für sich selbst arbeiten, die kriegerischsten Menschen sind" (a. a. O., S. 88). Das ist noch nicht die ganze Wahrheit, kommt aber der Wahrheit näher.

[1] History of Civilization in England, S. 113.
[2] Ebenda, S. 114.

Hier haben also die physischen Eigentümlichkeiten eines
Landes entscheidenden Einfluß auf die Entwicklung der
Wissenschaften und Künste in demselben. Haben die wärm=
sten Anhänger der „vulgären" Theorie der Rassen jemals
etwas Gewagteres und weniger Begründetes vorgebracht?
Die w i s s e n s ch a f t l i ch e Geschichte der geistigen Ent=
wicklung der Menschheit ist noch ganz und gar zu schreiben.
Auf diesem Gebiet müssen wir uns vorläufig mit mehr
oder weniger geistreichen Hypothesen begnügen. Aber es
gibt Hypothesen und Hypothesen. Die Buckles von dem
Einfluß der Natur hält nicht stand.

In der Tat hat das alte Griechenland ebensosehr durch
seine Denker wie seine Künstler geglänzt. Und doch ist die
Natur in Griechenland kaum weniger majestätisch als in
Italien oder Spanien. Selbst wenn man annimmt, daß
ihr Einfluß auf die menschliche Einbildung stärker in Ita=
lien als in dem Vaterland des Perikles ist, so genügt es,
daran zu erinnern, daß „Großgriechenland" das südliche
Italien und die benachbarten Inseln umfaßte, ohne daß
dies es gehindert hätte, viele Denker „hervorzubringen".

Die schönen Künste haben im modernen Italien und
Spanien, wie überall, ihre Geschichte. Die Blüte der italie=
nischen Malerei fällt in eine sehr kurze Periode, die fünfzig
bis sechzig Jahre nicht überschreitet.[1] Die Malerei hatte
auch in Spanien nur eine kurze Periode der Blüte. Wir
sind durchaus nicht imstande, die Ursachen anzuführen,
welche die italienische Malerei gerade in dieser Zeit (letztes
Viertel des fünfzehnten Jahrhunderts bis erstes Drittel
des sechzehnten) und nicht in einer anderen Epoche, zum

---

[1] „In diesem kurzen Zeitraum blühten die vollendeten Künst=
ler Leonardo da Vinci, Raffael, Michelangelo, Andrea del Sarto,
Fra Bartolomeo, Giorgione, Tizian, Sebastian del Piombo,
Correggio. Und dieser Zeitraum ist scharf begrenzt; wenn man
ihn nach der einen oder anderen Seite überschreitet, begegnet
man hier einer unvollendeten, dort einer verfallenden Kunst."
H. Taine, Philosophie de l'art. 5. Ausgabe, I, S. 126.

Beispiel ein halbes Jahrhundert früher oder später haben blühen lassen; aber wir wissen sehr wohl, daß die Natur der italienischen Halbinsel nicht damit zu tun hatte. Diese Natur war im fünfzehnten Jahrhundert dieselbe wie im dreizehnten oder siebzehnten. Aber wenn sich die variable Größe verändert, so geschieht dies doch nicht deswegen, weil die konstante dieselbe bleibt.

Gegenüber dem, was Buckle von dem Einfluß und der Macht der Geistlichkeit in Italien sagt, wenden wir ein, daß kaum ein Beispiel gefunden werden kann, das mehr von Grund aus der These, die es stützen soll, widerspricht. Zunächst gleicht die Rolle des Klerus im **katholischen** Italien in keiner Weise der des Klerus im **alten Rom**, obschon die physischen Eigenschaften des Landes keine fühlbare Veränderung erlitten haben. Da zweitens die katholische Kirche eine internationale Organisation war, so verdankte offenbar der Papst, der Führer der „abergläubischen Klasse", den größten Teil seiner Macht in Italien Ursachen, die nicht nur den physischen Eigenschaften des Landes, sondern auch seiner eigenen sozialen Struktur fremd waren.[1] Mehr als einmal von der römischen Bevölkerung verjagt, konnte sich der „heilige Vater" in der ewigen Stadt nur dank der Hilfe aus den transalpinen Staaten wieder einrichten. Die gänzlich exzeptionelle Lage Roms, als Sitz des Hauptes der Kirche, mußte die Rolle des Klerus in ganz Italien gewaltig beeinflussen. Nur muß man nicht glauben, daß der Klerus in Italien stets mächtiger gewesen ist als in anderen europäischen Ländern, zum Beispiel Deutschland. Das wäre ein großer Irrtum.[2]

---

[1] Über die sozialen Ursachen, welche diese internationale Organisation des Klerus erzeugten, vergl. den ersten Teil des vortrefflichen Buches von K. Kautsky: „Thomas More und seine Utopie".

[2] Schon der heilige Bernhard riet dem Papst Eugen III., die Römer zu verlassen und Rom gegen die Welt auszutauschen (urbem pro orbe mutatam).

Die Gelehrten, welche sich mit der Geschichte der Religionen beschäftigten, sind bis heutigen Tages sehr geneigt, jedesmal auf die Rassenanlagen zurückzugreifen, wenn ihnen in den Glaubenslehren eines Volkes eine Besonderheit aufstößt, deren Ursprung nicht leicht zu enthüllen ist. Trotzdem sind sie durch den Augenschein gezwungen worden, die ursprüngliche Gleichheit der Religionen von Wilden und Barbaren zu konstatieren, welche Gegenden des verschiedensten Charakters bewohnen.[1] Sie sehen sich in gleicher Weise g e z w u n g e n, den ungeheuren Einfluß der Lebensweise und der Produktionsmittel einer jeden Völkerschaft auf den Charakter ihrer Glaubenslehren anzuerkennen.[2] Die Wissenschaft wird also nur gewinnen,

---

[1] „Wir hätten unzählige Verschiedenheiten anführen können, welche von den Wohnsitzen und den Anlagen einer Rasse abhängen. Wir hätten aber daraus keine prinzipielle Verschiedenheit ableiten können. Ob lächerlich roh oder schon poetisch entwickelt, die Religion des unzivilisierten Menschen ist überall dieselbe. Naturismus, Animismus, Hexenglaube, Fetischismus oder Götzendienst, Opfer, Vorahnung der Fortdauer der Existenz nach dem Tode (der Autor, den wir zitieren, ist ein Christ. G. P.), Annahme der Fortdauer der Formen und Verhältnisse des wirklichen Lebens, Totenfeiern und Bestattung der Verstorbenen gemäß solchem Glauben, das haben wir überall gefunden." Les religions des peuples non civilisés par A. Reville, Paris 1883, II, S. 221, 222.

[2] „Auf unterster Stufe steht die Religion der Wurzelesser Australiens, welche zwar die Jagd betreiben, aber sich wenig geschickt darin zeigen, und die der Buschmänner, welche zum guten Teil vom Raub leben. Sanft bei den Koikoin oder den Hottentotten und bei den Kaffern, die sich hauptsächlich mit Viehzucht beschäftigen, erscheint dagegen die Religion bei einigen kriegerischen Negerstämmen blutig und grausam, während bei denjenigen, welche sich hauptsächlich mit Industrie und Handel beschäftigen, ohne dabei die Viehzucht und den Ackerbau zu vernachlässigen, der Kultus der Gottheit einen menschlicheren und zivilisierteren Charakter trägt, wobei der Handelsgeist gewöhnlich in gewissen Listen gegenüber den Geistern zum Ausdruck kommt. Die Mythen der Polynesier verraten sofort ein Volk

wenn sie alle vagen und „hypothetischen" Betrachtungen über den direkten Einfluß des geographischen Milieus auf die eine oder andere Eigenschaft des „menschlichen Geistes" beiseite läßt und vor allem sich bestrebt, den Anteil zu bestimmen, den dies Milieu an der Entwicklung der Produktivkräfte und — durch das Mittel dieser Kräfte — an der ganzen sozialen und geistigen, mit einem Wort historischen Entwicklung der Völker hat.

Gehen wir jetzt weiter.

„Auf einer gewissen Stufe ihrer Entwicklung geraten die materiellen Produktivkräfte der Gesellschaft in Widerspruch mit den vorhandenen Produktionsverhältnissen oder, was nur ein juristischer Ausdruck dafür ist, mit den Eigentumsverhältnissen, innerhalb derer sie sich bisher bewegt hatten. Aus Entwicklungsformen der Produktivkräfte schlagen diese Verhältnisse in Fesseln derselben um. Es tritt dann eine Epoche sozialer Revolution ein. Mit der Veränderung der ökonomischen Grundlage wälzt sich der ganze ungeheure Überbau langsamer oder rascher um. In der Betrachtung solcher Umwälzungen muß man stets unterscheiden zwischen der materiellen, naturwissenschaftlich treu zu konstatierenden Umwälzung in den ökonomischen Produktionsbedingungen und den juristischen, politischen, religiösen, künstlerischen oder philosophischen, kurz ideologischen Formen, worin sich die Menschen dieses Konfliktes bewußt werden und ihn ausfechten. So wenig man das, was ein Individuum ist, nach dem beurteilt, was es

---

von Ackerbauern und Fischern" usw. (Tiele, Manuel de l'histoire des religions traduit du hollandais par Maurice Vernes, Paris 1880, S. 18.) „Kurz, es ist unbestreitbar, daß der Festzyklus, wie ihn die jehovistische Gesetzgebung sowie die des Deuteronomiums anordnet, durch den Ackerbau, diese gemeinsame Grundlage des Lebens und der Religion, bestimmt wurde." (Revue de l'histoire des religions, II, S. 43.) Wir könnten nach Belieben solche Zitate, eines bezeichnender als das andere, häufen.

sich selbst dünkt, ebensowenig kann man eine solche Umwälzungsepoche aus ihrem Bewußtsein beurteilen, sondern muß vielmehr dies Bewußtsein aus den Widersprüchen des materiellen Lebens, aus dem vorhandenen Konflikt zwischen gesellschaftlichen Produktivkräften und Produktionsverhältnissen erklären."[1]

Alles Endliche ist dies, sich selbst aufzuheben, in sein Gegenteil überzugehen. Der Leser sieht, daß nach Marx dies gleichfalls für die sozialen und politischen Einrichtungen gilt. Jede gesellschaftliche Einrichtung ist zunächst eine „Entwicklungsform" der Produktivkräfte. Das ist sozusagen die schöne Zeit ihres Lebens. Sie befestigt sich, entwickelt sich, erreicht ihre Blüte. Instinktiv hängen die Menschen an ihr, proklamieren sie als „g ö t t l i ch" oder „n a t ü r l i ch". Aber allmählich naht das Alter; der Verfall beginnt. Man bemerkt, daß nicht alles in dieser Einrichtung so schön ist, wie man vorher glaubte, man tritt in den Kampf mit ihr; man erklärt sie für „diabolisch" oder „unnatürlich", und man b e s e i t i g t sie schließlich. Das geschieht, weil die Produktivkräfte der Gesellschaft nicht mehr dieselben sind wie früher, weil sie neue Fortschritte gemacht haben, durch die Veränderungen in den wechselseitigen Beziehungen der Menschen, in dem sozialen Prozeß der Produktion herbeigeführt wurden. Die allmählichen quantitativen Veränderungen schlagen in qualitative Unterschiede um. Die Momente dieser Umschläge sind Momente der Sprünge, des Abbrechens des Allmählichen. Das ist dieselbe Dialektik, die wir von Hegel her kennen; und doch ist es nicht dieselbe. In der Philosophie Marx' ist sie das volle Gegenteil von dem geworden, was sie bei Hegel war. Für Hegel hatte die Dialektik des sozialen Lebens, wie jede Dialektik des Endlichen überhaupt, im letzten Grunde eine mystische Ursache, die Natur des Unendlichen,

---

[1] Zur Kritik der politischen Ökonomie, Vorwort, S. V, VI.

des absoluten Geistes. Bei Marx hängt sie von ganz reellen Ursachen ab: von der Entwicklung der Produktionsmittel, über welche die Gesellschaft verfügt. Mutatis mutandis nahm Darwin denselben Standpunkt ein, um den „Ursprung der Arten" zu erklären. Und wie man seit Darwin nicht mehr nötig hat, auf die „angeborene Tendenz" der Organismen zum „Fortschritt" (eine Tendenz, deren Existenz Lamarck und Erasmus Darwin zuließen) zurückzugreifen, um die Entwicklung der Arten zu erklären, so brauchen wir jetzt in der Sozialwissenschaft nicht mehr uns an mystische „Tendenzen" des „menschlichen Geistes" zu wenden, um uns von seinen „Fortschritten" Rechenschaft zu geben. Die Art der Menschen, zu leben, genügt uns, um ihre Art, zu fühlen und zu denken, zu erklären.

Fichte beklagte sich bitter darüber, daß „die meisten Menschen leichter dahin zu bringen sein würden, sich für ein Stück Lava im Monde als für ein Ich zu halten". Jeder gute Philister unserer Zeit würde ebensosehr zugeben, daß er „ein Stück Lava im Monde" ist, als die Theorie annehmen, nach der alle seine Ideen, Ansichten und Gebräuche ihren Ursprung den ökonomischen Verhältnissen seiner Zeit verdanken. Er würde an die menschliche Freiheit, an die Vernunft und eine Unzahl anderer, nicht weniger vortrefflicher und respektabler Dinge appellieren. Die guten Philister ahnen nicht einmal, während sie sich gegen Marx entrüsten, daß dieser „beschränkte" Mensch nur die Widersprüche gelöst hat, in denen sich seit wenigstens einem Jahrhundert die Wissenschaft abquälte.

Nehmen wir ein Beispiel. Was ist die Literatur? — Die Literatur, antworten im Chor die guten Philister, ist der Ausdruck der Gesellschaft. Das ist eine vortreffliche Definition, die nur den einen Fehler hat: sie ist so vage, daß sie nichts besagt. Inwiefern drückt die Literatur die Gesellschaft aus? Und wie spiegelt sich, da sich ja die Gesellschaft entwickelt, die soziale Entwicklung in der Literatur wider? Welche literarischen Formen entsprechen einer jeden Phase der historischen Entwicklung der Menschheit? Das sind unvermeidliche und durchaus berechtigte Fragen, welche indes die erwähnte Definition ohne Antwort läßt. Da außerdem die Literatur ein Ausdruck der Gesellschaft ist, so müssen wir offenbar, bevor wir von der Entwicklung der Literatur sprechen, uns **über die Gesetze der sozialen Entwicklung und die verborgenen Kräfte, deren Folge sie ist,** klar werden. Der Leser sieht, daß die erwähnte Definition nur deshalb einigen Wert hat, weil sie uns das Problem stellt, welches schon an die „Philosophen" zur Zeit Voltaires so gut wie an die Historiker und Philosophen des neunzehnten Jahrhunderts herantrat: **Wovon hängt im letzten Grunde die soziale Entwicklung ab?**

Schon die Alten wußten sehr wohl, daß zum Beispiel die **Beredsamkeit** in weitgehendem Maße von den Sitten und der politischen Verfassung einer Gesellschaft abhängt (vergl. den Tacitus zugeschriebenen Dialogus de oratoribus). Die Schriftsteller des letzten Jahrhunderts wußten es ebensogut. Wie wir in unserer vorausgehenden Studie gezeigt haben, griff **Helvetius** mehr als einmal zu den Gesellschaftszuständen, um den Ursprung der **ästhetischen Geschmacksrichtungen der Menschen** zu erklären. Im Jahre 1800 erschien das Buch der Madame de Staël-Holstein „**De la Littérature considérée dans ses rapports avec les institutions sociales**". Unter der Restauration und Louis Philipp verkünden Villemain, Sainte-Beuve und viele andere laut, daß **literarische Revolutionen nur infolge der sozialen Evolution entstehen.** Auf der anderen Seite des Rheins hatten die großen Philosophen, welche die Literatur und die schönen Künste, wie alles, in dem **Prozeß des Werdens** betrachteten, bei all ihrem Idealismus bereits lichtvolle Ansichten über die engen Bande, welche jedes Kunstwerk an das soziale Milieu, das den Künstler hervorbringt, binden.[1] Endlich, um nicht diese Aufzählung übermäßig anschwellen zu lassen, hat ein hervorragender Kritiker und Literarhistoriker, H. Taine, als fundamentales Prinzip seiner wissenschaftlichen Ästhetik die allgemeine Regel aufgestellt, daß: „**eine große Veränderung, die sich in den menschlichen Verhältnissen vollzieht, schrittweise in den menschlichen Gedanken eine entsprechende Veränderung herbeiführt**". Die Frage scheint völlig gelöst, der in einer wissenschaftlichen Geschichte der Literatur und schönen Künste zu befolgende Weg klar vorgezeichnet. Und doch sehen wunderbarerweise unsere zeitgenössischen Literarhistoriker in der geistigen Entwicklung der Menschheit nicht klarer, als man vor hundert Jahren sah. Woher kommt diese merkwürdige philosophische Unfruchtbarkeit von Männern, denen es weder an E i f e r noch besonders an G e l e h r s a m k e i t mangelt?

Die Ursache braucht man nicht weit zu suchen. Aber um sie zu fassen, müssen wir klarstellen, worin die Vorteile und Fehler der modernen wissenschaftlichen Ästhetik bestehen.

Nach Taine „unterscheidet sie sich darin von der alten, daß sie historisch und nicht dogmatisch ist, das heißt, daß sie keine Vorschriften festlegt, sondern Gesetze konstatiert".

---

[1] Hier folge zum Beispiel, was Hegel über die Malerei bei den Holländern sagt: „Die Befriedigung an der Gegenwart des Lebens, auch im Gewöhnlichsten und Kleinsten, fließt bei ihnen daraus her, daß sie sich, was anderen Völkern die Natur unmittelbar bietet, durch schwere Kämpfe und sauren Fleiß erarbeiten müssen.... Andererseits sind sie ein Volk von Fischern, Schiffern, Bürgern, Bauern und dadurch schon auf den Wert des im Großen und Kleinsten Nötigen und Nützlichen, das sie sich mit emsigster Betriebsamkeit zu verschaffen wissen, von Hause aus angewiesen" usw. Vorlesungen über die Ästhetik, herausgegeben von H. G. Hotho, II, S. 222. Vergl. 1. Band, S. 217.

Das ist vortrefflich. Wie kann uns aber diese Ästhetik bei dem Studium der Literatur und der verschiedenen Künste leiten? Wie ist ihr Verfahren bei dem Aufsuchen der **Gesetze**? Wie betrachtet sie ein Kunstwerk?

Hier wenden wir uns an denselben Schriftsteller und lassen ihn, um jedes Mißverständnis zu vermeiden, ausführlich selbst reden. Nachdem er erklärt, daß ein **Kunstwerk durch den allgemeinen Zustand des Geistes und der herrschenden Sitten bestimmt wird**, und nachdem er diese These durch historische Beispiele belegt hat, fährt er fort:

„In den verschiedensten Fällen, welche wir geprüft haben, konnten wir zuerst eine **allgemeine Situation** bemerken, das heißt das allgemeine Vorhandensein gewisser Güter und gewisser Übel, einen Zustand der Knechtschaft oder der Freiheit, einen Zustand der Armut oder des Reichtums, eine bestimmte Form der Gesellschaft, eine bestimmte Art der Religion; die freie, kriegerische und Sklaven besitzende Stadt in Griechenland; die Unterdrückung, die Invasion, die feudale Räuberei, das begeisterte Christentum im Mittelalter; den Hof im siebzehnten Jahrhundert; die industrielle und gelehrte Demokratie im neunzehnten Jahrhundert, kurz eine Gesamtheit von Zuständen, unter die sich die Menschen gebeugt und unterworfen finden. — Diese Situation entwickelt in ihnen entsprechende Bedürfnisse, bestimmte **Fähigkeiten**, eigentümliche Gefühle.... Nun, diese Gruppe von Gefühlen, Bedürfnissen und Fähigkeiten konstituiert, wenn sie sich vollständig und mit Glanz in **einer** Seele offenbart, **die herrschende Persönlichkeit**, das heißt das Vorbild, dem die Zeitgenossen ihre Bewunderung und Sympathie schenken: in Griechenland den jungen nackten Mann von schöner Art, den Meister in allen Leibesübungen; im Mittelalter den ekstatischen Mönch und den verliebten Ritter; im siebzehnten Jahrhundert den vollendeten Höfling; in unseren Tagen

Faust und Werther, unersättlich und traurig. Weil diese Persönlichkeit von allen die interessanteste, die wichtigste und sichtbarste, führen die Künstler sie dem Publikum vor, bald in einer lebenden Figur konzentriert, wenn ihre Kunst, wie die Malerei, die Skulptur, der Roman, das Epos und das Theater nachahmender Art sind; bald in ihre Elemente aufgelöst, wenn ihre Kunst, wie die Architektur und die Musik, Gefühle erweckt, ohne Personen zu schaffen. Man kann also ihre ganze Arbeit dahin zusammenfassen, daß sie diese Persönlichkeit bald darstellen, bald sich an sie wenden: sie wenden sich an sie in den Symphonien Beethovens und in den Einsatzrosen der Kathedralen; sie stellen sie dar im Meleager und den Niobiden des Altertums, im Agamemnon und Achill Racines. So daß die g a n z e K u n s t v o n i h r a b h ä n g t, da sich die ganze Kunst nur damit beschäftigt, ihr zu gefallen oder sie darzustellen. Eine allgemeine Situation, welche bestimmte Neigungen und Fähigkeiten hervorruft; eine herrschende durch die Vorherrschaft dieser Neigungen und Fähigkeiten konstituierte Persönlichkeit; Töne, Formen, Farben oder Worte, welche dieser Persönlichkeit Leben geben oder mit den Neigungen und Fähigkeiten, aus denen sie zusammengesetzt ist, übereinstimmen, das sind die vier Glieder der Reihe. Das erste zieht das zweite, dies das dritte, dies das vierte nach sich, so daß die kleinste Änderung eines der Glieder, insofern sie eine entsprechende Änderung in den folgenden veranlaßt und eine entsprechende Änderung in den vorhergehenden Gliedern enthüllt, es ermöglicht, durch reines Schließen von einem zum anderen hinab- oder hinaufzusteigen. Soweit ich urteilen kann, läßt diese Formel nichts außerhalb ihres Bereichs."[1]

In Wirklichkeit läßt diese „Formel" viele sehr wichtige Dinge außerhalb ihres Bereichs. Man könnte auch einige Bemerkungen über die sie begleitenden Betrachtungen

---

[1] Philosophie de l'art, 5. Ausgabe, Paris 1890, I, S. 116 bis 119.

machen. So könnte man mit gutem Grund behaupten, daß es im Mittelalter nicht nur den **ekstatischen Mönch** und den **verliebten Ritter** als „**herrschende Persönlichkeiten**" gab.[1] Ebenso könnte man vielleicht behaupten, daß in „unseren Tagen" nicht nur die Fauft und Werther unsere Künstler begeistern. Wie dem aber auch sei, offenbar bringt uns Taines „Formel" ein gut Stück in dem Verständnis der Kunstgeschichte weiter und sagt uns unendlich mehr als die vage Definition: „Die Literatur ist der Ausdruck der Gesellschaft." Indem sich Taine dieser Formel bediente, hat er sich um die Geschichte der schönen Künste und Literatur wohl verdient gemacht. Aber man lese seine besten Bücher: seine „Philosphie der Kunst", die wir soeben zitierten, seine Studie über Racine, seine „Geschichte der englischen Literatur", und sage, ob man befriedigt ist? Sicherlich nicht! Trotz all seines Talents, trotz aller unbestrittenen Vorteile seiner Methode gibt uns der Autor nur **Entwürfe**, die, selbst als solche betrachtet, viel zu wünschen übriglassen. Die „Geschichte der englischen Literatur" ist viel mehr eine Reihe brillanter Charakteristiken als eine Geschichte. Was Taine uns von dem alten Griechenland, von Italien zur Zeit der Renaissance, den Niederlanden erzählt, macht uns mit den Hauptzügen der Kunst eines jeden dieser Länder vertraut, aber erklärt uns ihren historischen Ursprung gar nicht oder doch nur in sehr geringem Grade. Und man bemerke wohl, der Fehler ist nicht der des Autors; es ist der seines Standpunktes, seiner Geschichtsauffassung.

Sobald man behauptet, daß die Geschichte der Kunst eng mit der Geschichte des sozialen Milieus verbunden ist, so-

---

[1] Ohne die volkstümliche Kunst, die Poesie der Landleute und Kleinbürger hier zu erwähnen, so waren selbst die Krieger des Mittelalters nicht immer „**verliebte Ritter**". Der Held des berühmten Rolandsliedes ist nur in sein Schwert Durendal „verliebt".

bald man ausspricht, daß jede große Veränderung in den menschlichen Verhältnissen eine entsprechende Veränderung in den menschlichen Ideen bewirkt, erkennt man die Feststellung der Gesetze der Evolution des sozialen Milieus als notwendig an und gibt zu, daß man sich genaue Rechenschaft von den Ursachen geben muß, welche große Veränderungen in den **menschlichen Verhältnissen** erzeugen, bevor man die Gesetze der Evolution der Kunst richtig aufzustellen vermag. Man muß mit einem Wort die „**historische Ästhetik**" auf eine **wissenschaftliche Auffassung der Geschichte der Gesellschaften** begründen. Hat Taine dies in befriedigender Weise getan? Nein. **Materialist** in seiner Philosophie der Kunst, ist er **Idealist** in seiner Geschichtsauffassung. „Wie die Astronomie im Grunde ein Problem der Mechanik und die Physiologie ein Problem der Chemie ist, ebenso ist die Geschichte ein Problem der Psychologie."[1] Das soziale Milieu, an das er sich unaufhörlich wendet, betrachtet er als ein Produkt des menschlichen Geistes. Wir finden also bei ihm denselben Widerspruch, dem wir bei den französischen Materialisten des achtzehnten Jahrhunderts begegnet sind: Die menschlichen Ideen verdanken ihren Ursprung der Lage des Menschen; die Lage des Menschen verdankt den ihren im letzten Grund den menschlichen Gedanken. Und nun fragen wir den Leser: Ist es leicht, die **historische** Methode in der Ästhetik zu handhaben, wenn man eine so konfuse, sich widersprechende Auffassung von der Geschichte im allgemeinen hat? Gewiß nicht; man kann außerordentliche Fähigkeiten besitzen und wird doch fern von der Erfüllung der Aufgabe bleiben, die man sich gestellt hat, man wird sich mit einer Ästhetik begnügen müssen, die **nur zur Hälfte historisch** ist.

---

[1] Histoire de la littérature anglaise, 8. Ausgabe, Einleitung, S. XLV.

Die französischen Philosophen des achtzehnten Jahrhunderts glaubten die Geschichte der Künste und Literatur erklären zu können, indem sie auf die Eigenschaften der menschlichen Natur zurückgriffen. Die M e n s ch h e i t durchläuft dieselben Phasen des Lebens wie das Individuum: Kindheit, Jugend, reifes Alter usw.: das Epos entspricht der Kindheit, die Beredsamkeit und das Drama der Jugend, die Philosophie dem reifen Alter usw.[1] Wir haben bereits in einer unserer vorausgehenden Studien gesagt, daß ein solcher Vergleich durchaus unbegründet ist. Hier müssen wir noch bemerken, daß seine „historische" Ästhetik Taine nicht gehindert hat, sich der „menschlichen Natur" als eines Schlüssels zur Öffnung aller Türen zu bedienen, die sich der Analyse nicht beim ersten Anlauf öffnen. Nur hat bei Taine der Appell an die menschliche Natur eine andere Form angenommen. Er spricht nicht von den Phasen der Evolution des menschlichen Individuums; statt dessen spricht er oft, unglücklicherweise zu oft, von der R a s s e. „Was man Rasse nennt," sagt er, „sind angeborene und ererbte Dispositionen, welche der Mensch mit sich zur Welt bringt."[2] Nichts leichter, jede Schwierigkeit loszuwerden, als wenn man die etwas komplizierteren Phänomene der

---

[1] Madame de Staël bedient sich häufig dieser Analogie. „Wenn man die drei verschiedenen Epochen der Literatur der Griechen prüft, bemerkt man darin sehr deutlich den natürlichen Fortschritt des menschlichen Geistes. Die Griechen waren in den ältesten Zeiten ihrer Geschichte berühmt durch ihre Dichter. Homer charakterisiert die erste Epoche der griechischen Literatur; im Jahrhundert des Perikles bemerkt man die rapiden Fortschritte der dramatischen Kunst, der Beredsamkeit, der Moral und die Anfänge der Philosophie; zur Zeit Alexanders wird ein vertieftes Studium der philosophischen Wissenschaften die Hauptbeschäftigung der in der Literatur ausgezeichneten Männer" usw. (A. a. O., I, S. 7, 8.) Das ist alles richtig, aber der „natürliche Fortschritt des menschlichen Geistes" zeigt uns durchaus nicht das W a r u m einer solchen Entwicklung.

[2] Ebenda, S. XXIII.

Tätigkeit dieser angeborenen und ererbten Dispositionen zuschreibt. Aber die historische Ästhetik leidet darunter sehr.

Henry Sumner Maine war fest davon überzeugt, daß in allem, was die soziale Evolution betrifft, ein tiefer Unterschied zwischen der Rasse der Arier und den Rassen „anderen Ursprungs" bestände. Er hat trotzdem einen bemerkenswerten Wunsch ausgesprochen. „Man kann hoffen," sagt er, „daß binnen kurzem der zeitgenössische Gedanke eine Anstrengung machen wird, sich von der anscheinend zur Gewohnheit gewordenen Leichtfertigkeit zu befreien, mit der Rassentheorien angenommen werden. Viele dieser Theorien scheinen wenig Wert zu haben, es sei denn wegen der Leichtigkeit, mit der man auf ihnen Schlüsse aufbauen kann, die in ungeheuerlichem Mißverhältnis zu der geistigen Arbeit stehen, welche sie ihrem Baumeister kosten."[1] Man kann nur wünschen, daß sich dieser Wunsch möglichst schnell verwirklichen möge. Unglücklicherweise ist das nicht so leicht, als es beim ersten Blick scheinen könnte. Maine sagt, daß „viele, vielleicht die meisten Unterschiede in der Art, die zwischen den arischen Unterrassen existieren sollen, tatsächlich Unterschiede im Grade der Entwicklung sind". Das ist unbestreitbar. Offenbar muß man aber, um den Hauptschlüssel der Rassentheorie nicht mehr nötig zu haben, die Züge, welche die verschiedenen Grade der Entwicklung charakterisieren, richtig zu erfassen wissen. Das ist aber ohne eine widerspruchslose Geschichtsauffassung unmöglich. Taine hatte eine solche nicht. Gibt es aber viele Historiker und Kritiker, die eine solche haben?

Wir haben in diesem Augenblick die „Geschichte der deutschen Nationalliteratur" von Dr. Hermann Kluge vor uns. Diese Geschichte, welche, wie uns scheint, in Deutschland ziemlich verbreitet ist, hat als Gebrauchswert absolut nichts Bemerkenswertes. Die Perioden aber, in welche der Autor

---

[1] Lectures on the early history of institutions, 6. Ausgabe, S. 96/97.

die deutsche Literaturgeschichte einteilt, verdienen unsere Aufmerksamkeit. Wir haben die folgenden sieben Perioden (S. 7/8 der 14. Auflage):

1. Von den ältesten Zeiten bis auf Karl den Großen, 800. Es ist dies vorwiegend die Zeit des altheidnischen Volksgesanges und die Periode, in der sich die alten Heldensagen bildeten.

2. Von Karl dem Großen bis Anfang des zwölften Jahrhunderts, 800 bis 1100. In dieser Zeit unterliegt das alte nationale Heidentum nach hartem Kampfe dem Christentum. Die Literatur steht vorzugsweise unter dem Einfluß der Geistlichkeit.

3. Erste Blütezeit der deutschen Literatur, von 1100 bis 1300. Die Poesie wird vorzugsweise von den Rittern geübt und gepflegt.

4. Entwicklung der Poesie in den Händen des Bürger- und Handwerkerstandes, von 1300 bis 1500.

5. Die deutsche Literatur im Zeitalter der Reformation, von 1500 bis 1624.

6. Die Poesie in den Händen der Gelehrten; Zeit der Nachahmung, von 1624 bis 1748.

7. Die zweite Blütezeit der deutschen Literatur seit 1748.

Der deutsche Leser, kompetenter als wir, kann die Details dieser Einteilung beurteilen. Uns scheint sie g ä n z l i c h e k l e k t i s c h, das heißt nicht nach einem Prinzip, wie es die notwendige Bedingung jeder wissenschaftlichen Klassifikation und Division ist, sondern nach mehreren untereinander inkommensurabeln Prinzipien gemacht zu sein. In den ersten Perioden scheint sich die Literatur unter dem ausschließlichen Einfluß r e l i g i ö s e r J d e e n zu entwickeln. Dann kommt die dritte und vierte Periode, in der ihre Entwicklung durch die s o z i a l e S t r u k t u r bestimmt wird, durch die Stellung der Klasse, von der sie „gepflegt" wird. Vom Jahre 1500 an werden die religiösen Jdeen wiederum der Haupthebel der literarischen Evolution: das Zeitalter der Reformation beginnt. Aber diese Hegemonie der religiösen Ideen dauert nur 1½ Jahrhunderte: im Jahre 1624 bemächtigen sich die Gelehrten der Rolle des Demiurgen in der deutschen Literatur usw. Die in Rede stehende Einteilung ist zum mindesten ebenso mangelhaft wie die, welcher sich Condorcet in seiner „Esquisse d'un Tableau des progrès de l'esprit humain" bediente. Und die Ursache dafür ist dieselbe. Kluge weiß so wenig wie Condorcet, wovon die soziale Evolution und ihre Folge, die geistige Evolution der Menschheit, abhängt. Wir haben also mit unserer Behauptung recht, daß auf diesem Gebiet die Fortschritte unseres Jahrhunderts sehr bescheiden gewesen sind.

Kommen wir noch einmal auf H. Taine zurück. Die „allgemeine Situation", unter deren Einfluß diese oder jene Kunstwerke entstehen, ist für ihn das allgemeine Vorhandensein bestimmter Güter und bestimmter Übel, ein Zustand der Freiheit oder der Knechtschaft, ein Zustand der Armut oder des Reichtums, eine bestimmte Form der Gesellschaft, eine bestimmte Art der Religion. Aber der Zustand der Freiheit oder der Knechtschaft, der Reichtum und der Armut, die Form der Gesellschaft endlich sind Züge, welche die wirkliche Situation der Menschen „in der gesellschaftlichen Produktion ihres Lebens" charakterisieren. Die Religion ist die phantastische Form, in der sich die wirkliche Situation der Menschen in ihren Köpfen widerspiegelt. Die eine ist die Ursache, die andere die Wirkung. Wenn man dem Idealismus anhängt, kann man zwar das Gegenteil vorbringen; man kann behaupten, daß die Menschen den religiösen Ideen ihre wirkliche Situation verdanken, und man wird dann als Ursache betrachten, was für uns nur Wirkung ist. Auf jeden Fall aber wird man hoffentlich zugeben, daß man Ursache und Wirkung nicht auf dieselbe Linie stellen darf, wenn es sich darum handelt, die „allgemeine Situation" einer gegebenen Epoche zu charak=

terisieren, weil das eine ungeheure Konfusion verursachen würde: man würde ohne Aufhören die wirkliche Situation der Menschen mit dem allgemeinen Zustand ihrer Sitten und ihres Geistes vermengen oder, mit anderen Worten, man würde nicht mehr wissen, was man unter den Worten: die allgemeine Situation, zu verstehen hätte. Und gerade dies ist Taine und außer ihm einer ganzen Reihe von Kunsthistorikern zugestoßen.[1]

---

[1] Hier ist zum Beispiel das Urteil Charles Blancs über die Malerei in Holland: „Zusammenfassend wollen wir sagen, daß drei große Ursachen: die nationale Unabhängigkeit, die Demokratie, der Protestantismus der holländischen Schule ihren Charakter aufgedrückt haben. Einmal frei vom spanischen Joch, haben die sieben Provinzen ihre Malerei entwickelt, die sich ihrerseits vom fremden Stil befreite.... Die republikanische Form hat sie, einmal anerkannt, von der rein dekorativen Kunst, welche die Höfe und Fürsten beherrscht, von dem, was man Dekorationsmalerei (peinture d'apparat) nennt, befreit.... Endlich hat das Familienleben, welches der Protestantismus entwickelt..., unzählige reizende Genrebilder hervorgebracht, welche die batavische Malerei für immer berühmt machten, da es notwendig geworden war, die Wände dieser traulichen Wohnräume zu schmücken, welche Altarstätten für die Kunstliebhaberei geworden waren." (Histoire des peintres de toutes epoques, Paris 1861, I, S. 19/20.) Hegel sagt etwas Analoges: „Ihrer Religion nach waren die Holländer, was eine wichtige Seite ausmacht, Protestanten, und dem Protestantismus allein kommt es zu, sich auch ganz in die Prosa des Lebens einzunisten und sie für sich, unabhängig von religiösen Beziehungen, vollständig gelten und sich in unbeschränkter Freiheit ausbilden zu lassen." (Ästhetik, II, S. 222.) Es wäre leicht, durch Zitate aus Hegel selbst zu zeigen, daß es viel logischer ist, zu glauben, daß nicht der Protestantismus die „Prosa des Lebens" erhoben hat, sondern ganz im Gegenteil die „Prosa des bürgerlichen Lebens", nachdem sie einen bestimmten Grad von Entwicklung und Stärke erreicht hatte, in ihrem Kampfe gegen die „Prosa", oder wenn man lieber will, gegen die Poesie des feudalen Regimes den Protestantismus erzeugt hat. Ist dem so, so darf man nicht beim Protestantismus als einer ausreichenden Ursache der Entwicklung der holländischen Malerei stehenbleiben.

Die materialistische Geschichtsauffassung befreit uns endlich von all diesen Widersprüchen. Wenn sie uns auch keine magische Formel — es wäre töricht, eine solche zu beanspruchen — gibt, die uns gestattete, in einem Augenblick alle Probleme der geistigen Geschichte der Menschheit zu lösen, so bringt sie uns doch aus dem Zirkel heraus und zeigt uns einen sicheren Weg wissenschaftlicher Untersuchung.

Wir sind sicher, daß mehr als einer unserer Leser aufrichtig erstaunt sein wird, wenn wir sagen, daß für Marx das Problem der Geschichte in gewissem Sinne auch ein **psychologisches Problem** war. Indes ist das unbestreitbar. Bereits 1845 schrieb Marx: „Der Hauptmangel alles bisherigen Materialismus — den Feuerbachschen mit eingerechnet — ist, daß der Gegenstand, die Wirklichkeit, die Sinnlichkeit, nur unter der Form des **Objektes** oder der **Anschauung** gefaßt wird; nicht aber als **menschlich sinnliche Tätigkeit**, Praxis, nicht subjektiv. Daher geschah es, daß die tätige Seite im Gegensatz zum Materialismus vom Idealismus entwickelt wurde — aber nur abstrakt, da der Idealismus natürlich die wirkliche, sinnliche Tätigkeit als solche nicht kennt."[1]

Was bedeuten diese Worte, welche gewissermaßen das Programm des modernen Materialismus enthalten? Sie bedeuten, daß der Materialismus, will er nicht **einseitig** bleiben wie bisher; will er nicht sein eigenes Prinzip durch fortwährende Rückkehr zu **idealistischen** Auffassungen verraten; will er nicht damit den Idealismus auf einem bestimmten Gebiet als den Stärkeren anerkennen, allen Seiten des menschlichen Lebens eine materialistische

---

Man muß bis zu dem „Dritten", „Höheren" weitergehen, das sowohl den Protestantismus der Holländer und ihre Regierung (die „Demokratie", von der L. Blanc spricht) wie ihre Kunst usw. erzeugt hat.

[1] Siehe den Anhang zu „Ludwig Feuerbach" von F. Engels: Marx über Feuerbach.

Erklärung geben muß. Die subjektive Seite dieses Lebens ist gerade die **psychologische, der "menschliche Geist", die Gefühle und Ideen der Menschen**. Diese Seite vom materialistischen Standpunkt aus betrachten, heißt, soweit es sich um die **Gattung** handelt, **die Geschichte der Ideen** durch die materiellen Bedingungen der Existenz der Menschen, durch die **ökonomische Geschichte** erklären. Marx mußte um so mehr auf die Lösung des **"psychologischen Problems"** hinweisen, als er klar sah, in welchem traurigen Zirkel sich der Idealismus, der sich desselben bemächtigt hatte, abmühte.

So sagt also Marx fast dieselbe Sache, aber **mit ein bißchen anderen Worten** wie Taine. Sehen wir, wie man die "Formel" Taines nach diesen anderen Worten abzuändern haben wird.

Ein gegebener Grad der Entwicklung der Produktivkräfte; die gegenseitigen Beziehungen der Menschen zueinander in dem gesellschaftlichen Produktionsprozeß, bestimmt durch diesen Grad; eine Form der Gesellschaft, welche diese Beziehungen der Menschen ausdrückt; ein bestimmter Zustand des Geistes und der Sitten, der dieser Form der Gesellschaft entspricht; die Religion, die Philosophie, die Literatur, die Kunst in Übereinstimmung mit den Fähigkeiten, den Geschmacksrichtungen und Neigungen, die dieser Zustand erzeugt — wir wollen nicht sagen, daß diese "Formel" nichts außerhalb ihres Bereichs läßt, weit entfernt! — aber sie hat, wie uns scheint, den unbestreitbaren Vorteil, besser den Kausalzusammenhang auszudrücken, welcher zwischen den verschiedenen "Gliedern der Reihe" besteht. Und was die "Beschränktheit" und "Einseitigkeit" betrifft, welche man gewöhnlich der materialistischen Geschichtsauffassung vorzuwerfen pflegt, so wird der Leser davon auch nicht die Spur finden.

Bereits die großen deutschen Idealisten, unversöhnliche Feinde jedes Eklektizismus, betrachteten alle Seiten des Lebens eines Volkes als durch ein **einziges Prinzip** bestimmt. Für Hegel war dies Prinzip die **Bestimmtheit des Volksgeistes**, das „gemeinschaftliche Gepräge der Religion, der politischen Verfassung, der Sittlichkeit, des Rechtssystems, der Sitten, der Wissenschaft, der Kunst, ja auch der technischen Geschicklichkeit". Die modernen Materialisten betrachten diesen Volksgeist als eine Abstraktion, ein Gedankending, das ganz und gar nichts erklärt. Marx hat die idealistische Geschichtsauffassung umgestürzt. Aber er ist deshalb nicht zu dem Standpunkt der einfachen **Wechselwirkung** zurückgekehrt, die noch weniger erklärt als der Volksgeist. Seine Geschichtsphilosophie ist auch monistisch, aber in einem der Hegelschen diametral entgegengesetzten Sinne. Und gerade wegen ihres monistischen Charakters sehen die eklektischen Geister in ihr nur Beschränktheit und Einseitigkeit.

Der Leser hat vielleicht bemerkt, daß bei der Modifizierung der Taineschen Formel nach der marxistischen Geschichtsauffassung wir das, was der französische Autor „die **herrschende Persönlichkeit**" nennt, eliminiert haben. Wir haben es mit Absicht getan. Die Struktur der zivilisierten Gesellschaften ist so kompliziert, daß wir streng genommen nicht einmal von einem Zustand des Geistes und der Sitten sprechen sollten, der einer gegebenen Form der Gesellschaft entspricht. Der Zustand des Geistes und der Sitten der Städter ist oft wesentlich von dem der Landleute verschieden, der Geist und die Sitten des Adels gleichen nur sehr wenig denen des Proletariats. Die in der Vorstellung einer Klasse „herrschende Persönlichkeit" ist daher weit entfernt, in der einer anderen zu herrschen:

konnte der Höfling der Zeit des „Königs Sonne" dem französischen Bauern derselben Epoche als Ideal dienen? Taine würde ohne Zweifel einwerfen, daß nicht der Bauer, sondern vielmehr die aristokratische Gesellschaft der Literatur und den Künsten Frankreichs im siebzehnten Jahrhundert ihr Gepräge gegeben habe. Er würde vollständig recht haben. Der Geschichtschreiber der französischen Literatur jenes Jahrhunderts kann den Zustand des Geistes und der Sitten der Bauern als eine Quantité négligeable betrachten. Gehen wir aber zu einer anderen Epoche und nehmen wir die Zeit der Restauration. War die „Persönlichkeit", welche in den Köpfen der Aristokratie dieser Zeit „herrschte", dieselbe wie die, welche in den Köpfen der Bourgeoisie „herrschte"? Sicherlich nicht. Aus Widerspruch gegen die Partisane des Ancien régime wies die Bourgeoisie nicht nur die Ideale der Aristokratie von sich, sondern idealisierte den Geist und die Sitten der Zeit des Kaiserreichs, der Zeit desselben Napoleon, welchen sie einige Jahre vorher so vollständig aufgegeben hatte.[1] Schon vor 1789 machte sich die Opposition der Bourgeoisie gegen den Geist und die Sitten der Aristokratie in den schönen Künsten durch die Schöpfung des bürgerlichen Schau-

[1] „Beamte, Handwerker, Krämer glaubten sich, ohne Zweifel, um besser ihren Liberalismus zur Schau zu tragen, verpflichtet, ihr Gesicht zu verfinstern und einen Schnurrbart zu tragen. Durch ihre Haltung und bestimmte Details ihrer Kleidung hofften sie, als die Trümmer unserer heroischen Armee zu erscheinen. Die Ladendiener der Modemagazine begnügten sich nicht mit dem Schnurrbart, sie befestigten, um ihre Metamorphose vollständig zu machen, klirrende Sporen an ihre Stiefel, die sie militärisch auf den Pflastersteinen und Steinplatten der Boulevards klirren ließen." (A. Perlet, De l'influence des moeurs sur la comédie, 2. Ausgabe, Paris 1848, S. 52.) Wir haben hier ein Beispiel des Einflusses des Klassenkampfes auf einem Gebiet, das nur von der Laune abzuhängen scheint. Es wäre sehr interessant, in einer Spezialstudie die Geschichte der Moden vom Standpunkt der Psychologie der Klassen zu betrachten.

spiels Luft. „Was gehen mich, den friedlichen Untertan eines monarchischen Staates des achtzehnten Jahrhunderts, die Revolutionen Athens oder Roms an? Welches wahrhafte Interesse kann ich an dem Tode eines Tyrannen des Peloponnes, an dem Opfer einer jungen Prinzessin in Aulis nehmen? Es gibt in alledem nichts für mich zu sehen, keine Moral, die mir paßt," sagt Beaumarchais in seinem „Essai sur le genre dramatique sérieux". Und was er sagt, ist so richtig, daß man sich mit Staunen fragt: Wie konnten es nur die Anhänger der pseudo-klassischen Tragödie nicht begreifen? Was konnten sie „in alledem sehen"? Welche Moral fanden sie darin? Indes lag die Sache einfach. In der pseudo-klassischen Tragödie handelte es sich nur scheinbar um „Tyrannen des Peloponnes" und „Prinzessinnen in Aulis". In Wahrheit war sie, um einen Ausdruck Taines zu gebrauchen, ein fein ausgeführtes Bild der vornehmen Welt und wurde von dieser selben Welt bewundert. Die neue, kommende Welt, die Welt der Bourgeoisie, respektierte jene Tragödie nur aus Tradition oder empörte sich offen gegen sie: weil sie sich auch gegen „die vornehme Welt" empörte. Die Wortführer der Bourgeoisie sahen etwas Beleidigendes für die Würde des „Bürgers" in den Regeln der alten Ästhetik. „Menschen von niederem Stand in Not und Unglück vorführen! Pfui doch!" ruft Beaumarchais ironisch in seinem „Lettre sur la critique du Barbier de Seville" aus. „Man darf sie nur gehunzt vorführen! Die Bürger lächerlich und die Könige unglücklich: das ist das einzig mögliche Schauspiel, und ich lasse es mir gesagt sein."

Die zeitgenössischen Bürger (citoyens) Beaumarchais' waren wenigstens in der Mehrzahl der Fälle Abkömmlinge der französischen Bourgeois, welche die Edelleute mit einem einer besseren Sache würdigen Eifer nachäfften und deshalb von Molière, Dancourt, Regnard und so vielen anderen verspottet wurden. Wir haben also in der Geschichte des Geistes und der Sitten der französischen Bourgeoisie wenigstens zwei wesentlich verschiedene Epochen: die der Nachahmung des Adels, die des Widerspruchs gegen ihn. Eine jede dieser Epochen entspricht **einer bestimmten Phase der Entwicklung der Bourgeoisie. Die Neigungen und Geschmacksrichtungen einer Klasse hängen also von dem Grad ihrer Entwicklung und noch viel mehr von ihrer Stellung gegenüber der höheren Klasse ab, eine Stellung, welche durch die genannte Entwicklung bestimmt wird.**

Das besagt, daß der Klassenkampf eine große Rolle in der Geschichte der Ideologien spielt. Und in der Tat ist diese Rolle so wichtig, daß man, mit Ausnahme der primitiven Gesellschaften, in denen es keine Klassen gibt, die Geschichte der Geschmacksrichtungen und Ideen einer Gesellschaft unmöglich begreifen kann, ohne den Klassenkampf, der sich in ihrem Inneren abspielt, einer Betrachtung zu unterziehen.

„Die innerste Seele des gesamten Entwicklungsprozesses der Philosophie der Neuzeit", sagt Überweg, „ist nicht bloß eine immanente Dialektik spekulativer Prinzipien, sondern vielmehr der Kampf und das Versöhnungsbestreben zwischen der überlieferten und in Geist und Gemüt tief eingewurzelten religiösen Überzeugung und andererseits den durch die Forschung der Neuzeit errungenen Erkenntnissen auf dem Gebiet der Natur- und Geisteswissenschaften."[1]

Bei ein wenig mehr Aufmerksamkeit würde Überweg gesehen haben, daß die spekulativen Prinzipien selbst in jedem gegebenen Augenblick nur das Resultat des Kampfes und des Versöhnungsbestrebens waren, wovon er spricht.

[1] Grundriß der Geschichte der Philosophie, herausgegeben von Dr. Max Heinze. Berlin 1880, 3. Teil, S. 174.

Er hätte weitergehen und sich fragen müssen: 1. ob die traditionellen religiösen Überzeugungen nicht das natürliche Produkt gewisser Phasen der sozialen Entwicklung waren, 2. ob die Entdeckungen auf dem Gebiet der Natur- und Geisteswissenschaften nicht ihre Quelle in früheren Phasen dieser Evolution hatten, 3. ob es endlich nicht dieselbe Evolution sei, welche — hier oder zu dieser Zeit ein schnelleres Tempo, dort oder zu anderer Zeit ein langsameres einschlagend, nach tausend lokalen Umständen sich modifizierend — sowohl den Kampf zwischen den Glaubenslehren und den neuen, von dem modernen Gedanken erworbenen Ansichten als auch die Waffenstillstände zwischen den beiden kriegführenden Mächten veranlaßt hat, deren spekulative Prinzipien die Bedingungen dieser Waffenstillstände in die „göttliche Sprache" der Philosophie übersetzten?

Die Geschichte der Philosophie von diesem Standpunkt aus betrachten, heißt sie vom materialistischen Standpunkt aus betrachten. Überweg war zwar ein Materialist, aber trotz seiner Gelehrsamkeit scheint er keine Kenntnis von dem **dialektischen** Materialismus gehabt zu haben. Er hat uns nur das gegeben, was die Geschichtschreiber der Philosophie gewöhnlich geben, eine einfache Aufeinanderfolge philosophischer Systeme: dies System hat jenes erzeugt, das seinerseits ein drittes erzeugte usw. Aber die Aufeinanderfolge der philosophischen Systeme ist nur ein **Faktum**, etwas **Gegebenes**, wie man heute sagt, das seine Erklärung verlangt und das die „immanente Dialektik spekulativer Prinzipien" nicht zu erklären vermag. Für die Menschen des achtzehnten Jahrhunderts erklärte sich alles durch die Tätigkeit der „Gesetzgeber".[1] Wir

---

[1] „Weshalb haben aber die Wissenschaften Zeiten der Ruhe, in denen die Geister nicht mehr schaffen, in denen die Nationen durch eine zu große Fruchtbarkeit erschöpft scheinen? Weil die Entmutigung oft durch imaginäre Irrtümer, durch die Schwäche

aber wissen bereits, daß diese ihre Ursache in der gesellschaftlichen Entwicklung hat. Werden wir niemals die Geschichte der Ideen mit der der Gesellschaften, die ideelle Welt mit der reellen in Verbindung zu bringen wissen?

„Was man für eine Philosophie wählt," sagt Fichte, „hängt davon ab, was man für ein Mensch ist." Gilt dasselbe nicht auch von jeder Gesellschaft, oder genauer, von jeder gegebenen Klasse einer Gesellschaft? Haben wir nicht das Recht, mit ebenso fester Überzeugung zu sagen: Was für eine Philosophie eine Gesellschaft oder eine Klasse einer Gesellschaft hat, hängt davon ab, was diese Gesellschaft oder diese Klasse ist?

Sicherlich darf man dabei nie vergessen, daß, wenn die in einer Klasse zu einer gegebenen Zeit herrschenden Ideen ihrem Inhalt nach durch die soziale Stellung dieser Klasse bestimmt werden, sie ihrer Form nach eng mit den Ideen zusammenhängen, welche in der vorausgehenden Epoche in derselben oder in der höheren Klasse herrschten. „Auf allen ideologischen Gebieten ist die Tradition eine große konservative Macht" (F. Engels).

Man betrachte den Sozialismus. „Der moderne Sozialismus ist seinem Inhalt nach zunächst das Erzeugnis der Anschauung einerseits der in der modernen Gesellschaft herrschenden Klassengegensätze von Besitzenden und Besitzlosen, Lohnarbeitern und Bourgeois, andererseits der in der Produktion herrschenden Anarchie. Aber seiner theoretischen Form nach erscheint er anfänglich als eine weitergetriebene, angeblich konsequentere Fortführung der von den großen französischen Aufklärern des achtzehnten Jahrhunderts aufgestellten Grundsätze. Wie jede neue Theorie, mußte er zunächst anknüpfen an das vorgefundene Ge-

der regierenden Männer bewirkt wird." Tableau des révolutions de la littérature ancienne et moderne; par l'Abbé de Cournand. Paris 1786, S. 25.

dankenmaterial, so sehr auch seine Wurzel in den materiellen ökonomischen Tatsachen lag."[1]

Der formelle, aber entscheidende Einfluß des vorgefundenen Gedankenmaterials macht sich nicht nur im positiven Sinne fühlbar, das heißt nicht nur in dem Sinne, daß zum Beispiel die französischen Sozialisten der ersten Hälfte unseres Jahrhunderts an dieselben Prinzipien appellieren wie die Aufklärer des vorhergehenden Jahrhunderts. Dieser Einfluß nimmt auch einen negativen Charakter an. Wenn Fourier fortwährend das, was er ironisch die der Vervollkommnung fähige Fähigkeit der Vervollkommnung nannte, bekämpft, so tat er das, weil die Theorie der menschlichen Vervollkommnungsfähigkeit eine große Rolle in den Theorien der Aufklärer gespielt hat. Wenn die französischen utopistischen Sozialisten meistens mit dem lieben Gott auf bestem Fuße stehen, so geschieht das aus Opposition gegen die Bourgeoisie, welche in ihrer Jugend in dieser Hinsicht sehr skeptisch war. Wenn dieselben utopistischen Sozialisten den politischen Indifferentismus verherrlichen, so geschieht das aus Opposition gegen die Doktrin, nach der der „Gesetzgeber alles fertigbringt". Kurz, im negativen wie im positiven Sinne ist die formelle Seite des französischen Sozialismus in gleicher Weise durch die Lehren der Aufklärer bestimmt, und wir müssen diese letzteren sehr wohl im Gedächtnis behalten, wollen wir die Utopisten richtig verstehen.

Welche Verbindung bestand zwischen der ökonomischen Lage der französischen Bourgeoisie zur Zeit der Restauration und dem martialischen Aussehen, welches sich die Kleinbürger, die Ritter von der Elle dieser Zeit, zu geben liebten? Keine direkte Verbindung; der Bart und die Sporen änderten diese Lage weder zum Guten noch zum Schlechten. Aber wir wissen bereits, daß diese groteske

[1] F. Engels, Herrn Eugen Dührings Umwälzung der Wissenschaft, Leipzig 1877, S. 1.

Mode in direkter Weise durch die Lage der Bourgeoisie gegenüber der Aristokratie geschaffen wurde. **Auf dem Gebiet der Ideologien lassen sich viele Phänomene nur auf indirekte Weise durch den Einfluß der ökonomischen Bewegung erklären.** Das wird sehr häufig nicht nur von den Gegnern, sondern auch von den Anhängern der historischen Theorie Marx' vergessen.

Da die Evolution der Ideologien im Grunde durch die ökonomische Entwicklung bestimmt wird, so entsprechen die beiden Prozesse stets einander: die „öffentliche Meinung" paßt sich der Ökonomie an. Das besagt aber nicht, daß wir bei unserem Studium der Geschichte der Menschheit mit gleichem Grund die eine oder die andere Seite, die öffentliche Meinung oder die Ökonomie, als Ausgangspunkt nehmen können. Während die ökonomische Entwicklung in großen Zügen hinreichend durch ihre eigene Logik erklärt werden kann, findet der Weg der geistigen Evolution eine Erklärung nur in der Ökonomie. Ein Beispiel wird unseren Gedanken klarmachen.

Zur Zeit Bacons und Descartes' hatte die Philosophie großes Interesse für die Entwicklung der Produktivkräfte. „An Stelle der spekulativen Philosophie, die man in den Schulen lehrt," sagt Descartes, „kann man eine praktische setzen, durch die wir die Kraft und Wirkungen des Feuers, des Wassers, der Luft, der Gestirne, des Himmels und aller anderen Körper, die uns umgeben, so genau, wie jetzt die verschiedenen Handwerke unserer Handwerker, kennenlernen würden. Dann könnten wir jene Kräfte und Wirkungen in gleicher Weise zu allem, wozu sie tauglich, verwenden und so uns zu Herren und Besitzern der Natur machen."[1] Die ganze Philosophie Descartes' trägt die Spuren dieses großen Interesses. Das Ziel der Unter-

---

[1] Discours de la méthode, 6. Kapitel.

suchungen der modernen Philosophen scheint also klar bestimmt zu sein. Ein Jahrhundert vergeht. Der Materialismus — der übrigens, beiläufig gesagt, eine logische Konsequenz der Lehre Descartes' ist — gewinnt eine große Verbreitung in Frankreich; unter seiner Fahne marschiert der fortgeschrittenste Teil der Bourgeoisie, eine hitzige Polemik entspinnt sich, aber... die Produktivkräfte sind vergessen: die materialistischen Philosophen sprechen fast niemals davon, sie haben andere Neigungen, die Philosophie scheint eine gänzlich verschiedene Aufgabe gefunden zu haben. Woran liegt das? Waren die Produktivkräfte Frankreichs damals schon zur Genüge entwickelt? Verschmähten die französischen Materialisten jene Beherrschung der Natur durch den Menschen, von der Bacon und Descartes träumten? Keines von beidem! Aber zur Zeit Descartes' waren, um hier bei Frankreich zu bleiben, die Produktionsverhältnisse des Landes der Entwicklung der Produktivkräfte noch günstig, während sie ein Jahrhundert später ein Hindernis für dieselben wurden. Man mußte sie zerstören, und um sie zu zerstören, mußte man die Ideen, welche sie heiligten, angreifen. Die ganze Energie der Materialisten, dieser Avantgarde der Theoretiker der Bourgeoisie, vereinigte sich auf diesen Punkt; und ihre ganze Lehre nahm einen kriegerischen Charakter an. Der Kampf gegen den „Aberglauben" im Namen der „Wissenschaft" und gegen die „Tyrannei" im Namen des „Naturrechts" wurde die wichtigste, praktischste (im Sinne Descartes') Aufgabe der Philosophie; das unmittelbare Studium der Natur zwecks rapidester Vermehrung der Produktivkräfte trat in die zweite Linie zurück. Als das Ziel erreicht war, als die veralteten Produktionsverhältnisse zerstört waren, nahm der philosophische Gedanke eine andere Richtung, der Materialismus verlor auf lange Zeit seine Bedeutung. Die Bewegung der Philosophie Frankreichs folgt den Veränderungen seiner Ökonomie.

„Im Unterschied von anderen Baumeistern zeichnet die Wissenschaft nicht nur Luftschlösser, sondern führt einzelne wohnliche Stockwerke des Gebäudes auf, bevor sie seinen Grundstein legt."[1] Ein solches Verfahren erscheint unlogisch, es hat seine Rechtfertigung in der Logik des sozialen Lebens.

Wenn die „Philosophen" des achtzehnten Jahrhunderts sich erinnerten, daß der Mensch ein Produkt des umgebenden sozialen Milieus ist, so leugneten sie jeden Einfluß, den auf dies Milieu dieselbe „öffentliche Meinung" üben konnte, die nach ihrer Erklärung in anderen Fällen die Welt regierte. Ihre Logik zerbrach bei jedem Schritt an der einen oder anderen Seite dieser Antinomie. Der dialektische Materialismus löst sich leicht. Für die dialektischen Materialisten regiert allerdings die Meinung der Menschen die Welt, da beim Menschen, wie Engels sagt, „alle Triebkräfte seiner Handlungen durch seinen Kopf durchgehen, sich in Beweggründe seines Willens verwandeln müssen".[2] Das hindert aber nicht, daß die „öffentliche Meinung" ihre Wurzel in dem sozialen Milieu und im letzten Grunde in den ökonomischen Beziehungen hat; das hindert ebensowenig, daß jede gegebene „öffentliche Meinung" altert, sobald die Produktionsweise, welche sie hervorbringt, zu altern beginnt. Die Ökonomie formt die „öffentliche Meinung", welche die Welt regiert.

Helvetius, der einen Versuch machte, den „Geist" vom materialistischen Standpunkt aus zu analysieren, scheiterte, dank dem fundamentalen Fehler seiner Methode. Um seinem Prinzip: „der Mensch ist nur Empfinden", treu zu bleiben, sah sich Helvetius zu der Annahme gezwungen, daß die berühmtesten Geistesriesen und die glorreichsten Heroen der Aufopferung für das öffentliche Wohl, wie die elendesten Sykophanten und die unwürdigsten Egoisten nur

---

[1] Marx, Zur Kritik der politischen Ökonomie, S. 35.
[2] Ludwig Feuerbach, S. 57.

für sinnliche Vergnügungen gearbeitet hätten. Diderot protestierte gegen dies Paradoxon, entkam aber dem von Helvetius gezogenen Schluß nur durch die Flucht auf das idealistische Gebiet. Wie interessant auch immer Helvetius' Versuch gewesen war, auf jeden Fall hat er die materialistische Auffassung vom „Geist" in den Augen des großen Publikums und selbst in denen vieler „Gelehrten" kompromittiert. Man bildet sich immer ein, daß die Materialisten über diesen Gegenstand nur wiederholen können, was schon Helvetius gesagt hat. Man braucht aber nur den „Geist" des dialektischen Materialismus zu begreifen, um sicher zu sein, daß er vor den von seinem metaphysischen Vorgänger begangenen Fehlern sicher ist.

Der dialektische Materialismus betrachtet die Phänomene in ihrer Entwicklung. Nun ist es aber vom evolutionistischen Standpunkt aus eine ebenso große Absurdität, zu sagen, daß die Menschen in bewußter Weise ihre Ideen und ihre moralischen Gefühle ihren ökonomischen Beziehungen anpassen, wie zu behaupten, daß die Tiere und Pflanzen bewußt ihre Organe ihren Existenzbedingungen anpassen. In beiden Fällen haben wir einen unbewußten Prozeß, dem man eine materialistische Erklärung geben muß.

Der Mann, dem es gelungen ist, die genannte Erklärung für den Ursprung der Arten zu finden, sagt über den „moralischen Sinn" folgendes:

„Ich möchte vorausschicken, daß ich durchaus nicht behaupten will, daß ein in des Wortes eigenster Bedeutung geselliges Tier genau denselben moralischen Sinn, wie der menschliche es ist, erlangen würde, wenn nur seine intellektuellen Fähigkeiten sich zu gleicher Tätigkeit und gleicher Höhe entwickeln würden wie bei uns. In derselben Weise, wie verschiedene Tiere Schönheitssinn haben, obgleich sie gänzlich abweichende Gegenstände bewundern, so können sie auch sehr wohl einen Sinn für Recht und Unrecht haben,

obgleich sie dadurch zu gänzlich verschiedenen Handlungs=
weisen veranlaßt werden. Wenn, um einen ganz extremen
Fall zu nehmen, Menschen zum Beispiel unter genau den=
selben Bedingungen wie Honigbienen aufgezogen würden,
so kann schwerlich bezweifelt werden, daß unsere unverhei=
rateten Mitmenschen weiblichen Geschlechts es für ihre hei=
lige Pflicht halten würden, ebenso wie die Arbeitsbienen,
ihre Brüder zu töten, und Mütter würden suchen, ihre
fruchtbaren Töchter zu vertilgen, und niemand würde auch
nur daran denken, Einspruch zu erheben. Nichtsdestoweniger
würde in unserem Falle die Biene oder irgendein anderes
in Gesellschaften lebendes Tier ein Gefühl für Recht oder
Unrecht oder ein Gewissen erhalten. Denn jedes Indivi=
duum würde ein inneres Empfinden von dem Besitz ge=
wisser Instinkte haben, die stärker und ausdauernder, sowie
anderer, die weniger stark und andauernd, so daß oft ein
Kampf darüber entstände, welchem Impuls das Indivi=
duum gehorchen soll; und Befriedigung oder Unbefriedi=
gung, ja selbst Schmerz würde empfunden werden, so oft
vergangene Eindrücke während ihres unaufhörlichen Durch=
zugs durch das Gehirn miteinander verglichen würden. In
diesem Falle würde ein innerlicher Ankläger dem Tiere
sagen, daß es besser getan hätte, lieber dem einen als dem
anderen Impuls gefolgt zu sein. Der eine Weg hätte ein=
geschlagen werden sollen, der andere nicht; der eine wäre
der rechte gewesen, der andere der unrechte."[1]

Diese Zeilen zogen ihrem Verfasser mehr als eine Rüge
seitens der „respektabeln" Leute zu. Ein gewisser Sidgwick
schrieb in der „Academy" von London, daß „eine höher
entwickelte Biene" danach streben würde, eine mildere Lö=
sung der Bevölkerungsfrage zu finden. Wir wollen das
von der Biene annehmen; aber daß die englische Bour=
geoisie, und nicht allein die englische, keine „m i l d e r e"

---

[1] The descent of man, London 1883, S. 99/100.

gefunden hat, dafür kann der Beweis in gewissen ökonomischen, von den „respektabeln" Leuten sehr respektierten Büchern gefunden werden. Im Juni 1848 und im Mai 1871 waren die französischen Bourgeois durchaus nicht so milde wie „eine höher entwickelte Biene". Die Bourgeois töteten (und ließen töten) „ihre Brüder" Arbeiter mit einer unerhörten Grausamkeit, und was hier noch bemerkenswerter für uns ist, mit durchaus ruhigem Gewissen. Sie sagten sich ohne Zweifel, daß sie gerade diesen „Weg" und „keinen anderen" „einschlagen" müßten. Weshalb? Weil die Moral der Bourgeoisie ihnen durch ihre soziale Stellung, durch ihren Kampf mit den Proletariern auferlegt ist, so gut wie die „Handlungsweise" der Tiere ihnen durch die Bedingungen ihrer Existenz diktiert wird.

Dieselben französischen Bourgeois betrachten die antike Sklaverei als unmoralisch und verurteilen wahrscheinlich die Abschlachtungen der aufständischen Sklaven, welche im alten Rom stattfanden, als zivilisierter Menschen und selbst intelligenter Bienen unwürdig. Ein Bourgeois comme il faut hat gut „moralisch" und dem Gemeinwohl ergeben sein; er wird in seiner Auffassung der Moral und des Gemeinwohls nicht die Schranken überschreiten, die ihm unabhängig von seinem Willen und Bewußtsein durch die materiellen Bedingungen seiner Existenz gezogen sind. Und darin unterscheidet sich der Bourgeois in nichts von den Mitgliedern anderer Klassen. Indem er in seinen Ideen und Gefühlen die materiellen Bedingungen seiner Existenz reflektiert, erleidet er nur das gemeine Schicksal der „Sterblichen".

„Auf den verschiedenen Formen des Eigentums, auf den sozialen Existenzbedingungen, erhebt sich ein ganzer Überbau verschiedener und eigentümlich gestalteter Empfindungen, Illusionen, Denkweisen und Lebensanschauungen. Die ganze Klasse schafft und gestaltet sie aus ihren materiellen Grundlagen heraus und aus den entsprechenden gesellschaftlichen Verhältnissen. Das einzelne Individuum, dem sie durch Tradition und Erziehung zufließen, kann sich einbilden, daß sie die eigentlichen Bestimmungsgründe und den Ausgangspunkt seines Handelns bilden."[1]

In jüngster Zeit hat Jean Jaurès eine „fundamentale Versöhnung des ökonomischen Materialismus und des Idealismus in ihrer Anwendung auf die Entwicklung der Geschichte" versucht.[2] Der glänzende Redner kommt ein wenig spät, da die marxistische Geschichtsauffassung nichts auf diesem Gebiet zu „versöhnen" übrigläßt. Marx hat den moralischen Gefühlen gegenüber, welche in der Geschichte eine Rolle spielen, niemals die Augen geschlossen. Er hat nur den Ursprung dieser Gefühle erklärt. Damit Jaurès den Sinn dessen besser zu fassen vermag, was er die „Formel von Marx" (der sich immer über Menschen mit einer Formel lustig machte) zu nennen beliebt, wollen wir für ihn noch eine Stelle aus dem eben zitierten Buche anführen.

Es handelt sich um die „demokratisch-sozialistische" Partei, welche in Frankreich 1849 entstand.

„Der eigentliche Charakter der Sozialdemokratie faßt sich dahin zusammen, daß demokratisch-republikanische Institutionen als Mittel verlangt werden, nicht um zwei Extreme, Kapital und Lohnarbeit, beide aufzuheben, sondern um ihren Gegensatz abzuschwächen und in Harmonie zu verwandeln. Wie verschiedene Maßregeln zur Erreichung dieses Zweckes vorgeschlagen werden mögen, wie sehr er mit mehr oder minder revolutionären Vorstellungen sich verbrämen mag, der Inhalt bleibt derselbe. Dieser Inhalt ist die Umänderung der Gesellschaft auf demokratischem Wege, aber eine Umänderung innerhalb der Grenzen des

---

[1] Marx, Der achtzehnte Brumaire des Louis Bonaparte, S. 26.
[2] Vergl. seinen Vortrag über die idealistische Geschichtsauffassung in der „Neuen Zeit", 13. Jahrgang, 2. Band, S. 545 ff.

Kleinbürgertums. Man muß sich nur nicht die bornierte Vorstellung machen, als wenn das Kleinbürgertum prinzipiell ein egoistisches Klasseninteresse durchsetzen wolle. Es glaubt vielmehr, daß die besonderen Bedingungen seiner Befreiung die allgemeinen Bedingungen sind, innerhalb deren allein die moderne Gesellschaft gerettet und der Klassenkampf vermieden werden kann. Man muß sich ebensowenig vorstellen, daß die demokratischen Repräsentanten nun alle Shopkeepers sind oder für dieselben schwärmen. Sie können ihrer Bildung und ihrer individuellen Lage nach himmelweit von ihnen getrennt sein. Was sie zu Vertretern des Kleinbürgers macht, ist, daß sie im Kopfe nicht über die Schranken hinauskommen, worüber jener nicht im Leben hinauskommt, daß sie daher zu denselben Aufgaben und Lösungen theoretisch getrieben werden, wohin jenen das materielle Interesse und die gesellschaftliche Lage praktisch treiben. Dies ist überhaupt das Verhältnis der politischen und literarischen Vertreter einer Klasse zu der Klasse, die sie vertreten." (S. 29.)

Die Vortrefflichkeit der dialektischen Methode des Marxschen Materialismus zeigt sich am deutlichsten da, wo es sich darum handelt, Probleme „moralischer" Art zu lösen, vor denen der Materialismus des achtzehnten Jahrhunderts ohnmächtig stehenblieb. Um aber die Lösungen auch richtig zu begreifen, muß man sich zunächst von metaphysischen Vorurteilen freimachen.

Jaurès sagt umsonst: „Ich will nicht die materialistische Auffassung auf die eine Seite dieser Scheidewand und die idealistische auf die andere stellen;" er kommt gerade zum System der „Scheidewände" zurück, er stellt auf die eine Seite den Geist, auf die andere die Materie, hier die ökonomische Notwendigkeit, dort die moralischen Gefühle, und hält ihnen dann eine Predigt, indem er ihnen zu beweisen versucht, daß sie sich gegenseitig durchdringen sollten, wie

„im organischen Leben des Menschen der Mechanismus des Gehirns und das bewußte Wollen einander durchdringen".[1]

Aber Jaurès ist nicht der erste beste. Er besitzt viel Wissen, guten Willen und bemerkenswerte Fähigkeiten. Man liest ihn gern (wir haben niemals das Vergnügen gehabt, ihn sprechen zu hören), selbst wenn er sich irrt. Unglücklicherweise gilt das nicht für eine Anzahl Gegner von Marx, die diesen um die Wette angreifen.

Herr Dr. Paul Barth, Autor eines Buches: „Die Geschichtsphilosophie Hegels und der Hegelianer bis auf Marx und Hartmann" (Leipzig 1890), hat Marx so wenig begriffen, daß es ihm gelungen ist, ihn zu widerlegen. Er hat bewiesen, daß der Autor des „Kapital" sich auf Schritt und Tritt widerspricht. Sehen wir seine Beweisführung etwas näher an: „Für den Ausgang des Mittelalters hat Marx selbst Material zu seiner Widerlegung geliefert, indem er (1. Kapitel, S. 737 bis 750)

---

[1] Der Leser, der neugierig genug ist, erfahren zu wollen, wie „die Idee der Gerechtigkeit und des Rechts" sich mit der ökonomischen Notwendigkeit **durchdringen**, wird mit großem Vergnügen den Artikel P. Lafargues „Recherches sur les origines de l'Idée du bien et du juste" in Nr. 9 der „Revue philosophique" von 1885 lesen. Wir begreifen nicht recht, was die Durchdringung der ökonomischen Notwendigkeit durch die genannte Idee eigentlich besagen will. Wenn Jaurès darunter versteht, daß wir die ökonomischen Beziehungen der bürgerlichen Gesellschaft nach unseren moralischen Gefühlen zu reorganisieren versuchen sollen, so antworten wir ihm: 1. Das versteht sich von selbst; aber es dürfte schwer sein, in der Geschichte eine einzige Partei zu finden, die sich den Triumph dessen zur Aufgabe gesetzt hätte, von dem sie selbst glaubt, daß es ihrer „Idee von Recht und Gut" widerspricht. 2. Daß er sich keine genaue Rechenschaft von dem Sinn gibt, in dem er die Worte gebraucht: er spricht von der Moral, welche nach dem Ausdruck Taines **Vorschriften gibt**, während die Marxisten in dem, was man ihre Morallehre nennen könnte, **Gesetze zu konstatieren versuchen**. Ein Mißverständnis ist unter diesen Umständen ganz unvermeidlich.

die Vertreibung der englischen bäuerlichen Hintersassen durch die Feudalherren, welche der steigenden Wollpreise wegen das Land in Schafweide mit wenigen Hirten verwandelten, die sogenannten ‚enclosures‘, und die Verwandlung jener Bauern in vogelfreie Proletarier, die sich nun der aufkommenden Manufaktur zu Gebote stellten, für eine der ersten Ursachen der ursprünglichen ‚Akkumulation‘ des Kapitals erklärt. Diese Agrikulturrevolution geht zwar nach Marx zuletzt auf das Entstehen der Wollmanufaktur zurück, aber nach seiner eigenen Darstellung werden die feudalen Gewalten, die gewinnsüchtigen Landlords doch zu ihren gewaltsamen Hebeln (1. Kapitel, S. 747), das heißt eine politische Macht wird ein Glied in der Kette der wirtschaftlichen Umwälzungen."[1]

Wie wir schon öfter gezeigt haben, waren die Philosophen des achtzehnten Jahrhunderts davon überzeugt, daß der „Gesetzgeber alles fertigbringt". Als man aber im Beginn unseres Jahrhunderts sich daran erinnerte, daß der Gesetzgeber, von dem man glaubte, daß er „alles" fertigbringe, seinerseits durch das soziale Milieu erzeugt werde, als man begriffen hatte, daß die „Gesetzgebung" eines jeden Landes ihre Wurzel in der sozialen Struktur habe, zeigte man sich oft geneigt, in das entgegengesetzte Extrem zu fallen: man unterschätzte oft die Rolle des Gesetzgebers, die man zuvor überschätzt hatte. So sagt J. B. Say in der Vorrede zu seinem „Traité d'économie politique": „Lange Zeit hat man die eigentliche Politik, die Wissenschaft der Organisation der Gesellschaft, mit der politischen Ökonomie verwechselt, welche lehrt, wie die Reichtümer entstehen, verteilt und konsumiert werden. Indes sind die Reichtümer von der politischen Organisation wesentlich unabhängig. Unter allen Regierungsformen kann ein Staat blühen,

---

[1] A. a. O., S. 49/50.

wenn er gut verwaltet wird. Man hat Nationen unter **absoluten** Monarchen sich bereichern, unter **Volks-räten** zugrunde gehen sehen. Wenn die politische Freiheit der Entwicklung der Reichtümer günstiger ist, so ist sie dies nur indirekt, in der gleichen Weise, wie sie dem Unterricht günstiger ist." — Die utopistischen Sozialisten gingen noch weiter. Sie erklärten laut, daß der Reformator der sozialen Organisation nichts mit der Politik zu tun habe.[1] Diese beiden Extreme hatten das Gemeinsame, daß sie beide in dem Mangel einer angemessenen Einsicht in den Zusammenhang wurzelten, der zwischen der sozialen und der politischen Organisation eines Landes besteht. Marx hat diesen Zusammenhang entdeckt, und es war ihm leicht, zu zeigen, wie und warum jeder Klassenkampf ein politischer Kampf ist.

In all diesem hat der scharfsinnige Dr. Barth nur das eine gesehen: daß nach Marx eine politische Handlung, ein „gesetzgeberischer" Akt keinen Einfluß auf die ökonomischen Beziehungen haben kann; daß nach demselben Marx ein jeder derartiger Akt ein bloßer Schein ist, und daß demnach der erste englische Bauer, der im „Ausgang des Mittelalters" seines Grundbesitzes, das heißt seiner bisherigen ökonomischen Stellung, durch seinen Landlord beraubt wurde, die ganze historische Theorie des berühmten

---

[1] „Wir haben alle möglichen Regierungsformen in unserer zivilisierten Welt. Sind aber die westlichen Länder, die sich mehr oder weniger der **demokratischen** Staatsform hinneigen, vom geistigen, sittlichen und materiellen Elend minder heimgesucht als die östlichen, mehr oder weniger unter **autokratischer** Staatsform stehenden Länder? Oder hat Preußens Monarch weniger Herz für das Elend der ärmeren Volksklassen gezeigt als Frankreichs Deputiertenkammer und der König der Franzosen? — Wir sind durch Tatsachen so sehr vom Gegenteil **überwiesen**, durch Nachdenken so sehr vom Gegenteil **überzeugt**, daß uns alle politisch-liberalen Bestrebungen mehr als gleichgültig, förmlich zum Ekel geworden sind." (M. Heß im „Gesellschaftsspiegel" von 1846.)

Sozialisten wie ein Kartenhaus umwirft. Voltaires' Bakkalaureus von Salamanka hat nie eine Probe so großen Scharfsinns gegeben!

Marx widerspricht sich also bei der Beschreibung des englischen „Clearing of Estates". Herr Barth, ein vortrefflicher Logiker, bedient sich dieses selben Clearing, um zu beweisen, daß das Recht „eine selbständige Existenz führt". Da aber der Zweck der juristischen Aktion der englischen Landlords ein klein wenig mit ihren ökonomischen Interessen zu tun hatte, so bringt der ehrenwerte Herr Doktor die von jeder Einseitigkeit wahrhaft freie Behauptung vor: „Das Recht führt also eine selbständige, eigene, wenn auch nicht unabhängige Existenz." Selbständig, wenn auch nicht unabhängig! Das ist vielseitig und schützt, was noch besser, unseren Herrn Doktor vor jedem „Widerspruch". Wenn man ihm beweist, daß das Recht durch die Ökonomie bedingt wird, antwortet er: weil es nicht unabhängig ist. Würde man ihm dagegen erklären, daß die Ökonomie durch das Recht bestimmt wird, so riefe er aus, daß er gerade dies mit seiner Theorie der selbständigen Existenz des Rechts sagen wolle.

Der scharfsinnige Herr Doktor behauptet dasselbe von der Moral, der Religion, allen anderen Ideologien. Alle, ohne Ausnahme, sind selbständig, wenn auch nicht unabhängig. Man sieht, es ist die alte, immer neue Geschichte von dem Kampf des Eklektizismus gegen den Monismus, die Geschichte der „Scheidewände"; hier die Materie, dort der Geist, zwei Substanzen, die eine selbständige, eigene, wenn auch nicht unabhängige Existenz führen.

Aber lassen wir die Eklektiker, um zu Marx' Theorie zurückzukehren. Wir haben noch einige Bemerkungen darüber zu machen.

Schon die wilden Stämme haben Beziehungen — friedliche oder nichtfriedliche — miteinander und, wenn dazu die Gelegenheit, mit barbarischen Völkerschaften und zivilifizierten Staaten. Diese Beziehungen beeinflussen natürlich die ökonomische Struktur einer jeden Gesellschaft. „Verschiedene Gemeinwesen finden verschiedene Produktionsmittel und verschiedene Lebensmittel in ihrer Naturumgebung vor. Ihre Produktionsweise, Lebensweise und Produkte sind daher verschieden. Es ist diese naturwüchsige Verschiedenheit, die bei dem Kontakt der Gemeinwesen den Austausch der wechselseitigen Produkte und daher allmähliche Verwandlung dieser Produkte in Waren hervorruft."[1] Die Entwicklung der Warenproduktion führt zur Auflösung der primitiven Gemeinschaft. Im Schoß der Gens entstehen neue Interessen, die endlich eine neue politische Organisation erzeugen; der Klassenkampf beginnt mit all seinen unvermeidlichen Konsequenzen auf dem Gebiet der politischen, moralischen und intellektuellen Evolution der Menschheit. Ihre internationalen Beziehungen werden immer komplizierter und erzeugen Erscheinungen, die auf den ersten Blick der historischen Theorie Marx' zu widersprechen scheinen.

Peter der Große machte in Rußland eine Revolution, die einen ungeheuren Einfluß auf die ökonomische Entwicklung dieses Landes gehabt hat. Nun haben aber nicht Bedürfnisse ökonomischer, sondern politischer Art, die Bedürfnisse des S t a a t e s, diesen genialen Menschen zu seinem revolutionären Vorgehen veranlaßt. In gleicher Weise zwang die Krimniederlage die Regierung Alexanders II., alles, was von ihr abhing, für die Entwicklung des russischen Kapitalismus zu tun. Die Geschichte wimmelt von solchen Beispielen, welche zugunsten der selbständigen Existenz des internationalen, öffentlichen und sonstigen Rechts zu zeugen scheinen. Betrachten wir aber die Sache etwas näher.

Wovon hing die Kraft der Staaten Westeuropas ab, die das Genie des großen Moskowiters erweckte? V o n d e r E n t w i c k l u n g   i h r e r   P r o d u k t i v k r ä f t e. Peter

---

[1] Das Kapital, I, S. 353.

begriff dies sehr gut, da er alles aufbot, die Entwicklung dieser Kräfte in seinem Vaterland zu beschleunigen. Woher kamen die Mittel, über die er verfügte? Wie war jene Macht eines asiatischen Despoten entstanden, die er mit einer so furchtbaren Energie handhabte? Diese Macht verdankte der Ökonomie Rußlands ihren Ursprung; diese Mittel wurden durch die damaligen russischen Produktionsverhältnisse beschränkt. Trotz seiner furchtbaren Macht und seines eisernen Willens gelang es Peter nicht, konnte es ihm nicht gelingen, aus St. Petersburg ein Amsterdam zu machen oder Rußland in eine Seemacht zu verwandeln, wie es der stete Gegenstand seiner Träume war. Die Reform Peters des Großen erzeugte in Rußland eine eigentümliche Erscheinung. Peter bemühte sich, die europäischen Manufakturen nach Rußland zu verpflanzen. Die Arbeiter fehlten. Er ließ die Staatsleibeigenen in den Manufakturen arbeiten. Die industrielle Leibeigenschaft, eine in Westeuropa unbekannte Form, existierte in Rußland bis 1861, das heißt bis zur Emanzipation der Leibeigenen.

Ein nicht weniger bemerkenswertes Beispiel ist die Leibeigenschaft der Landleute in Ostpreußen, Brandenburg, Pommern und Schlesien seit der Mitte des sechzehnten Jahrhunderts. Die Entwicklung des Kapitalismus in den westlichen Ländern untergrub regelmäßig die feudalen Formen der Ausbeutung des Produzenten. In dem eben bezeichneten Winkel Europas befestigte dieselbe Entwicklung für eine ziemlich lange Zeit.

Die Sklaverei in den europäischen Kolonien ist gleichfalls ein auf den ersten Blick paradoxes Beispiel der kapitalistischen Entwicklung. Diese Erscheinung, wie die vorhergehenden, wird nicht durch die Logik des ökonomischen Lebens der Länder, wo sie auftrat, erklärt. Man muß, um sie zu erklären, die internationalen ökonomischen Beziehungen betrachten.

Hier sind wir also unsererseits zu dem **Gesichtspunkt der Wechselwirkung** zurückgekommen. Es wäre töricht, zu vergessen, daß dies nicht nur ein legitimer, sondern auch ein gänzlich unvermeidbarer Gesichtspunkt ist. Nur wäre es in gleicher Weise absurd, zu vergessen, daß dieser Gesichtspunkt **an und für sich** nichts erklärt, daß wir, um uns seiner zu bedienen, stets das „Dritte", „Höhere" suchen müssen, **das für Hegel der Begriff und für uns die ökonomische Situation der Völker und der Länder ist, deren gegenseitiger Einfluß konstatiert und begriffen werden soll.**

Die Literatur und schönen Künste eines jeden zivilisierten Landes haben einen mehr oder weniger großen Einfluß auf die Literatur und schönen Künste anderer zivilisierter Länder. **Dieser gegenseitige Einfluß ist eine Wirkung der Ähnlichkeit der sozialen Struktur dieser Länder.**

Eine im Kampfe mit ihren Gegnern befindliche Klasse erobert sich in der Literatur eines Landes eine Stellung. Wenn dieselbe Klasse in einem anderen Lande sich zu rühren beginnt, bemächtigt sie sich der von ihrer vorgeschritteneren Schwester geschaffenen Ideen und Formen. **Aber sie modifiziert dieselben und geht über sie hinaus oder bleibt hinter ihnen zurück, je nach dem Unterschied, der zwischen ihrer Lage und der Lage der Klasse besteht, welche ihre Vorbilder schuf.**

Wir haben gesehen, daß das geographische Milieu einen großen Einfluß auf die historische Entwicklung der Völker hatte. Wir sehen jetzt, daß die internationalen Beziehungen vielleicht einen noch größeren Einfluß auf diese Entwicklung haben. Die vereinigte Einwirkung des geographischen Milieus und der internationalen Beziehungen erklärt die ungeheuren Unterschiede, die wir, **trotzdem die fundamentalen Gesetze der sozialen Evolution überall dieselben sind**, in den historischen Schicksalen der Völker vorfinden.

Man sieht, daß die Marxsche Geschichtsauffassung, anstatt „beschränkt" und „einseitig" zu sein, uns ein ungeheures Feld der Forschung öffnet. Es bedarf vieler Arbeit, vieler Geduld und großer Wahrheitsliebe, um nur einen sehr kleinen Teil dieses Feldes gut zu bestellen. Aber es gehört uns; der Erwerb ist gemacht; die Arbeit ist von den Händen unvergleichlicher Meister begonnen, wir haben sie nur fortzusetzen. **Und wir haben dies zu tun, wollen wir nicht die geniale Idee von Marx in unseren Köpfen in etwas „Graues", „Cimmerisches", „Totenhaftes"** verwandeln.

„Wenn das Denken bei der Allgemeinheit der Ideen stehenbleibt," sagte Hegel sehr gut, „wie notwendig in den ersten Philosophen (zum Beispiel dem Sein in der eleatischen Schule, dem Werden Heraklits und dergleichen) der Fall ist, wird ihm mit Recht **Formalismus** vorgeworfen; auch bei einer entwickelten Philosophie kann es geschehen, daß nur die abstrakten Sätze oder Bestimmungen, zum Beispiel daß im Absoluten alles Eins, die Identität des Subjektiven und Objektiven, aufgefaßt und beim Besonderen nur dieselben wiederholt werden."[1] Man würde uns mit gutem Grund denselben **Formalismus** vorwerfen können, wenn wir einer gegebenen Gesellschaft gegenüber nur wiederholen könnten: **die Anatomie dieser Gesellschaft liegt in ihrer Ökonomie.** Das ist unbestreitbar, aber es genügt nicht; man muß einen wissenschaftlichen Gebrauch von einer wissenschaftlichen Idee zu machen wissen; man muß sich Rechenschaft von allen Lebensfunktionen dieses Organismus zu

---

[1] Enzyklopädie, 1. Teil, § 12, Einleitung.

geben wissen, dessen anatomische Struktur durch die Ökonomie bestimmt wird; man muß begreifen, wie er sich bewegt, wie er sich nährt, wie die **Empfindungen** und **Begriffe, die in ihm entstehen, dank dieser anatomischen Struktur, das werden, was sie sind;** wie sie sich mit den in der Struktur eingetretenen Veränderungen verändern usw. Nur unter dieser Bedingung werden wir weiterkommen; unter dieser Bedingung sind wir aber auch dessen sicher.

Man sieht häufig in der materialistischen Geschichtsauffassung eine Lehre, welche die Unterwerfung der Menschen unter das Joch einer unversöhnlichen, blinden Notwendigkeit verkündigt. Nichts ist verkehrter! Gerade die materialistische Geschichtsauffassung zeigt den Menschen den Weg, der sie **aus dem Gebiet der Notwendigkeit in das der Freiheit** führen wird.

Auf dem Gebiet der Moral ist ein Philister, Eklektiker par excellence, stets ein „**Idealist**". Er hängt an dem „Ideal" mit um so größerer Beharrlichkeit, je ohnmächtiger sich seine Vernunft der **traurigen Prosa des sozialen Lebens** gegenüber fühlt. Diese Vernunft wird niemals über die ökonomische Notwendigkeit triumphieren: ein Ideal wird immer ein Ideal bleiben; es wird sich niemals realisieren, da es „**eine selbständige, eigene, wenn auch nicht unabhängige Existenz führt**", da es ihm unmöglich ist, hinter seiner „**Scheidewand**" hervorzukommen. Hier — Geist, Ideal, menschliche Würde, Brüderlichkeit usw.; dort — Materie, ökonomische Notwendigkeit, Ausbeutung, Konkurrenz, Krisen, Bankrotte, gegenseitiger universeller Betrug. Zwischen diesen beiden Reichen ist keine Versöhnung möglich. Die modernen Materialisten **haben für einen derartigen „moralischen Idealismus" nur Verachtung**. Sie haben eine viel höhere Auffassung von der Kraft der menschlichen Vernunft. Wohl wird sie in ihrer

Entwicklung durch die ökonomische Notwendigkeit vorwärtsgetrieben, aber **gerade deshalb** ist das wahrhaft Vernünftige keineswegs gezwungen, ewig im Zustand eines „Ideals" zu bleiben. **Was vernünftig ist, das wird auch wirklich**, und die ganze unwiderstehliche Kraft der ökonomischen Notwendigkeit nimmt ihre Verwirklichung auf sich.

Die „Philosophen" des achtzehnten Jahrhunderts wiederholten zum Überdruß, daß die öffentliche Meinung die Welt regiert, und daß daher nichts der Vernunft widerstehen kann, die „schließlich stets recht hat". Indes hatten diese selben Philosophen häufig **bedeutende Zweifel an der Kraft der Vernunft**, und ihre Zweifel entstanden logischerweise aus der anderen Seite der den „Philosophen" eigentümlichen Theorie. Da der „Gesetzgeber" alles fertigbringt, so läßt der Gesetzgeber die Vernunft triumphieren oder löscht ihre Fackeln aus. Man muß daher alles vom „Gesetzgeber" erwarten. In der Mehrzahl der Fälle kümmern sich aber die Gesetzgeber, die Monarchen, welche über das Schicksal ihrer Völker verfügen, sehr wenig um den Triumph der Vernunft. So sind also die Aussichten der Vernunft außerordentlich gering geworden! Es bleibt dem Philosophen nur übrig, auf den **Zufall** zu rechnen, der früher oder später die Macht einem der **Vernunft freundlichen „Fürsten"** geben wird. Wir wissen bereits, daß Helvetius tatsächlich nur auf einen glücklichen Zufall rechnete. Hören wir noch einen anderen Philosophen derselben Epoche.

„Den sonnenklarsten Prinzipien wird häufig am meisten widersprochen; sie haben die Unwissenheit, die Leichtgläubigkeit, die Gewohnheit, die Hartnäckigkeit, die Eitelkeit der Menschen, mit einem Worte die Interessen der Großen und die Stupidität des Volkes zu bekämpfen, die sie immer ihren alten Systemen anhängen lassen. Der Irrtum verteidigt sein Gebiet Schritt für Schritt; nur mit Kämpfen und Ausdauer kann man ihm die geringste seiner Eroberungen entreißen. Man glaube deshalb nicht, daß die Wahrheit unnütz sei; ihr Keim, einmal gesät, bleibt bestehen, trägt mit der Zeit Frucht und erwartet, ähnlich den Saaten, die vor ihrem Aufgehen lange Zeit in der Erde vergraben bleiben, die Umstände, welche ihn entwickeln können.... Wenn erleuchtete Souveräne die Nationen regieren, trägt die Wahrheit die Früchte, welche man von ihr mit Recht erwartet. Schließlich zwingt die Notwendigkeit die Völker, wenn sie von dem Elend und den zahllosen Unglücksfällen, welche ihre Irrtümer erzeugten, ermüdet sind, zur Wahrheit ihre Zuflucht zu nehmen, welche allein sie gegen das Unglück schützt, unter dem die Lüge und das Vorurteil sie lange haben leiden lassen."[1]

Immer derselbe Glaube an „erleuchtete Fürsten"; immer derselbe Zweifel an der Kraft der „Vernunft"! Man vergleiche mit diesen leeren und furchtsamen Hoffnungen die kraftvolle Überzeugung von Marx, der uns sagt, daß es keinen Fürsten gibt noch jemals geben wird, der der Entwicklung der Produktivkräfte seines Volkes und daher seiner Befreiung von dem Joch veralteter Einrichtungen siegreichen Widerstand zu leisten vermag, und man sage: Wer glaubt fester an die Kraft der Vernunft und ihren endlichen Triumph? Auf der einen Seite ein reserviertes „Vielleicht", auf der anderen eine Gewißheit, so unerschütterlich wie die, welche uns ein mathematischer Beweis gibt.

Die Materialisten konnten nur halb an ihre Gottheit, die „Vernunft", glauben, da in ihrer Theorie sich diese Gottheit immer an den ehernen Gesetzen der materiellen Welt, an der blinden Notwendigkeit stieß. „Der

---

[1] Essai sur les prejugés, de l'influence des opinions sur les moeurs et sur les bonhour des hommes usw. Liège 1797, S. 37. Man schreibt dies Buch Holbach oder dem Materialisten Dumarsais zu, dessen Namen der Titel trägt.

Mensch erreicht sein Ende," sagt Holbach, „ohne daß er von dem Moment seiner Geburt an bis zu dem seines Todes einen einzigen Augenblick frei gewesen ist."[1] Ein Materialist muß das behaupten, da, wie Priestley sagte, „die Lehre von der Notwendigkeit die unmittelbare Folge der Lehre von der Stofflichkeit des Menschen ist; denn Mechanismus ist die zweifellose Konsequenz des Materialismus."[2] Solange man aber nicht wußte, wie diese **Notwendigkeit die Freiheit** des Menschen erzeugen kann, mußte man unvermeidlicherweise **Fatalist** sein. „Alle Ereignisse sind miteinander verbunden," sagt **Helvetius**. „Ein im Norden niedergehauener Wald verändert die Winde, die Saaten, die Künste des Landes, die Sitten und die Regierung." Holbach sprach von den unberechenbaren Folgen, welche die Bewegung eines einzigen Atoms in dem Gehirn eines Despoten für die Geschicke eines Reiches haben könne. Der Determinismus der „Philosophen" ging nicht weiter in der Auffassung der Rolle der Notwendigkeit in der Geschichte; deshalb war auch nach ihnen die historische Bewegung dem Zufall, dieser Scheidemünze der **Notwendigkeit**, unterworfen. Die Freiheit blieb im Gegensatz zur Notwendigkeit, und der Materialismus verstand nicht, wie Marx sagte, die **menschliche Tätigkeit** zu erfassen. Die deutschen Idealisten bemerkten diese schwache Seite des metaphysischen Materialismus sehr wohl; es gelang ihnen aber nur mit Hilfe des absoluten Geistes, das heißt mit Hilfe einer **Fiktion**, die Freiheit mit der Notwendigkeit zu vereinen. Die modernen Materialisten à la Moleschott bewegen sich in den Widersprüchen der Materialisten des achtzehnten Jahrhunderts. Nur Marx wußte, ohne einen Augenblick die Lehre von der „**Stofflichkeit des Menschen**" aufzu-

---

[1] Le bon sens puisé dans la nature, I, S. 120.
[2] A free discussion of the principles of materialism usw., S. 241.

geben, die „Vernunft" und die „Notwendigkeit" zu versöhnen, indem er die „**menschliche Praxis**" betrachtete. Die Menschheit stellt sich „**immer nur Aufgaben, die sie lösen kann, denn genauer betrachtet, wird sich stets ergeben, daß die Aufgabe selbst nur entspringt, wo die materiellen Bedingungen ihrer Lösung schon vorhanden oder wenigstens im Prozeß ihres Werdens begriffen sind**".[1]

Die **metaphysischen Materialisten** sahen, wie die Notwendigkeit die Menschen **unterjocht** („**ein abgehauener Wald**" usw.); der **dialektische Materialismus** zeigt, wie sie sie **befreien** wird.

„Die bürgerlichen Produktionsverhältnisse sind die letzte antagonistische Form des gesellschaftlichen Produktionsprozesses, antagonistisch nicht im Sinne von individuellem Antagonismus, sondern eines aus den gesellschaftlichen Lebensbedingungen der Individuen hervorwachsenden Antagonismus, aber die im Schoße der bürgerlichen Gesellschaft sich entwickelnden Produktivkräfte schaffen zugleich die materiellen Bedingungen zur Lösung dieses Antagonismus. Mit dieser Gesellschaftsformation schließt daher die Vorgeschichte der menschlichen Gesellschaft ab."[2]

Die angeblich fatalistische Theorie Marx' ist gerade diejenige, welche zum ersten Male in der Geschichte der ökonomischen Wissenschaft jenem **Fetischismus der Ökonomen** ein Ende gemacht hat, der sie die ökonomischen Kategorien — den Tauschwert, das Geld, das Kapital — durch die Natur der materiellen Objekte und nicht durch die der Beziehungen der Menschen in dem Produktionsprozeß erklären ließ.[3]

---

[1] Zur Kritik der politischen Ökonomie, Vorwort, S. VI.
[2] Ebenda.
[3] „Wie sehr ein Teil der Ökonomen von dem der Warenwelt anklebenden Fetischismus oder dem gegenständlichen Schein der

Wir haben hier nicht auseinanderzusetzen, was Marx für die politische Ökonomie geleistet hat. Wir wollen nur bemerken, daß er sich in dieser Wissenschaft derselben Methode bedient, bei ihrer Behandlung denselben Standpunkt einnimmt wie bei der Interpretation der Geschichte: den Standpunkt der Verhältnisse der Menschen in dem Produktionsprozeß. Man kann danach den intellektuellen Wert der besonders im heutigen Rußland noch zahlreichen Menschen bemessen, welche die ökonomischen Theorien von Marx „a n e r k e n n e n" und seine historischen Ansichten „a b l e h n e n".

Wer begriffen hat, was die d i a l e k t i s c h e M e t h o d e des Marxschen Materialismus ist, kann auch den wissenschaftlichen Wert der Diskussionen beurteilen, die sich von Zeit zu Zeit darüber erhoben, ob sich Marx in seinem „Kapital" der i n d u k t i v e n oder d e d u k t i v e n Methode bedient habe. Die Marxsche Methode ist z u g l e i c h induktiv und deduktiv. Sie ist obendrein noch die revolutionärste aller Methoden, die man je angewandt hat.

gesellschaftlichen Arbeitsbestimmungen getäuscht wird, beweist unter anderem der langweilige, abgeschmackte Zank über die Rolle der Natur in der Bildung des Tauschwerts. Da Tauschwert eine bestimmte gesellschaftliche Manier ist, die auf ein Ding verwandte Arbeit auszudrücken, kann er nicht mehr Naturstoff enthalten als etwa der Wechselkurs. Da die Warenform die allgemeinste und unentwickeltste Form der bürgerlichen Produktion ist, weswegen sie früh auftritt..., scheint ihr Fetischcharakter noch relativ leicht zu durchschauen. Bei konkreteren Formen verschwindet selbst dieser Schein der Einfachheit. Woher die Illusionen des Monetarsystems? Es sah das Gold und Silber nicht an, daß sie als Geld ein gesellschaftliches Produktionsverhältnis darstellen, aber in der Form von Naturdingen mit sonderbar gesellschaftlichen Eigenschaften. Und die moderne Ökonomie, die vornehm auf das Monetarsystem herabgrinst, wird ihr Fetischismus nicht handgreiflich, sobald sie das Kapital behandelt? Seit wie lange ist die physiokratische Illusion verschwunden, daß die Grundrente aus der Erde wächst, nicht aus der Gesellschaft?" Das Kapital, S. 52/53.

„In ihrer mystifizierten Form", sagt Marx, „ward die Dialektik deutsche Mode, weil sie das Bestehende zu verklären schien. In ihrer rationellen Gestalt ist sie dem Bürgertum und seinen doktrinären Wortführern ein Ärgernis und ein Greuel, weil sie in dem positiven Verständnis des Bestehenden zugleich auch das Verständnis seiner Negation, seines notwendigen Untergangs einschließt, jede gewordene Form im Flusse der Bewegung, also auch nach ihrer vergänglichen Seite auffaßt, sich durch nichts imponieren läßt, ihrem Wesen nach kritisch und revolutionär ist."[1]

Holbach, einer der revolutionärsten Vertreter der französischen Philosophie des letzten Jahrhunderts, erschrak vor der Jagd nach Märkten, ohne die die moderne Bourgeoisie nicht bestehen kann. Er hätte gern der historischen Bewegung nach dieser Seite hin Einhalt getan. Marx begrüßt diese selbe Jagd nach Märkten, diesen Profithunger als eine destruktive Kraft der bestehenden Ordnung der Dinge, als eine Vorbedingung der Emanzipation der Menschheit mit Beifall.

„Die Bourgeoisie kann nicht existieren, ohne die Produktionsinstrumente, also die Produktionsverhältnisse, also sämtliche gesellschaftlichen Verhältnisse fortwährend zu revolutionieren. Unveränderte Beibehaltung der alten Produktionsweise war dagegen die erste Existenzbedingung aller früheren industriellen Klassen. Die fortwährende Umwälzung der Produktion, die ununterbrochene Erschütterung aller gesellschaftlichen Zustände, die ewige Unsicherheit und Bewegung zeichnet die Bourgeoisepoche vor allen früheren aus. Alle festen, eingerosteten Verhältnisse mit ihrem Gefolge von altehrwürdigen Vorstellungen und Anschauungen werden aufgelöst, alle neugebildeten veralten, ehe sie verknöchern können. Alles Ständische und Stehende verdampft, alles Heilige wird entweiht, und die Menschen

---

[1] Das Kapital, I, 3. Auflage, Vorwort zur 2. Auflage, S. XIX.

sind endlich gezwungen, ihre Lebensstellung, ihre gegenseitigen Beziehungen mit nüchternen Augen zu betrachten.... Die Bourgeoisie hat durch ihre Exploitation des Weltmarktes die Produktion und Konsumtion aller Länder kosmopolitisch gestaltet.... An die Stelle der alten lokalen und nationalen Selbstgenügsamkeit und Abgeschlossenheit tritt ein allseitiger Verkehr, eine allseitige Abhängigkeit der Nationen voneinander. Und wie in der materiellen, so auch in der geistigen Produktion. Die geistigen Erzeugnisse der einzelnen Nationen werden Gemeingut. Die nationale Einseitigkeit und Beschränktheit wird mehr und mehr unmöglich, und aus den vielen nationalen und lokalen Literaturen bildet sich eine Weltliteratur."[1]

Während die französischen Materialisten das **feudale Eigentum** bekämpften, sangen sie das Lob des **bürgerlichen Eigentums**, das für sie die innerste Seele **jeder menschlichen Gesellschaft** war. Sie sahen nur die eine Seite der Sache. Sie betrachteten das bürgerliche Eigentum als die Frucht der Arbeit des Eigentümers selbst. Marx zeigt, wo die immanente Dialektik des bürgerlichen Eigentums endigt:

„Der Durchschnittspreis der Lohnarbeit ist das Minimum des Arbeitslohns, das heißt die Summe der Lebensmittel, die notwendig sind, um den Arbeiter als Arbeiter am Leben zu erhalten. Was also der Lohnarbeiter durch seine Tätigkeit sich aneignet, reicht bloß dazu hin, um sein nacktes Leben wieder zu erzeugen.... In eurer bestehenden Gesellschaft ist das Privateigentum für neun Zehntel ihrer Mitglieder aufgehoben: es existiert gerade dadurch, daß es für neun Zehntel nicht existiert."[2]

---

[1] Manifest der Kommunistischen Partei, 1. Kapitel.
[2] Ebenda, 2. Kapitel. Das Lohngesetz, von dem Marx hier spricht, ist von ihm im „Kapital" genauer formuliert worden; er zeigt dort, daß es in Wirklichkeit für den Proletarier noch ungünstiger ist. Das in dem „Manifest" Gesagte genügt aber,

So revolutionär sie auch waren, so richteten sich die französischen Materialisten doch nur an die **aufgeklärte Bourgeoisie und die "philosophierenden" Adligen**, welche in das Lager der Bourgeoisie übergegangen waren. Sie zeigten eine unüberwindliche Furcht vor dem "Pöbel", dem "Volk", der **"unwissenden Menge"**. Die **Bourgeoisie** war aber und konnte nur **zur Hälfte revolutionär** sein. Marx wendet sich an das **Proletariat, die im vollen Sinne des Wortes revolutionäre Klasse.**

"Alle früheren Klassen, die sich die Herrschaft eroberten, suchten ihre schon erworbene Lebensstellung zu sichern, indem sie die ganze Gesellschaft den Bedingungen ihres Erwerbs unterwarfen. Die Proletarier können sich die gesellschaftlichen Produktivkräfte nur erobern, indem sie ihre eigene bisherige Aneignungsweise... abschaffen. Die Proletarier haben nichts von dem Ihrigen zu sichern, sie haben alle bisherige Privatsicherheit und Privatversicherungen zu zerstören."[1]

In ihrem Kampfe gegen die damals existierende soziale Ordnung appellierten die Materialisten ohne Aufhören an die "Mächtigen", an die **"aufgeklärten Souveräne"**. Sie suchten ihnen zu zeigen, daß ihre Theorien im Grunde sehr harmlos seien. Marx und die Marxisten nehmen den **"Mächtigen"** gegenüber eine andere Stellung ein.

"Die Kommunisten verschmähen es, ihre Ansichten und Absichten zu verheimlichen. Sie erklären es offen, daß ihre Zwecke nur erreicht werden können durch den gewaltsamen Umsturz aller bisherigen Gesellschaftsordnung. Mögen die herrschenden Klassen vor einer kommunistischen Revolution

um die Illusion zu zerstören, welche das neunzehnte Jahrhundert von seinem Vorgänger oder, besser gesagt, **seinen Vorgängern** ererbt hat.

[1] Manifest, 1. Kapitel.

zittern. Die Proletarier haben nichts in ihr zu verlieren als ihre Ketten. Sie haben eine Welt zu gewinnen."[1]

Es ist nur natürlich, daß eine solche Lehre bei den „Mächtigen" keine günstige Aufnahme findet. Die Bourgeoisie ist heutzutage eine reaktionäre Klasse geworden: sie bemüht sich, „**das Rad der Geschichte zurückzudrehen**". Ihre Ideologen sind nicht einmal imstande, den ungeheuren wissenschaftlichen Wert der Entdeckungen von Marx zu **begreifen**. Zur Vergeltung bedient sich das Proletariat seiner historischen Theorie als des sichersten Führers in seinem Emanzipationskampf.

Diese Theorie, welche die Bourgeoisie durch ihren angeblichen Fatalismus erschreckt, flößt den Proletariern eine beispiellose Energie ein! Bei seiner Verteidigung der „Lehre von der Notwendigkeit" gegen die Angriffe Prices sagte Priestley unter anderem: „Um nicht von mir selbst zu sprechen, der ich indes sicherlich nicht das trägste und lebloseste Tier bin, wo könnte er größere Begeisterung, stärkere und unablässigere Anstrengung oder eifrigere und standhaftere Verfolgung der wichtigsten Aufgaben finden als unter denen, die er als Anhänger der Notwendigkeitslehre (Nezessarians) kennt?"[2]

Priestley spricht von den englischen „christlichen Nezessarians" seiner Zeit. Er mag ihnen mit Recht oder Unrecht eine solche Begeisterung zuschreiben. Man unterhalte sich aber nur ein wenig mit den Herren Bismarck, Caprivi, Crispi oder Kasimir Perier, sie werden Wunder von der Tätigkeit und Energie der „Nezessarians", der „Fatalisten" unserer Zeit: **den sozialdemokratischen Arbeitern**, zu erzählen wissen.

---

[1] Manifest, 4. Kapitel. [2] A. a. O., S. 391.

Verlag J. H. W. Dietz Nachf. GmbH

Internationale Bibliothek

1 *Edward B. Aveling:* Die Darwinsche Theorie.*

1 ab 1912 unter dieser Nummer: *Sinai Tschulok:* Entwicklungstheorie (Darwins Lehre).*

2 *Karl Kautsky:* Karl Marx Ökonomische Lehren.*

3 *Oswald Köhler:* Weltschöpfung und Weltuntergang. Die Entwicklung von Himmel und Erde auf Grund der Naturwissenschaften.*

4 *N. Kablukow:* Die ländliche Arbeiterfrage.*

5 *Karl Kautsky:* Thomas More und seine Utopie.

6 *August Bebel*: Charles Fourier. Sein Leben und seine Theorien.

7 *Max Schippel:* Das moderne Elend und die moderne Überbevölkerung.*

8 *Jakob Stern:* Die Philosophie Spinozas.*

9 *August Bebel:* Die Frau und der Sozialismus.*

10 *Prosper Lissagaray:* Geschichte der Kommune von 1871.

11 *Friedrich Engels:* Der Ursprung der Familie, des Privateigenthums und des Staats.*

12 *Karl Marx:* Das Elend der Philosophie. Antwort auf Proudhon's „Philosophie des Elends".*

13 *Karl Kautsky:* Das Erfurter Programm. In seinem grundsätzlichen Teil erläutert.

14 *Friedrich Engels:* Die Lage der arbeitenden Klasse in England.

15 *Sergius Stepniak:* Der russische Bauer.*

16 *Ferdinand B. Simon:* Die Gesundheitspflege des Weibes.*

17 *Franz Mehring:* Die Lessing-Legende.*

18 *Heinrich Lux:* Etienne Cabet und der Ikarische Kommunismus.

19 *Franz Lütgenau:* Natürliche und soziale Religion.*

20 *Georg Plechanow:* N. G. Tschernischewsky.*

21 *Friedrich Engels:* Herrn Eugen Dührings Umwälzung der Wissenschaft.

*) vergriffen

Verlag J. H. W. Dietz Nachf. GmbH

Internationale Bibliothek

22 *Josef Dietzgen:* Das Acquisit der Philosophie und Briefe über Logik. Speziell demokratisch-proletarische Logik.*

23 *C. Hugo:* Die Englische Gewerkvereins-Bewegung. Nach G. Howell's „The conflicts of capital and labour".*

24 *Karl Marx:* Revolution und Kontre-Revolution in Deutschland.*

25 *Rudolf Peters:* Der Glaube an die Menschheit.*

26a *Arnold Dodel:* Aus Leben und Wissenschaft. Leben und Tod.*

26b *Arnold Dodel:* Aus Leben und Wissenschaft. Kleinere Aufsätze.*

26c *Arnold Dodel:* Aus Leben und Wissenschaft. Moses oder Darwin?*

27 *C. Hugo:* Städteverwaltung und Munizipal-Sozialismus in England.*

28 *Gaston Moch:* Die Armee der Demokratie.*

29 *Georg Plechanow:* Beiträge zur Geschichte des Materialismus.

30 *Karl Marx:* Zur Kritik der politischen Ökonomie.*

31 *Josef Dietzgen:* Das Wesen der menschlichen Kopfarbeit.*

32 *Josef Dietzgen:* Kleinere philosophische Schriften.*

33 *Leo Deutsch:* Sechzehn Jahre in Sibirien. Erinnerungen eines russischen Revolutionärs.*

34 *Alfred Dodel:* Aus Leben und Wissenschaft. Gesammelte Vorträge und Aufsätze. Zweite Serie.*

35 *Karl Marx:* Theorien über den Mehrwert. Band I.*

36 *Karl Marx:* Theorien über den Mehrwert. Band II. Erster Teil.*

37 *Karl Marx:* Theorien über den Mehrwert. Band II. Zweiter Teil.*

37a *Karl Marx:* Theorien über den Mehrwert. Band III.*

38 *Karl Kautsky:* Ethik und materialistische Geschichtsauffassung.

39 *Morris Hillquit:* Geschichte des Sozialismus in den Vereinigten Staaten.*

40 *K. A. Pashitnow:* Die Lage der arbeitenden Klasse in Rußland.*

41 *Leo Deutsch:* Viermal entflohen.*

*) vergriffen

Verlag J. H. W. Dietz Nachf. GmbH

Internationale Bibliothek

42 *Peter Maßlow:* Die Agrarfrage in Rußland.*

43 *Paul Louis:* Geschichte des Sozialismus in Frankreich.*

44 *Eduard Bernstein:* Sozialismus und Demokratie in der großen englischen Revolution.

45 *Karl Kautsky:* Der Ursprung des Christentums.

46 *L. B. Boudin:* Das theoretische System von Karl Marx.*

47 *Karl Kautsky:* Die Vorläufer des neueren Sozialismus. I. Band: Kommunistische Bewegungen im Mittelalter.

48 *Karl Kautsky:* Die Vorläufer des neueren Sozialismus. II. Band: Der Kommunismus in der deutschen Reformation.

48a *Karl Kautsky / Paul Lafargue:* Die Vorläufer des neueren Sozialismus. III. Band: Karl Kautsky: Thomas More — P. Lafargue: Thomas Campanella. Der Jesuitenstaat in Paraguay.*

48b *Hugo Lindemann / Morris Hillquit:* Die Vorläufer des neueren Sozialismus. IV. Band: H. Lindemann: Der Sozialismus in Frankreich im 17. und 18. Jahrhundert. — Morris Hillquit: Der utopische Sozialismus und die kommunistischen Versuche in den Vereinigten Staaten Nordamerikas.*

49 *Philipp Buonarroti:* Babeuf und die Verschwörung für die Gleichheit mit dem durch sie veranlaßten Prozeß und den Belegstücken.

50 *Karl Kautsky:* Vermehrung und Entwicklung in Natur und Gesellschaft.*

51 *Paul Louis:* Geschichte der Gewerkschaftsbewegung in Frankreich (1798 bis 1912).*

52 *Josef Salvioli:* Der Kapitalismus im Altertum. Studien über die römische Wirtschaftsgeschichte.*

53 *Max Adler:* Marxistische Probleme. Beiträge zur Theorie der materialistischen Geschichtsauffassung und Dialektik.

54 *Heinrich Laufenberg:* Der politische Streik.*

55 *Emile Vandervelde:* Neutrale und sozialistische Genossenschaftsbewegung.

56 *Max Adler:* Wegweiser. Studien zur Geistesgeschichte des Sozialismus.

57 *Gustav Noske:* Kolonialpolitik und Sozialdemokratie.*

*) vergriffen

Verlag J. H. W. Dietz Nachf. GmbH
Internationale Bibliothek

58 *Adolf Hepner:* Josef Dietzgens Philosophische Lehren.*

59 *Karl Renner:* Marxismus, Krieg und Internationale.*

60 *Karl Ballod:* Der Zukunftsstaat. Produktion und Konsum im Sozialstaat.*

61 *Eduard Bernstein:* Die Voraussetzungen des Sozialismus und die Aufgaben der Sozialdemokratie.

62 *Karl Vorländer:* Volkstümliche Geschichte der Philosophie.*

63 *Wilhelm Reimes:* Ein Gang durch die Wirtschaftsgeschichte.*

64 *Karl Kautsky:* Die proletarische Revolution und ihr Programm.*

65 *Alfred Beyer:* Menschenökonomie.*

66 *Karl Vorländer:* Die Philosophie unserer Klassiker. Lessing — Herder — Schiller — Goethe.*

67 *Gerhart Lütkens:* Deutschlands Außenpolitik und das Weltstaatensystem (1870—1922).*

68 Programmatische Dokumente der deutschen Sozialdemokratie.

69 *Heinrich Deist:* Wirtschaft von morgen.

70 Beiträge zur Theoriediskussion I.

71 *Jacques Grandjonc:* „Vorwärts!" 1844. Marx und die deutschen Kommunisten in Paris.

72 *Werner Blumenberg:* Kämpfer für die Freiheit.

73 *Jean Jaurès:* Sozialistische Studien.

74 Beiträge zur Theoriediskussion II.

75 Studien zu Jakobinismus und Sozialismus..

76 Drei Schriften aus dem Exil.

77 *Eduard Heimann:* Sozialismus im Wandel.

78 *Susanne Miller:* Das Problem der Freiheit. im Sozialismus.

79 Kritischer Rationalismus und Sozialdemokratie.

80 *Erik Gurgsdies:* Schulreform und Chancengleichheit.

81 *Eduard Bernstein:* Der Sozialismus einst und jetzt.

82 *Franz Osterroth / Dieter Schuster:* Chronik der deutschen Sozialdemokratie, Band I: Bis zum Ende des Ersten Weltkriegs.

*) vergriffen